城市社区体系规划原理

王兴中 等 著

国家社会科学基金资助项目（06XSH010）成果

科学出版社
北　京

内 容 简 介

　　本书以城市社会可持续发展观的社会公平与空间公正为理念，从城市社会空间结构原理出发，在研究城市生活空间结构与生活场所（微）区位布局原理的基础上，结合国内外研究成果，探讨城市社区体系空间结构规划与空间控制的理念、原理与方法及其指标，讨论社区围绕生活行为场所的社区资源空间体系配置的理念、原理与方法及其指标，并从管理的角度进行研究并提出了保障城市社区体系规划的政策建议。

　　本书可作为人文地理学与城市规划及其各个分支学科、城市研究与管理和城市规划管理，以及社会学与行为科学的研究者及高校相关学科的教师、研究生的参考书。

图书在版编目(CIP)数据

城市社区体系规划原理/王兴中等著 . —北京：科学出版社，2012
ISBN 978-7-03-035115-9

Ⅰ.①城…　Ⅱ.①王…　Ⅲ.①社区建设—研究　Ⅳ.①C912.8

中国版本图书馆 CIP 数据核字（2012）第 157739 号

责任编辑：杨帅英　朱海燕　王景坤／责任校对：朱光兰
责任印制：徐晓晨／封面设计：王　浩

科 学 出 版 社 出版
北京东黄城根北街 16 号
邮政编码：100717
http://www.sciencep.com

北京教图印刷有限公司 印刷
科学出版社发行　各地新华书店经销

*

2012 年 7 月第　一　版　　开本：787×1092　1/16
2018 年 8 月第二次印刷　　印张：14 1/4
字数：332 000

定价：138.00 元
（如有印装质量问题，我社负责调换）

前　　言

《城市社区体系规划原理》一书是我与我的同仁以及研究生们继《中国城市社会空间结构研究》（科学出版社，2000）、《中国城市生活空间结构研究》（科学出版社，2004）与《中国城市商娱场所微区位原理》（科学出版社，2009）三本书后延伸思考的著作。前三者分别阐述现代城市（社区）生活的空间构成基础、结构与解构原理，本书意在表明如何规划。中国科学院资深院士、人文地理学泰斗吴传钧先生很关心我们这个团队，曾为前三本书分别撰写序言，以表鼓励。如今先生已仙逝，这本书就作为对先生的永久纪念吧。

本书属于人文主义的思想范畴。对人文主义现代含义的解读很多学科都提出了系统的社会理念，对人文地理空间的理解起到了开拓性启蒙作用。发达国家哲学思想的"正义论"[①]，提出了社会的"平等"、"自由"与"公正"的关系，以及这三者"张力"下的平衡是社会公正发展的阶段过程。该观点昭示：随着社会的发展，张力很大的"平等"普世要求逐渐与"自由"的普世张力强度靠近，这样，现代人本社会的发展就是由重视社会平等朝尊重平等与重视自由的社会公正方向演进。社会价值发展随时间有如此趋势，耦合社会发展的区域也应该先建设空间平等结构以及逐渐朝空间平等与空间自由结构的空间公正方向建构与规划。

对发展中国家来说，以社会平等价值为导向的社会公正是当前的主要矛盾。以社会与经济学为象限的"第三条道路"的思潮[②]就提出了"没有责任就没有权利"解决现阶段经济效益与社会公平的公正法则。社会层面上"建立制度、价值观、义务与权力相结合的社会公正理念"与区域层面尤其是城市的空间公正如何耦合建设，为人文空间学科提出了现实的任务。

发达国家人文空间学科中的文化生态学、城市社会学与人文地理学以及城市意象学（及建筑伦理）等学科自20世纪80年代以来共同创立了以城市空间社会公正为方向的研究范式。其基本理念涉及城市社会空间、城市文化空间，以及在此基础上向追索反映城市社会生活空间价值质量的场所及其人本主义的"社会空间秩序"布局[③]概念，这些都力图探讨或解决城市发展的空间公正问题。以上诸多方面汇成的内容，形成了可以称为城市社会地理学的松散框架，也可称为"泛"城市社会空间结构的研究。

中国的相关学科20多年来也在追索着这个方向，一些学科与学者的理科背景，"达尔文"式自然法则左右着他们对人本空间的思考，习惯在区域中寻找时间-空间的经济（价值）效应，或在时间（场）中追求空间（经济）效应，或在空间（场）中追求时间（经济）效

---

① 美国哈佛大学教授约翰·罗尔斯的《正义论》一书，自1971年问世后，在西方国家引起了广泛重视，被视为第二次世界大战后西方政治哲学、法学和道德哲学中最重要的著作之一。由谢廷光先生翻译、上海译文出版社出版。该著作在英语国家被承认是对政治哲学的一个根本性的贡献。罗尔斯的正义理论，可称作正义即公平的理论。公平的理念是构建社会的基本结构，也就是社会体制分配基本权利与义务以及确定社会合作所产生的利益的分配方式。该正义观的一般表述：所有社会价值——自由与机会、收入与财富以及自尊的基础——都应平等地分配，除非任何价值的不平等分配对每一个人都是有利的。其原则，在自由权优先下，平等优先于效率和福利

② Giddens A. 1998. The Third Way: the Renewal of Social Democracy. Cambridge: Polity Press

③ 王兴中. 2009. 中国城市商娱场所微区位原理. 北京：科学出版社

应。中国区域大发展的经济效应目标左右并迟滞了对社会空间的追索深度。一些学者困惑于零碎的概念，探求学科的原真性，欲在阅读国外原著①中回归原点，找准方向。由于冠于城市社会地理学著作的学者其学科出身的差异，发达国家后工业化社会研究内容有其学理价值的方向区别，既有现在发达国家倡导的空间"自由"的"文化"公正指向，也有他们之前倡导的空间"平等"的"社会"公正指向。从这些著作中使学人有了对空间不公正的批判意识，对人本性社会空间价值有了进行判识的方法，尚缺乏分辨（不同发展水平国家）空间公正建构的时-空过程及其结构的功能建构引导。西方原真思维指向或多或少地质疑或混沌了现在国内人文空间（地理）学科"社会转向"研究应有的空间"公正"学理前沿。

国家在"六五"计划中提出要加强人文地理学科的发展，自此后我们也翻译了几本经典人文地理学著作②，从中也不太理解当时中国学者称为国外"生态派"与"社会派"的系统学理指向。20 世纪 90 年代后期我们很快获得了系统总结当代地理学"社会论"的《对地理学理的再审视》③ 一书，遵照中国地理学会吴传钧院士的意愿，我们将其翻译成稿，学苑出版社来西安将译稿取走要出版，后再无我们的"事"了④，我们感受到中国学术界部分学者的浮躁。为了理解"社会论"研究的学理轨迹，从中追索"泛"城市社会空间建构的时-空过程及其结构的规律，此后我们只传阅及时获得国外学者推荐的国外核心著作，再没有译成中文并出版的信心了。

从国外名家论著中，"社会论"理念的发展轨迹以及当时中国学者称之"空间转向"概念下社会空间结构研究的学理体系及其学科延伸，我们认为大致有三个逐渐深化的思想性认识轮回。

第一个是学科认识性轮回。是人文地理学范围内对研究目标的矫正与指导方法的循环认识，实现了自学科的超越：其核心集中于人文地理学对空间结构研究的"客观存在"与"认知存有"在认识论上的轮回检讨。后公认，在城市（物质）空间结构内，存有（认知）社会空间结构与延伸的文化空间结构。对这两个互为依附的空间结构必须用哲学原理下的方法分别去揭示⑤。其中，三个线索值得关注：地理与城市学家的《城市解析》⑥ 类书告诉我们，城市的客观空间效益功能结构，随着人们生活的需要，生活行为空间规律在改变着其结构。

---

① 21 世纪初商务印书馆为代表推出的系列《当代地理科学译丛》，包括《城市社会地理学导论》等

② 1985 年在西安举办中美第一次人文地理研讨会期间，美国加州大学（北玲）赠送给我们一套人文地理著作，从中先后翻译了《经济空间分析》（新疆人民出版社，1988）、《行为地理学导论》（陕西人民出版社，1988）、《城市社会空间结构》（西安地图出版社，1992）、《德国南部中心地原理》（商务印书馆，1998），还花费五年时间将约翰斯顿的《人文地理学词典》（*The Dictionary of Human Geography*，1981）与美国《当代地理学辞典》（*A Modern Dictionary of Geography*，1986，Edward Arnold）编译综合成一部词典，因没有获得版权而未面世。1986 年在无锡召开的中国人文地理学术研讨会期间，著名学者约翰斯顿赠送我们《哲学与人文地理学》（*Philosophy and Human Geography*，1986，Johnston R J），因哲学术语太多我们终未翻译出来

③ 1997 年在西安外国语学院人文地理研究所举办第二次中美人文地理研讨会期间，美国地理学会赠送他们编写的当年首版的英文书：*Rediscovering Geography*：*New Relevance for Science and Society*（Rediscovering Geography committee Board on Earth Sciences and Resources Commission on Geosciences，Environment and Resources National Research Council，National Academy Press Washington . D. C. 1997）

④ 2006 年北京学苑出版社出版《重新发现地理学：与科学和社会的新关联》

⑤ Samuels M S. 1981. An Existential Geography. *In*：Harvey M E，Holly B P. Themes in Geographic Thought. London：Croom Helm. 115～133

⑥ Hartshorn T A. 1992. Interpreting the City：An Urban Geography. Canada：John Wiley & Sons，Inc

地理学家的《商务场所区位论》与社会学家的《场所感》等著作①，揭示了由人本行为改变了的城市社会空间构成，其规律是从人们感应与认知中总结出来的。地理学家的《哲学与人文地理学》与《地点与空间：经历的透视》等②论著中系统地探讨了地理学空间单元"地点或场所"物质空间与认知空间的哲学方法。

　　第二个是研究目标社会性认识轮回。是区域科学范围内各学科研究目标的社会性认识与融合方向的循环检讨，实现了其学科的超越：由于社会学率先提出的空间社会内容、文化生态学继而展示的空间文化要素过程、城市意向学跟进的空间行为线索与人文地理学的城市社会空间单元构成，分别表达了各自学科对城市空间研究的人本生活目标及其空间的社会生活性。这些目标的社会生活性共同全面揭示了城市空间生活质量的本质，以及形成了城市生活空间质量的构成目标体系，最终反映在城市社会生活空间结构的体系上。这些说明社会学等人文社会学科与人文地理学共同决定并建构城市社会空间结构以及生活空间的学理研究。其中，三个线索值得关注：国外著名人文地理学者在《人文地理学核心论文辑》③中探讨从生活空间最小单元"地点或场所"感知获得的社会、文化元素空间构成秩序（称为"微区位"），以及如何建构生活场所的社会文化构成。社会与生态学者的《城市社会空间结构》类④著作中告诉读者，城市生活行为会以社会与文化因素的空间组合规律，改变（20 世纪30 年代发现的）邻里单元，衍生成以社区为最小完整生活空间单元的社区体系。从社会学与地理学的《社区规划：行为方法》等⑤中，可以用生活行为场所来决定城市的空间单元发展与规划。

　　第三个是思想哲学性认识轮回。是城市社会生活空间结构学理的哲学性认识与社会发展思潮的循环检讨，实现了泛学科的超越：介入城市生活空间结构研究的学科都有其学科目标介入的价值，其学科介入价值反映其构建空间的思想。区域与城市的空间建构思想，最终要体现人本需求与哲学思想，是在人文主义思想的行为普世规律下、用哲学解构的推理关系进行时间与空间落实。即要从最基本城市空间"社会公正"⑥的价值建构为出发点，探讨城市生活空间结构的建构。从各学科在此方面的研究而言，出现了四个不同的学科观点⑦值得关注：新马克思主义的社会价值结构分析、新生态主义的文化价值结构分析、新城市主义的平民价值结构分析与新人地关系的地点价值结构分析。其核心反应在这些学科本体介入的价值差异与空间建构水平上。以上这些空间价值重构理念都不同程度折射出社会"公平"过渡到社会"自由"与对应城市空间"公正"、空间"自由"建构的空间"公正"结构水平。也就是说，城市社会生活空间结构研究必须结合并把握社会人本思潮的研究方向，要针对不同社

　　①　Salvaneschi L. LOCATION—How to select the best site for your business, Oasis Press 1996；Fritz Steele, 1981. The sense of place CBI Publishing Company Inc

　　②　前者由约翰斯顿 R J，蔡运龙，江涛译 . 哲学与人文地理学（*Philosophy and Human Geography*，1986，Johnston R J）2010. 北京：商务印书馆；后者由段义孚（Yi-Fu Tuan. 2001. Space and Place：The Perspective of Experience . University of Minnesota Press）著，《地点与空间：经历的透视》

　　③　Edited by John Agnew, David N. Livingstone and Alisdair Rogers, Human Geography an Essential Anthology Blackwell Publishers Ltd 1996. 该论文辑几乎是所有国际著名人文地理学者参与撰写的

　　④　以城市社会地理学命名的书有 20 多种版本，David Ley 的 A Social Geography of the City（Harper and Row，Publishers，New York，1983）影响持久

　　⑤　Ebdon D S. 1985. Statisitics in geography：a practical approach. Oxford：Basil Blackwell

　　⑥　American Planning Association. 1994. Planning and Community Equity, Chicago, Illinois, Washington, D. C. : Plannners Press

　　⑦　王兴中 . 2009. 中国城市商娱场所微区位原理 . 北京：科学出版社

会发展水平的区域，选择不同学科价值介入的水平，建构不同发展阶段人本价值指向的城市生活空间质量水平。

以上三个认识轮回也反映出，在地理学"社会论"下的城市社会空间与生活空间结构原理的发展，不是由地理学的学理可以单独主导的，人文地理学仅为其提供区域的学理综合。诸多学科介入价值形成的观点启示我们如何将其与空间建构系统耦合起来，这就是社会空间规划的原理问题。核心是如何用新人本主义普世行为趋势与当代社会发展思潮方向结合起来建构时-空规划思想。也就是说，随着社会的发展，虽然城市生活功能的客观空间会越来越健全，但是在人们生活经历后会感觉到社会环境或文化环境是否存在不适应社会发展的"公平"与"自由"的适居性及其舒适性。客观空间应该调整到有社会场所性的社会空间或文化空间，使城市有一个完整的社会-文化空间结构。现在，社会已经进入全面"公正"发育时期，人们行为需求对人本环境的体验方式，由地理（生活）空间的公平（机会性）、自由（自主性）与平等（公正性）的前提下逐渐向社会（生活）空间自由、机会、自主、平等与公正的平台上过渡，从生理需求向社会需求的文化尊严需求与行为价值需求方面深化。因此，当人文社会科学结合社会发展研究"社会平等"规律时，区域学科要对应研究"空间（民生）公正性"，前者研究"社会自由"时，后者要对应研究"空间（民权）可进入性"，前者研究"社会民主"时，后者要对应研究"空间（民主）价值性"。这样，城市社区规划自然地进入到现代城市社会空间"公正"结构的价值时代，也就是进入城市社区体系规划时代。

从城市整体与社区单元规划的角度，"新城市主义"理念对其有系统的规划原则和无数实践案例，但是至今未有确切公认的定义。一般认为，"新城市主义"的社区应该是有道路与交通系统连接的、用地紧凑的、混合居住形式、环境优美与彰显文化的步行区域[①]。有两个方面值得关注：一是国外"新城市主义"对社区（单元）的公正规划研究，早期在生态学理念下，力图用"田园城市"规划模式，追求"优美、卫生与有效"的社区设计手段，认为社区"平等价值"规划是"乌托邦"方法，社区"混居"是唯一的技术手段。现在已逐渐由土地利用的物质规划转到物质与社会的社区空间公正综合发展方面。主要针对"经济适用房社区"等13个社区空间公正发展规划进行研究[②]，从"混居"认识已延伸到"社区"可持续发展层次。就城市社区地块空间规划而言，国内外有很多"新城市主义"的论述，这里不再赘述[③]。中国城市规划学界自21世纪以来，每年都在总结这方面的研究进展[④]。二是城市

---

　　① American Planning Association. 1994. Planning and Community Equity. Chicago, Illinois, Washington, D. C.: Plannners Press

　　② American Planning Association. 1994. Planning and Community Equity. Chicago, Illinois, Washington, D. C.: Plannners Press（该书涉及"经济适用房社区"、"社区空间错位"、"耻辱设施区"、"社区合作"、"社区公共事业"、"社区社会"、"社区安全与复兴"、"发展公正程序"、"社区的政府管治"、"发展机会公正"、"社区中的大学"与"乡村社区"等13个社区空间公正发展与规划研究）

　　③ Jill Grant. 2007. Planning the Good Community - New Urbanism in Theory and Practice. Published in the USA and Canada, New York

　　④ 中国城市科学研究系列报告中的《中国城市规划发展报告》，中国城市科学研究会、中国城市规划协会、中国城市规划学会与中国城市规划设计研究院每年编一辑，由中国建筑工业出版社出版

可持续发展规划方面，国外已经探讨到技术层面[①]：认为可持续发展的城市化，必须用一种新兴的人类社区为单元的模式以保证地球上所有生命之间的相互依赖。由于人类如今位于各种群之上，现在必须在城市社会属性、文化生态属性以及自然属性构成的结构中寻找一种平衡。必须是一种支持双赢的城市化规划手段，是一种引领人们去自愿地生活在更人性化以及更少资源利用的生活方式。基于城市社区或街道为单元的土地利用和基础设施已是人类定居环境中持续时间最长、起决定性作用的属性，它是平衡城市的各种属性之间的唯一手段。因此只有通过高效能的建筑和公共设施的完善并提高城市化属性内在和谐的可持续发展，促使城市呈现出多样化的城市化现象。即用五个相互关联的密度、廊道、社区（邻里）、biophil-la（生物学）以及高性能的建筑、基础设施构建规划城市区域。这些共同构成了一种新兴的被称作可持续的城市化的设计形态，探索设计城市的居住、工作和娱乐区域为方向的设计形式。这种可持续涉及由社区为单元的绿色建筑评估标准，可漫步行走的、可交通中转服务并有着高性能建筑物和高性能基础设施的城市化。这种可预见持续性关键在于城市的土地利用水平和基础设施的设计方案，以适应人们如何居住、工作和娱乐的功能结构。

　　本书是从城市社会空间结构的学理角度来探讨城市社区体系规划的。调控的方向是从城市空间单元入手。也就是从城市社会生活空间构成最小单元的社区入手进行社区体系规划，规划要满足所有人们对生活空间质量单元的"公平"与"自由"的公正性要求，要把握随着社会"公平"与"自由"需求的社区体系的"公正"构成，通过对城市社会空间单元进行结构调整，即用社区体系结构来消除城市生活空间不公正的质量价值单元。因此，本书涉及城市社区体系规划的思想有三个层次。第一，瞄准社会发展人本思想的"空间公正"构成的标尺，构建对应城市社会空间结构的体系。第二，以城市社会空间结构为方向，用区域学科价值介入的原理构建城市生活单元的社会-文化空间秩序，即生活单元的经济效应、社会效应与文化效应的价值结构体系，才能达到构建城市社会生活空间结构。第三，把握城市生活空间单元结构的目标，规划以居住行为为主的社区单元城市区域体系与其他生活行为的场所体系。

王兴中

2011 年 9 月于西安

---

①　Douglas Farr. 2008. Sustainable Urbanism. Hoboken，New Jersey：John Wiley and Sons，Inc.

　　Kenneth B. Hall，Jr.，Gerald A. Poerterfield. 2001. Community by Design - New Urbanism for Suburbs and Small Communities. New York：McGraw-Hill Companies

目　　录

前言

第三部分　城市社区体系规划政策

第一部分

城市社区空间体系（控制）规划

第 1 章 城市生活空间质量观下的城市规划理念

　　城市可持续研究是 20 世纪后期至今学术界研究全球问题的重要方面之一。早期的研究集中于环境、能源和经济层面，近十多年以来已深入到以"社会公平与空间公正"为方向的"空间可进入性"、"空间文化尊严"与"空间价值保护"等内容，研究方法也从宏观因素探讨转向微观认知结构领域，力图寻找城市的社会属性、文化生态属性以及自然属性之间的一种平衡。应用焦点已由城市空间功能规划转向如何衡量和确保城市的可持续空间与社会发展的社区规划及策略方面。国外学术界的研究从技术手段的城市设施入手与城市单元的社区角度出发，已形成了"可持续城市主义"与"新城市主义"理念下有关的"社区公正规划"、"持续社区规划"的专著[①]，但还未完整涉及对城市（社会）生活空间体系的探讨。在当今的社会-文化进程阶段，新人本主义强调人与社会（文化）和谐的可持续发展观，其目标体现在人们的生活质量上，其焦点是城市（社会）生活质量构成与城市（社会）生活质量空间耦合的建构上。本书力图从新人本主义空间观出发，解构城市空间的人本公正—尊严—价值最小单元，以及从建构这些单元构成的城市（社会）生活空间体系入手，阐述城市规划的理念。从新人本主义理念出发探讨城市（社会）生活质量与其对应（社会）生活空间质量，皆为学术界的全新课题。二者在不同领域、不同学科之间的研究并行不悖。对前者的研究是人文社会与管理学科聚焦的方向，对后者的探讨是区域与城市诸学科聚焦的方向。它们充分体现学科融合的新理念（原理）及其前沿性，为社会与城市发展及其规划指明方向，提供理论基础与科学依据。

1.1 基于新人本主义理念下的城市生活空间质量观

1.1.1 新人本主义理念的空间观

1. 新人本主义的生活行为理念

　　"人本主义"一词在西方文艺复兴时期开始广泛使用，以反对西方政教合一年代神权对人的压制和对超自然的幻想。随着社会发展的进程，人本主义有着时代的哲学思想背景和表现形式，但都表现有重（阶层）个人、轻（区域）社会、重（大同）精神、轻（泛）物质的

---

　　① Farr D, 2008. Sustainable Urbanism . Hoboken, New Jersey: John Wiley and Sons, Inc

　　American Planning Association, 1994. Planning and Community Equity, Chicago, Illinois, Washington, D. C.

　　Kenneth B, Hall Jr, Gerald A. Poerterfield. 2001. Community by Design- New Urbanism for Suburbs and Small Communities. New York: McGraw- Hill

　　Companies Grant J. 2007. Planning the Good Community- New Urbanism in Theory and Practice. Published in the USA and Canada, New York

理想主义价值取向。

人本主义与强调客观的理性主义具有相对独立性，人本主义与理性主义的不断交锋贯穿于社会发展的不同阶段，推动着社会思想史的演变。

新人本主义出现在工业化时代的科学理性主义大发展年代。科学技术在人类探索自然、征服自然、改造自然的实践中取得巨大成就。科学的成功，使崇拜科学之风席卷社会各领域以及提升人们的理性预期：科学是探索真理的唯一途径，是推动社会发展的唯一力量，是衡量人类进步的唯一标志。在科学的心理预期下，行为方式、语言和文学等精神产品都被认为只具有客观事物的法则。在学术研究中，人文和社会学等更完全受制于自然规律的铁幕封闭。

新人本主义现在多称为新人文主义。新人文主义认为人类社会远比自然界复杂，它质疑科学主义在对人和社会的研究中把"人"假设为均质的理性机器，反抗人为界定的理性标准对人的自由和精神上的压制。在学术研究中，新人文主义是为了人文学科不受到自然科学的扭曲。新人文主义不会排斥科学，科学是当今的精神中枢，也是我们文明的中枢。新人文主义将包括科学，它对（城市）科学的发展起到了变革动力，也是衡量人类社会进步的标志。

新人文主义思想的核心是反对科学理性主义认为人的行为只是"工具理性"的产物，它认为只有真正对人本规律理解后，才能理解人的行为方式等。因此，新人文主义强调人的合理行为应包括价值理性、情感行为和传统行为，它主张只有重视复杂的人，才能理解空间行为何以发生（王兴中等，2009）。

现代社会人们行为普世需求的价值、情感与经验表现为：自由、自主、机会与平等。

2. 新人本主义理念的空间观

人是整个环境空间的组成分子，没有人的存在，无法区别地域与地方的空间。环境对每一个在其中生活的人来说都有独有的行为内容与对应的空间，其环境构成的空间系统是有意识的行为结果，每个人赋予该系统独有的生活行为需求，行为的人本普世价值又影响（阶层）个人的行为，环境的空间构成逐渐朝着满足社会空间的公正需求—文化尊严需求—价值保护需求普世方向演化。因此，没有人本含义的环境则不复存在。

新人本主义环境（空间）观认为，随着社会-文化进程人们行为需求对人本环境的体验方式，由地理（生活）空间自由、自主、机会与平等的前提下逐渐向社会（生活）空间自由、自主、机会与平等的平台上过渡，从生理需求向社会需求—尊严需求—价值需求方面深化（王兴中等，2009）。

1.1.2　城市生活空间质量观

生活质量是社会追求的人本最高目标。对生活质量的关注是现代社会的基本特征。因此，生活空间质量也是社会生活空间质量，它们都是学术界有关学科聚焦的研究领域。

1. （社会）生活质量理念

生活质量是反映支撑人们生活行为普世需求的"自由、自主、机会与平等"的构成方面及其水平。

（1）（社会）生活质量的研究与概念

国外对生活质量的研究是伴随着社会经济的发展和人们对社会福利的认识而不断深化

的。其概念最早由美国经济学家于 1958 年在其所著《富裕社会》一书中首先提出。1966年，美国哈佛大学商学院教授雷蒙德·鲍尔所著的《社会指标》一书，将其单独作为社会发展的指标内容，开始进行系统而广泛的研究。随着探讨的不断深入，人们越发认识到生活质量是一个复杂的、多层面、多维度的概念，不同学科对其定义就多达 100 余种，其包含的因素千差万别。由此产生了不同发展水平国家、不同学科的研究理念和研究方法。其前期的概念研究聚焦于生活的客观条件，后期多关注人们对生活的主观满意度（王兴中等，2004；潘祖光，1994）。

国内关于生活质量的认识与评价最早源于社会科学对社会发展指标的研究，特别是对"小康"指标的研究（周长城等，2003）。1992 年，国家统计局提出了小康生活质量量化标准，涵盖居民在物质与社会福利等"民生"方面的生态因子性指标（孙蜂华和王兴中，2002）。

（2）（社会）生活质量的社会阶段构成理念

1971 年，经济学家罗斯托（W. W. Rostow）在《政治和增长阶段》（*Politics and the Stages of Growth*）一书中，将社会经济发展划分为六个阶段（传统社会、起步、起飞、持续发展、大众性高消费、追求生活质量阶段），生活质量问题被赋予社会发展的阶段性特征。学术界对阶段性生活质量的概念集中在评价指标体系上，聚焦于社会进程与对应生活质量人本需求构成关系上，共识于不同社会发展阶段的生活质量逐渐由对物质要素、环境要素的耦合转入对社会与文化要素的和谐水平上。主要分持续发展阶段、大众性高消费阶段与追求生活质量阶段的三个不同社会阶段的（社会）生活（环境）质量要素构成理念（王兴中，2004）。

生活质量的社会阶段理念观的人本普世性已从物质基础的"民生"方面转向社会文化"民权"与"民生"价值方面。界定生活质量的内涵已经超越了物质"生活水平"与"福利水平"概念的范畴，其社会与文化属性正逐渐成为界定生活质量与评价社会发展指标庞大系统中的核心内容，越来越引起城市研究学术界的重视。

2. 城市（社会）生活空间质量观

（1）城市（社会）生活空间质量观的新人本性思想

在当今的社会-文化进程阶段，新人本主义强调人与社会-文化和谐的可持续发展，其目标体现在人们的生活质量上，其焦点是城市（社会）生活质量构成与对应城市（社会）生活空间质量耦合的建构上。城市（社会）生活空间质量的本质，是反映支撑"自由、自主、机会与平等"生活行为对应（社会）环境生活空间的公正需求—文化尊严需求—价值保护需求方面"构成"及其"水平"。

该生活质量与空间耦合构建对政府部门和学术界都是全新的课题。二者在不同领域，不同学科之间的研究并行不悖。对前者的研究是人文社会与管理学科聚焦的方向，对后者的探讨是区域与城市诸学科聚焦的方向。它们充分体现学科在人本思想下融合的新理念（原理）及其前沿性。

（2）新人本性城市（生活行为）空间质量的构成概念

1）空间质量本质

随着社会-文化进程由持续发展阶段向大众性高消费阶段与追求生活质量阶段发展，人们对人本环境的生活行为体验，由地理（生活）空间逐渐向社会（生活）空间的平台上过渡；从生理需求向新人本性社会需求方面深化。基于此，现存的城市空间质量不能对应满足社会空间新人文品质发展的需求。城市由物质生活空间功能的主导结构转化为城市社会生活空间功能的主导结构。

2）空间质量单元

空间质量本质不但涉及整体城市，还关注到生活行为各类场所的（物质与社会）民生、民权与民主空间单元。即涉及如何解构与建构城市生活空间的人本公正—尊严—价值最小单元及其单元体系。所以，社会生活行为对应的空间单元与构成的体系水平就揭示（当时社会阶段）城市（社会）生活空间质量的状况。

3）新人本主义城市空间建构的学科观点

从新人本主义城市空间发展与建构而言，出现了不同的学科观点。其核心是学科本体介入的价值差异与空间建构水平。涉及学科观点包括"新马克思主义的价值介入的分析"，"新生态主义的文化价值介入的分析"与"新城市主义的平民价值介入的分析"，以及人文地理学创立的"空间与地点价值结构分析"。前三者分析理念都不同程度关注到城市与场所的民生、民权与民主空间单元，但没有解构空间的人本公正—尊严—价值最小单元，以及这些单元构成的城市空间体系。后者即为"地点（或场所）理论"，从人的人本认知的角度可以揭示人（生活行为）与（城市）场所之间有着经济、社会与文化等方面的空间关系及其结构。因此，地点（或场所）理论是透视城市社会-文化空间体系（质量）的理论元（王兴中等，2009）。

（3）城市（社会空间）生活质量建构的空间体系理念

1）城市生活空间单元及其结构是生活质量的承载体系

城市空间生活的完成就是对城市生活行为（方式）获取的（空间）机会及对对应空间（单元）获取的过程，其空间生活完成质量的水平与其上述空间能否获取的程度有关。支撑城市居民生活行为的空间离不开其居住的社区空间以及其他生活行为场所空间，城市支撑各类人群完成空间生活是通过各类对应空间的组合，即城市社区（居住）体系与其（行为）场所体系来满足的。所以，城市生活空间的承载结构是城市（实体-社会-文化空间构成）的社区与场所空间体系，也可称为城市的社会区域体系。这两类体系的完善与否揭示城市的空间生活质量健全与否。

2）支撑城市（社会）生活空间质量是城市（居住）社区-（行为）场所空间体系

城市日常生活行为有工作-上学，购物，休闲，通勤四类，支撑各阶层、各亚文化人群完成其日常生活行为的是社区（等级-类型）结构，（生活）场所（等级-类型）结构。城市空间只有通过城市人本公正—尊严—价值最小单元构建的社区-场所两大体系，城市空间质量才最具现代人本本质（Ley，1983）。

3）社会阶段下（社会）生活质量与城市空间耦合及社区-场所体系演化

随着社会经济发展的进程，社会与文化人本性的普世演进，居民职业变化与收入的结构性增加，加速了以生活方式为导向的社会阶层的分化与阶层（等级-类型）体系化。以阶层不同居住行为为引导的生活方式加速了城市居住分离与社区过滤以及社区体系化重组。在不同社会阶段的（社会）生活质量就有对应的居住社区耦合与（等级-类型）体系演化，以及其他生活行为的场所耦合与（等级-类型）体系演化。

（4）城市（居住）社区-（行为）场所体系建构的理念

1）城市社区-场所质量结构动态分化与体系构成

由于居民社会阶层的亚文化的生活方式差异产生了城市居住空间分离与行为场所分化，

在空间上形成了不同类型的阶层社会区域及其区域内的亚文化场所。对居民来讲，人们以家庭（区位）为中心，形成与自身社会地位相符的（社会）"活动空间"与城市"活动（空间）层次"。城市的不同区位（社区与场所）是归属不同社群"社会区位"与"社会距离"的亚文化场所。社区与其场所的社会空间动态构成程度就代表了他们（变动中）的生活质量水平。以城市社区与场所体系的动态趋势结构就代表了城市的生活空间质量的现代水平。

对解构城市社区-场所质量动态分化结构有两方面的原理：一是社会发展与空间生活方式（时-空）动力性动态关系；二是普世生活方式与社会空间（时-空）过滤关系。

2）城市社区-场所体系生活质量的动态构成要素

构成城市社区-场所生活体系空间质量的要素包括两个方面：一是对空间单元的客观物质环境与心理认知环境的要素构成，前者多为空间形态要素，后者多为对其的认知评价要素。两者的和谐组合与否，体现在居民对其（物质-社会）的适居性、舒适性的满意度的认知水平上；二是对社区-场所生活空间体系的认知要素构成。体系的阶层等级（要素）与行为类型（要素）构成的和谐组合与否，体现在居民对整个城市的（民生、民权与民主空间单元的人本公正—尊严—价值）适居性、舒适性的认知水平上。这两种人本性的综合心理期盼（要素）构成了城市社区-场所体系生活质量的构成要素体系（Smith and Perkins，1997；NRC，2003；王兴中，2004）。

对城市社区-场所生活空间单元质量认知上有两方面的原理：一是人们对城市生活空间"关注面"的"收入空间"、"健康空间"、"安全空间"与"社区保护"等四个质量体系构成原理；二是对社区物质环境与认知环境的复合要素构成原理。

对城市社区-场所生活空间体系质量适居性、舒适性的认知水平上有以"空间公正"为方向的"空间可进入性"、"空间尊严"与"空间价值"等方面的原理。

3）城市社区-场所体系建构的理论

人文地理学创立的"空间与地点价值结构分析"能透视城市最小单元新人本性空间结构的三重方面。

——城市社会空间结构透视，即地点论的社会观。将空间单元与社会要素结合在一起研究，以纠正"社会边缘群体"与社区体系公正的关系，实现社会平等与空间公正的城市社会空间可持续发展。

——城市文化空间结构透视，地点论的文化观。以人类的共性"行为文化"透视对应空间与地方的结构变化，构建城市"真正生活"的人本行为（文化）空间结构。实现以地点历史空间文化意向结构为线索，布局生活场所文化因素构成的区位体系，构建城市文化景观体系。

——城市空间公正结构透视，地点论空间公正观。围绕场所固有文化"依附"特征，以场所社会-文化构成为向度，将"社区意识"原理应用于社区体系建造，实现营造"草根"、"民主"及"公正"的社区空间，构建亚文化行为场所布局结构。

以上三方面地点（场所）解析与重构理念折射出社会公平与对应空间公正—尊严—价值保护的城市"后结构主义"文化内涵，其核心不但强调对"物"的经验公正—尊严—价值，还重视对情境、价值等"非物"的经验公正—尊严—价值空间。因此，后现代城市社会的人本生活社区与场所体系的建造，是以人们认知为主导，以社会公正性为要素，以人们尊严意愿为方向以及政策为保障的地方"空间文化"结构的重构。

（5）城市社区-场所（体系控制）规划是实现生活空间质量的途径

当前国外对城市社区-场所生活质量的研究主要从城市整体空间人本公正（可进入性—

尊严—价值）认知的适居性与舒适性研究，以及对单个社区生活空间质量评测等方面展开。形成了"以人为本"的城市生活空间质量学术研究方向，为全方位提高规划城市社区生活质量提供了一种新视觉，但还是没有形成从城市（社会）生活空间质量观的角度构建城市（社会）生活空间结构，即在评价城市社区与场所两大体系构成的基础上对其进行体系控制规划探讨。

1.2　城市生活空间质量观下的城市规划理念

1.2.1　城市（社会）生活空间质量观是构建城市空间本质结构的理念

1. 构建城市（社会）生活空间的本质结构

（1）城市（社会）生活空间质量观下的城市空间结构目标

"新人本主义"的城市（社会）生活空间质量观以社会平等-空间公正、社会价值-空间尊严、行为自由-空间社会"可进入"的普世性发展观为出发点，把构建与人们日常生活行为和谐普世性的（社会）生活空间及其空间结构的体系作为目标，不仅要关注城市各类型人群的（社会）生活空间普世性质量，还要关注不同发展水平城市人群的普世性空间生活质量。

（2）城市生活空间质量观下的城市（社会）生活空间结构

对城市（社会）生活空间结构的研究（图1.1），已摆脱了对唯物条件的极大关注，转向人本需求的社会空间认知性"要素"与"关注"研究。城市（社会）生活空间结构是城市空间构建的框架，规划的方向是以"空间公正"为主导思想集中在"社区体系"与"场所体系"两个方面（图1.2）。

（3）城市（社会）生活空间结构下的行为场所布局原理

城市生活行为场所（特别是营业性场所）及其体系结构是城市生活空间质量高低的具体体现。生活场所的体系布局按场所（社会-文化）"微区位"原理进行。该原理的核心：在一定发展阶段的宏观与社会条件下，在把握（城市）社会空间结构的基础上，从提高（城市）社会空间生活质量入手，探求与居民生活行为（尤其是工作、家务以外的闲暇与购物行为）对应的与营业性场所具有和谐关系的"微观"社会空间区位因素与宏观"感应认知"区位关系的关系规律。

2. 构建城市（社会）生活空间结构的可行路径

（1）城市（社会）生活空间结构理念是构建城市社（会）区（域）体系规划的基本原理

新人本主义思想的空间理念决定了城市（社会）生活空间质量观的内涵，城市（社会）生活空间质量观又奠定了构建城市空间本质结构的原理，城市空间本质结构的原理又奠定了规划城市（社会）生活空间的结构方向。

在社会经济不同发展阶段，不同文化区域居民的生活行为与对应城市社会生活空间相和谐的阶段、水平不一样。因此，建立适时、适地并适合居民文化行为趋势的城市（社会）生活空间结构，是城市社（会）区（域）体系规划的战略方向。

（2）规划城市（社会）生活空间结构的可行路径

城市（社会）生活空间质量观在理念上指明了城市生活空间结构规划的战略可行性，属

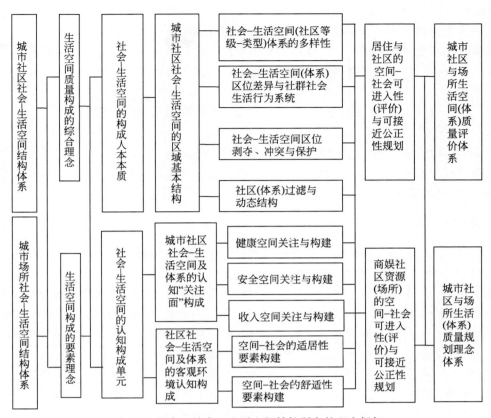

图 1.1　城市（社会）生活空间结构研究的理念框架

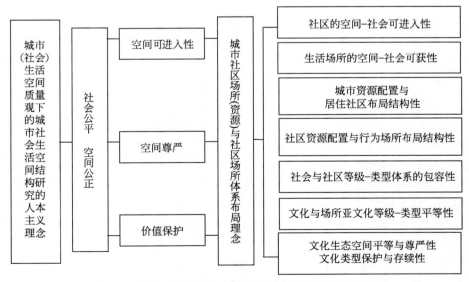

图 1.2　城市（社会）生活的社会平等与空间公正原理

于城市社（会）区（域）规划方向。其思想是：在适应社会发展阶段的规律下，以新人本主义城市（社会）空间质量构成为理念，以构建城市（社会）生活空间单元体系为目标，以控制城市居住社区-生活行为场所体系结构与布局水平为方向，以城市空间控制规划为手段，达到满足各类人群城市"普世性"适居与舒适空间发展的质量水平。

该城市规划空间控制路径，可通过"城市资源"控制城市社区体系结构与布局水平；可通过"社区资源"控制社区场所体系结构与水平（王兴中等，2009）。

1.2.2　城市生活空间质量观下的城市规划理念

以城市生活空间结构理念为框架，用人文地理学创立的"空间与地点价值结构分析"原理，在透视城市最小单元新人本性行为空间结构的各个方面的基础上，构建城市社（会）区（域）体系的规划理念。

1. 城市生活空间质量观下的社区体系规划理念

（1）建构城市社会（居住）阶层化结构理念（城市公正规划）

1）城市社会（居住）阶层化结构的构建

城市（社会）生活空间结构观认为，城市空间是社会的产物，空间就是社会，其形式与过程由整体社会结构的动态演进所塑造（Lefebvre，1991）。特定的社会（阶层）结构产生特定的城市物质（社区）静态空间体系，不同发展阶段的城市（社会）空间构成是该阶段社会主导阶层为追求自己的社会、经济目标而营造的动态空间结果（宋伟轩等，2010）。

社会阶层（分）化是经济社会结构发生转变的空间表现，是高低收入者不断替换，使城市中社区不断重构的空间现象（Ley，1983）。在社会阶层的生活行为扩散和变化规律下，所构建的城市居住社区体系和生活行为场所体系的时空模式，可动态满足他们的生活方式。该时空模式是规划城市区域社会阶层（居住）化结构的基础，也是形成城市社区-场所结构动态规划的两个方向。

2）城市社会（居住）阶层化的空间公正性规划

①动态城市社区体系层次，表现为"公正价值介入"保护原则。在市场经济规律下，空间会向有钱、有权阶层倾斜，城市社区与场所质量建设也向其倾斜，形成空间"极化"现象。为了抗衡城市社会空间不公正，可用"时-空地理唯物再构"理念，在社区规划中避免低等级社区空间强迫性"上滤"、居舍被剥夺，出现社会的不公平与空间的不公正。

②在静态城市社区体系层次，表现为"机会价值介入"空间原则。即城市社区应给各类居民对应提供的最基本的"安全"、"健康"与"收入"空间，使各类居民拥有可进入的社区体系与场所体系并过上城市生活。

（2）城市社区体系分异可获性理念（区域响应规划）

1）城市（社会）生活空间的可获性结构的构建

城市（社会）生活空间质量结构的本质在于构建城市完整的社会性社区生活空间体系与场所生活空间结构体系，这样各类社群居民才有空间（距离）上的可接近性与社会（距离）上的可进入性，从而达到生活行为的空间可获性。由于城市社区空间分异结构的可获性与"城市资源"配置的耦合性相关联。城市（社会）生活空间的可获性结构可用"城市资源"（指包括影响构成城市社区体系的物质环境与设施条件）进行规划（王兴中等，2009）。

2）城市（社会）空间可获性的区域响应性规划

①城市社区"平民价值介入"的空间原则。城市居住社区既是宏观区域组成单元又是城

市社会系统中的组成之一，为了抗衡现代城市主义功能弊端，倡导以人为核心的社会空间阶层居舍-活动设计理念。城市社区-生活空间体系通过"城市资源"进行等级与类型的布局及其结构调整。

②城市社区行为场所体系的公正性原则。城市社区-生活空间体系规划要具有社会空间与生活空间结构的社群可获的系统性与亚文化行为可获类型的完整性。

③城市社区居住单元体系的人本性原则。在社区空间体系规划结构上，住宅与邻里单元要符合居民认知（社区宏观-微观）型的阶层需求的差异性、尊严性与生活方式的价值性。

（3）社区空间质量构成理念（空间共享规划）

1）社区资源体系配置的场所人本环境构建

在城市社区体系下的社区空间质量与"社区资源"配置的耦合性关联。"社区资源"包括影响与构成健康与健全生活行为的物质环境与社会环境。社区与"社区资源"配置的耦合性，是由社区空间的客观物质环境与心理的认知环境构成的。两者的和谐组合体现在"社区资源"的剥夺水平上，最终体现在"社区资源"的人本可获性上。不同类型的社区应有对应类型的社区资源（场所）耦合，它们的空间耦合关系构成了社区生活行为的场所结构，这样社区生活空间才具有适居性与舒适性。

2）场所人本环境可获性的空间共享规划

①"公正价值介入"的社区资源布局原则。为了避免与抗衡城市场所空间被剥夺，形成空间不公正，社区空间质量可通过对"社区资源"的体系布局，以控制行为场所的等级、类型结构与水平，达到普世的可获性。

②社区空间质量静态构成原则。社区适居性要求居住社区具有耦合社区资源（场所）的"可居住性"品质，满足社区主体的多层次需求。

③社区空间质量动态发展原则。社区舒适性要求生活行为场所具有行为（文化）发展规律下的耦合社区资源（场所）"适应性"。

（4）文化生态景观情境认知理念（区位文化尊严规划）

1）地方价值保护的空间尊严性构建

城市生活行为的文化生态景观包括社区生态（基因）区与场所生态（基因）区。这些都与当地自然条件、经济条件、社会文化特征以及生活方式等方面的差异性关联，它们揭示了城市的历史基因与空间遗传风貌，反映居民生活行为的延续性与行为文化的价值性。制定符合地方实际的社区与场所空间营造对策，体现地方社会价值的保护，实现居民空间尊严的体现，进而培育社区的文化和社区精神。

2）地方价值保护的区位文化尊严规划

①"生态文化价值介入"的保护原则。为抗衡城市文化生态被剥夺，构建历史景观生态区（空间风水规律、风貌街区构成、民居建筑组合）的文化遗产的结构再现。

②社区环境生态的可持续原则。要求将居住社区看作大的城市生态系统乃至区域生态系统中的一个子系统，遵守自然生态规律（如物种多样性等），并与大的城市生态系统协调发展。

③社区与场所文化生态的可持续原则。首先应考虑社区与场所在城市文化生态系统中的地位，其次必须确定并实现社区内亚文化生活行为的空间组成单元与城市场所体系的区位构建。

2. 社区生活空间质量观下的社区资源规划理念

针对社区的体系规划而言，也可成为社区生活空间质量规划理念。

（1）社区资源可获性理念（社会公正配置规划）

1）社区生活场所的社区资源可获性构建

人们对空间社区单元的客观物质环境的认知环境构成，指客观物质环境的空间进入性与心理认知环境的社会可获性。两者的环境和谐组合与否，体现在居民对其社区空间公正的适居性与舒适性的认知水平上。

2）该社区资源可获性的社会公正配置规划

①社区（生活空间构成质量）资源认知"关注面"（功能公正）配置的原则

在社区生活空间规划中，首先需要考虑的就是社区居民认知对社区质量关注（面）层次的需求。一是社区（就业-收入）空间资源（场所）的配置；二是社区安全（身-心）空间资源（场所）的配置；三是社区健康（身-心）空间资源（场所）的配置。

②居民购物与休闲消费行为结构需求与"阶层化"的空间（社会公正）的配置原则

居民生活方式行为的空间经历，形成了"空间化的生活方式场所"，随着社会的发展，社区成为以居住为主、集聚日常购物、休闲与娱乐场所的"阶层化"的空间区域。首先，在居民生活闲暇化的趋势下，把握"后福特主义"消费文化的时-空发展水平对社区服务设施、体育活动设施和休闲活动空间需求显著增加规律的配置。其次，要把握社区居民阶层生活方式变化下，行为场所需求"时尚"演化结构配置。

③居民日常生活行为交往融合空间（文化公正）的配置原则

伴随社区"阶层化"服务场所的日益完善，人们的基本生活行为将在其居住的社区完成。社区由传统意义上的居住生活空间共同体逐渐向（消费-交往）多功能型场所地域体系发展，社区将具有增进阶层成员感情交流和实现社会控制的重要作用。社区空间结构规划要把握通过社区公共空间配置，即场所的人本性设计促进居民的阶层社会交往，增进社区中居民之间的联系，增强参与感，最终有利于居民形成社区归属感。

（2）设施好恶效应性理念（空间和谐配置规划）

1）社区设施好恶效应性配置的构建

居民对土地利用的设施类型从感知的角度有"好恶"的排序，对自身生活环境质量提高或降低的设施称为骄傲或耻辱序列（pride-stigma continuum）（Ley，1983）。它们还可导致地价的变化。城市社区好恶性土地利用设施的体系规划，应按居民感知骄傲或耻辱序列的规律进行空间配置。

2）社区设施的空间和谐配置规划

①城市社区的设施体系协调配置原则。要把握城市骄傲-耻辱序列总排序，具有大区域公共利益的且对本社区环境越有消极影响的形态类型越带有"耻辱"性，对社区越有福利性的形态越有"骄傲"性。

②社区空间距离关系的协调原则。要把握骄傲-耻辱序列的城市土地类型离社区的远近会发生排序变化，耻辱性类型远离本社区就逐渐变化为骄傲性类型。

③社区亚文化的协调原则。要把握社区资源类型土地利用场所的骄傲-耻辱序列，与不同阶层居民生活行为的文化感知有差异，其骄傲-耻辱序列与自身社区关系的排序有变化。

（3）商娱文化行为性原理（区位响应配置规划）

1）社区商娱文化场所行为性的构建

随着社会的发展与城市消费文化的变化，城市涌现出不同阶层的生活方式，其购物与娱乐行为对应地建构了相互接近但互不渗透的镶嵌在不同类型社区的小尺度文化类型场所。居民不同文化类型的休闲、娱乐和游憩场所构建了城市阶层化社会区域空间（王兴中等，2009）。

后工业阶段"后福特消费文化"的兴起，其一浪接一浪的商娱消费文化会不断强化、重组阶层化社区的商娱场所空间结构。社区商娱行为促使形成动态城市社会阶层化空间体系。社区的不同区位商娱行为场所及其社会空间动态构成程度就代表了对应阶层的生活空间质量水平，城市商娱场所体系动态结构就代表了城市的（商娱）生活空间质量。

2）社区文化行为的区位响应配置规划

①城市商娱文化场所的空间聚集体系的原则。要把握现代城市商娱业的空间聚集在商娱空间重构与阶层化（空间可获性）体系下，呈现出中产阶层化空间聚集规划模式。

②商娱行为场所的社区体系耦合原则。要把握阶层商娱行为平等与社区的场所体系公正配置方向。

③商娱场所的空间保护原则。要把握商娱场所进入与道德区域（或社区）的空间惯性，以及对亚文化的保护方向。

（4）社区阶层化理念（体系耦合配置规划）

1）社区阶层化的构建

在城市社会居住阶层化空间体系构建的过程中，伴随着社区生活行为空间的社会阶层化，也可称为社区阶层化。它是社区该阶层人群生活方式的体现。社区阶层化在与城市社会阶层化体系演化支配下，其与阶层环境耦合表现在两个方面：一是社区空间层次的共享性；二是社区资源场所的可获性。

2）社区阶层化的体系耦合配置规划

①社区资源的场所层次方面的可获性原则。要把握在城市或一个区域的社区资源分布，一般是按社区体系为单元进行社区资源体系的层次耦合的。即社区资源的场所层次与社区层次有耦合关系。在市场规律下，在弱势群体的社区往往"骄傲"型资源被剥夺。故，不同社区的社区资源配置要通过空间管治方法，按社区阶层化的体系达到公正耦合配置。

②在社区空间层次方面的公平与共享原则。要把握具有不同特征（不同年龄、不同爱好与不同行为文化等）的居民，尤其社区中的老弱群体有权力实现各自不同的共享空间生活需求场所，通过社区资源规划途径实现空间实质性公正的配置支持。

（王兴中主笔）

附框图文 1：对新城市主义社区规划价值观的审视

新城市主义相关的城市形式与规划理论在 20 世纪末成为国外城市规划界的主流观念，其规划原则成为社区规划与设计职业采用的理论。20 多年来的实践实现了它追求的理念价值了吗？

1　可持续城市与新城市主义

1.1　可持续城市的理念

从工业时代的城市化起步，到后工业化时代的全面发展，城市社区规划的思想发生了渐进性的转变，特别是 20 世纪 70 年代诞生的可持续发展的理念为城市建设转型带来的契机。目前全球有超过 50% 的人口生活在城市，城市是不可持续问题产生的现实根源，又是可持续发展理念未来应用的希望[1]。关于可持续城市的研究，早期主要集中于可持续城市发展目标、战略以及相关政策方面，偏重于环境、能源与经济方面，近期关注社会方面。主要关注两个层面：一是城市的生态危机，二是城市的社会危机。实证研究的焦点是城市可持续性指标的选取和指标体系的建立[2]。人本研究的焦点是城市居民生活空间质量的问题。以上这种思想对规划界产生了深刻而长远的影响。

基于对城市生态危机与社会危机的洞察，国外学者认为，可持续的城市是高性能建筑和高性能公共设施结合的、可行走的并且有运输服务的城市，而密度和生物本能是可持续城市化的核心价值[3]。国内学者认为可持续城市理论针对了当代城市的特定问题，在"环境-社会-经济"等方面提出了策略性的研究方向，且有三个核心主题，即对长期城市远景的关注，对自然生态环境的关注，对城市不同项目、领域参与者相互作用的复杂网络的关注[4][5]。基于以上观点，可持续城市就是提供一个重新建构环境的机会，这个新环境是要支撑城市居民获得更高品质并且平等性的生活空间质量。

1.2　新城市主义的源起

精明增长（smart growth）、新城市主义（new urbanism）和绿色建筑运动（green building movements）提供了可持续城市理论和实践的基础，综合了经济学、社会学与环境学共同的价值方向。这三种重要的城市环境运动紧密结合起来，成为一门切实可行的指导人类与环境可持续发展的理论。精明增长体现了可持续城市主义的环境良知，美国绿色建筑委员会（USGBC）发起的可持续性建筑性能和认证运动组织，即新城市主义大会（CNU）则是可持续城市规划改良缘起的标志[6]。1996 年的第四届 CNU 签署了《新城市主义宪章》（*Charter of the New Urbanism*），标志着新城市主义的宣言和行动纲领正式得以确立。

---

① 杨东峰，毛其智，龙瀛. 迈向可持续的城市：国际经验解读——从概念到范式. 城市规划学刊，2010，（01）：49～57

② Portney K E. 2003. Take Sustainable Seriously, Economic Development the Environment and Quality of Life in American Cities. Cambridge，MA：MIT Press：288～298

③ Farr D. 2008. Sustainable Urbanism：Urban Design with Nature. John Wiley and Sons，INC. Hoboken，New Jersey：41

④ 李麟学，吴杰. 2005. 可持续城市住区的理论探讨. 建筑学报，（07）：41～43

⑤ 徐彤，徐向东. 2009. 国外可持续的城市社区探索及我国的实践. 江苏建筑，（02）：15～16，43

⑥ Farr D. 2008. Sustainable Urbanism：Urban Design With Nature. Hoboken，New Jersey：John Wiley and Sons，INC. 28～37

CNU 的创立者们为了应对传统城市主义杂乱无章的无序开发，反驳国际现代建筑协会（CIAM）和雅典宪章的不合理处，推进新城市主义的信条。在实践中，CNU 的章程可以建立新城市主义发展观下的区域性住宅区产业和市场体系①。在 20 世纪 90 年代新城市主义成为增长最快的城市社区主流发展模式。

以"住宅小区"为代表的现代主义城市已经走入了死胡同，它带来的是混乱的城市景观，拥堵的城市交通，缺乏适宜居住型的住宅小区，在这背后还隐藏着诸如土地资源的浪费，能源的大量消耗，环境污染，文化传统的丧失和城市效率的低下等问题②。新城市主义以 20 世纪 70 年代以来的紧凑型城市形式、历史建筑更新、城市复苏和混合分区等共同倾向为基础，明确地提出了有关城市发展不同模式的综合理念③。

2　新城市主义的社区规划要义

2.1　理　念

可持续城市理念下的新城市主义，以现代需求改造城市空间的中心性，创造地方社会化空间，使之衍生出符合当代人日常生活需求的场所新功能。

新城市主义社区规划的基本理念是：①解决城市蔓延的思想。提出了一种紧凑型的城市空间扩展和规划理念。②注重郊区紧凑式发展规划。注重"以人为本"思想的街区、社区与邻里等中等关系尺度的设计和规划，倡导传统的社区邻里模式的理念。③实行阶层出行公平的通勤公交导向发展模式。强调在区域层面上以社区为节点的整合公共交通网和场所土地利用关系的理念。④控制城市蔓延的手法。界定"城市增长边界"（urban growth boundary），将开发控制在指定的地区内，清晰区分城乡边界、保护自然景观和农业区域④。⑤努力营造生态环境的布局模式。尽可能设计城市村庄的步行区域。

新城市主义社区规划的特点：①适宜步行（5～10 分钟）的邻里环境；②建立连通性格网式的公交系统；③城市功能混合的土地利用；④多样化社会阶层混居的住宅体；⑤高质量的住宅建筑和场所设计；⑥有可辨别的中心和边界、传统的邻里结构与街区组织，跨度限制在 0.4～1.6 公里；⑦促进更加有效地利用资源和节约时间的高密度；⑧公共政策导向的精明发展管理。

新城市主义者给自己制定的明确任务是：①修复大城市区域现存的市镇中心，恢复强化其核心作用；②整合重构松散的郊区使之成为真正的邻里社区及多样化的地区；③保护自然环境；④扭转和消除由于郊区化无序蔓延所造成的不良后果，珍存建筑遗产，重建宜人的城市家园⑤。为此，他们提出了三个方面的核心规划设计思想：①通过区域规划，从区域整体的高度来解决城市空间问题；②以人为本，强调建成环境的宜人性以

---

① Farr D. 2008. Sustainable Urbanism：Urban Design with Nature. Hoboken，New Jersey：John Wiley and Sons，INC. 32

② 杨德昭. 2006. 新社区与新城市——住宅小区的消逝与新社区的崛起. 北京：中国电力出版社：146

③ 吉尔·格兰特. 2010. 良好社区规划——新城市主义的理论与实践. 叶齐茂，倪晓晖译. 北京：中国建筑工业出版社：46

④ 唐相龙. 2008. 新城市主义及精明增长之解读. 城市问题，（1）：88～90

⑤ Rothblatt D. North American Planning. Autumn，A. P. A，1994. 转引自张京祥. 2005. 西方城市规划思想史纲. 南京：东南大学出版社：230

及对人类社会生活的支持性；③尊重历史和自然，强调规划设计与自然、人文、历史环境的和谐性①。如今新城市主义在城市与区域规划的各个领域中都已形成了主导的影响。

2.2 原　　理

新城市主义形成了四个流派式新城市主义原则，即传统街区设计、公交导向设计、城市村庄设计与精明增长管理。支撑这些原则的可以认为有两个社区型空间重构规划理论。由 Andres Duany 和 Elizabeth Plater-Zyberk 夫妇提出的传统邻里发展模式（traditional neighborhood development，TND）② 和由 Peter Calthorpe 提出的公共交通导向发展模式（transit oriented development，TOD）③。

TND 模式：该模式从小尺度的城镇内部街坊建构的角度提出。以社区为空间，以邻里构成基本单元组成空间系统，邻里之间以绿化带分隔。每个邻里的规模为 16～81 公顷，半径不超过 0.4 公里。可保证大部分家庭到邻里公园距离都在 3 分钟步行范围之内，到中心广场和公共空间只有 5 分钟的步行路程，会堂、幼儿园、公交站点都布置在中心。每个邻里包括不同的住宅类型，适合不同类型的住户和收入群体。以网格状的道路系统组织邻里，可以为人们出行提供多种路径的选择性，减轻交通拥挤。

TOD 模式：该模式从城市区域层面重构的角度提出。将区域发展引导到沿轨道交通和公共汽车网络贯通的不连续的节点上，充分利用交通与土地之间的基本关系，把更多活动的起始点和终止点放在一个能够通过步行到达公交站点的范围之内，使更多的人能够利用公交系统。每个 TOD 都是紧凑的，常常规划拥有一个放射状的街道系统，组织严密的社区，是一个由商店、服务、办公与住宅组成，围绕公交站点布置并且在步行范围之内的地域。TOD 模式认为放射型街道对行人是高效的，强化了公共空间的中心地位，表现出不同于过去郊区化城镇发展模式的空间特征。

2.3 原　　则

紧凑性原则：新城市主义的设计原则适用于从小镇到大城市的所有不同区域，区域不同的紧凑性用不同的建筑密度组合起来，使更多的建筑、民居、商业和服务相互靠近有利于步行，并能更有效地利用服务和资源，创造一个更方便并令人愉快的居住地。

多样性原则：新城市主义的功能多样性原则有三个方面。空间的多样性是将指商店、服务、办公、公寓和独立式住宅混合在一起，分布在社区内、街区内甚至一栋建筑内。社会的多样性指居民不同的年龄、阶层、文化和种族可以混居于社区内。住宅形式的多样性是指多种类型、规模和价值的住宅相互混合组合④。

适宜步行原则：从住宅或工作地点前往主要的社区活动空间应在 10 分钟步行距离内；具有步行友善的街道环境（建筑物靠近街道布置，有建筑门廊、窗和入口，街道有行道树，汽车停在街上，车库要布置在建筑的后部，狭窄的街道和慢速车流）；在某些情

---

① 王慧．2002．新城市主义的理念与实践、理想与现实．国外城市规划，（03）：39～42
② Duany A，Plater-Zyberk E．1992．The Second Coming of the Small Town．The Utne Reader，May/June
③ Calthorpe，Peter．1993．The Next American Metropolis：Ecology，Community，and the American Dream．New York：Princeton Architectural Press
④ 姚秀利，王红扬．2007．新城市主义的逻辑结构与实践性现代城市研究，（2）：83～88

况下设立完全的步行街；相互连接的网状道路结构，这样更利于疏散车流，更易于步行；有层次的道路，包括小路、窄马路和大道；高质量的人行道系统和公共空间使步行变得愉快①②。

珍视环境原则：发展和维护环境，并将对环境的影响降到最低；应用生态友善的技术，尊重生态和自然系统的价值；高效率的能源利用；减少对有限石油资源的使用；更多地使用当地产品；步行友善的设计鼓励更多地使用自行车、轮滑、滑行器和步行作为每天的出行工具取代驾车③。

高质量原则：在可识别的中心和边界下、强调美化具有社区中心的公共空间；强调高质量公共区域和公共开敞空间的艺术化设计；舒适的人性化体现在步行范围内布置包括各种需求的功能及其场所；消除自然景物与人工景物之间的界线，具有可维护自然的活力并与建筑和街道类型融合，形成符合人性尺度的优美场所生态；重视市政与公共建筑的功能及其在社区中的位置关系；创造高质量的生活空间，提高和鼓舞居民的人文精神④。

3　新城市主义的价值观

3.1　社会价值观

新城市主义成功地把城市空间建构的社会环境协调性、空间多样性、社会社区感和行为人本性尺度等传统价值标准与当今人们期盼的现实生活环境有机地结合起来⑤，借以实现四个关键社会价值"平等、良好、健康和有效"为出发点⑥。由于它们以囊括一切的方式来实现现代人们对"好社区"的追求理想。所以这类概念与价值观能够吸引广泛的实践者和理论家。

人本性：新城市主义从传统的城市规划和设计思想中发掘灵感，提出三方面的人本规划原则。第一，社区建造要尊重当地的社会文化和历史传统，其建筑风格与周围环境协调，使居民产生强烈归属感进而激发社区的凝聚力。在实践过程中，新城市主义始终围绕人的日常生活行为的尺度，构建城市街道与公共活动空间，并把握设施对人的亲疏性的场所与范围设计，促使形成社区的生活空间活力⑦。第二，新城市主义努力规划出康体的生活空间，把握休闲与体育活动、空气质量与水质、生态平衡、公共交通流量以及就业机会与社交网络等对公众健康生活方式的影响。第三，新城市主义非常注重设计中的公共参与，通过与各种社会力量密切合作来实现有关自己社区建设的价值理想。

多样性：国外学者认为"多样性是城市的天性"⑧。新城市主义提出了空间"多样性"

① 吴峰 . 2003. 新城市主义理论与社区环境规划设计研究 . 西安建筑科技大学硕士论文
② 翁亮 . 2006. 我国新都市主义实践探索 . 华东师范大学硕士论文
③ 王国爱，李同升 . 2009. "新城市主义"与"精明增长"理论进展与评述 . 规划师，(04)：67～71
④ 杨德昭 . 2006. 新社区与新城市——住宅小区的消逝与新社区的崛起 . 北京：中国电力出版社：135，136
⑤ 张京祥 . 2005. 西方城市规划思想史纲 . 南京：东南大学出版社：228
⑥ 吉尔·格兰特 . 2010. 良好社区规划——新城市主义的理论与实践 . 叶齐茂，倪晓晖译 . 北京：中国建筑工业出版社：18
⑦ 曹杰勇 . 2011. 新城市主义理论——中国城市设计新视角 . 南京：东南大学出版社：80
⑧ Jacobs J. 1961. The Death and Life of Great American Cities. Originally Published in Hardcover by Random House, Inc. New York

和利用"混合功能"的概念。一是强调在步行范围内，居住、工作（上学）、娱乐和休闲功能的混合系统。二是主张居住阶层的混合。该概念从形式到内涵完全颠覆了城市功能分区的思想。追求多样性是新城市主义与现代主义（城市主义）在价值取向上的焦点①，它反映社会公平与对应空间公正的可持续性。

社区（平等）感：新城市主义倡导的平等包括社会和经济的平等，提倡阶层平等地拥有公共设施和服务。在社区中提供不同价格的住宅类型，使不同阶层的人都有可支付的住宅，提升了社会空间的可进入性。以步行和公交为主要交通形式减少对汽车的通勤依赖，消除了社会隔离现象，促进社会融合。

社会环境协调性：新城市主义的出现就是可持续发展理论运用到城市的一个重要结果。新城市主义规划不但倡导"尊重自然，构建完整的城市生态系统"；还提出"尊重社会与个人，建设人性化的生态社区"②的原则，体现了可持续发展的生态环境与社会环境内涵。在顺应时代价值观的潮流下，城市环境规划关注的焦点是如何通过社区空间的规划达到整个城市（环境、经济与社会）协调可持续发展的目标。可持续发展的三个目标之间存在三个制约性的冲突，即（环境）开发性冲突、（经济）财产性冲突和（社会）资源性冲突。新城市主义力图用规划的手段解决这三个冲突，实现社区和地方的可持续发展。

3.2　空间价值观

20世纪以来不同的城市规划思潮有着不同导向的空间价值观。国外学者③认为反映社会公平的空间公正观是现代城市可持续的人本性核心，具有意识形态特征。由于社会公平与空间公正又是社会发展的动态耦合关系，用技术手段难以很好地实现，在规划上具有"乌托邦"的意向。而可以用规划技术方法实现的只能体现城市或社区的"优美"、"卫生"与"有效"的空间功能价值。新城市主义属于后者，认为它可以用一切方法来实现良好社区的空间功能价值，还可以实现空间公正的价值观规划。主要表现在以下三个方面。

重视公共领域的阶层平等可进入性：新城市主义始终将城市发展必须将公共领域的重要性置于私人利益之上作为贯穿其中的设计理念④。表现在两个方面：一是，社区应优先安排公共空间和公共建筑，在邻里中心优先提供社区活动场所，在中心商业街应尽量为步行⑤，提高所有居民的空间交往水平。二是，提倡以社区为节点的城市公共交通网络设施的建设，提高低收入阶层的通勤流量，降低"社区错位"给他们带来的空间歧视。

混合居住的社会平等空间的宜居性：社区混居规划已是新城市主义各流派社区规划的通用模式，已作为阶层融合空间的宜居性标志。各个国家的社区混居实践也创造出很多案例，力图说服人们认可它的价值观，至今尚在争议。

---

①　王国爱，李同升．2009．"新城市主义"与"精明增长"理论进展与评述．规划师，（04）：67～71
②　刘昌寿，沈清基．2002．"新城市主义"的思想内涵及其启示．现代城市研究，（1）：56，57
③　吉尔·格兰特．2010．良好社区规划——新城市主义的理论与实践．叶齐茂，倪晓晖译．北京：中国建筑工业出版社：18～25
④　吴林海，刘荣增．2002．从"边缘城市主义"到"新城市主义"：价值理性的回归与启示．科学技术与辩证法，（6）：16，17
⑤　曹杰勇．2011．新城市主义理论——中国城市设计新视角．南京：东南大学出版社：79

　　强制性宜居环境标准的社会平等性：由于城市空间的准则是特定时代的价值观和城市发展特定目标作用下的公共价值和共同目标的体现，是不同利益相关者共同遵守的规则。因此，城市空间是城市空间准则与其标准以及不同利益相关者价值观博弈的共同结果。城市与社区的环境空间的宜居性是所有居民追求的最基础人本空间，也是人类的共同性目标，不会随国家与区域的差异而改变。新城市主义著名学者凯文·林奇制定的"好的空间形态标准"[1] 和浅见泰司制定的"居住环境评价标准"[2] 共同强调了人的基本生存需求，它揭示了普世需求的环境"宜居性"，任何城市空间规划都应控制的基本平等价值目标[3]。

4　对新城市主义公正价值观的实践审视

4.1　对新城市主义的批判性审视

　　新城市主义的发起人是城市设计人员和建筑师，实现途径主要是市场运作。虽然它构建的模式和可以设想的未来对解决目前的城市问题有着积极的作用，但是由于新城市主义者总是希望从视觉的表达方式，以建筑传统去考虑城市的发展模式，存在一定的片面性。现实是，社区是人们日常生活行为发生的主要空间，人对生活空间的主观认知是评判社区良好与否的重要标准。新城市主义要想改变 20 世纪形成的（小）汽车导向开发模式并非易事，由于大部分的购房者仍倾向于选择大宅基地而不是小宅基地（不利于停车）。在社区规划方面，新城市主义强调的街道和公共空间的形式对人们生活质量感知来说有良好的影响，但是社区居民评判良好社区的标准更偏重对社区安全、健康和收入空间的综合关注感知。在社会空间和谐方面，由于阶层分化形成的生活方式差异，新城市主义强调的社区混居模式始终是不成功的。

4.2　对新城市主义公正价值观的实践审视

　　新城市主义规划理念努力规划的宜居社区要求的是对应的生活方式，而生活方式的变革需要价值观的变化，而这种改变在短期内是不可能达成的。新城市主义理念与规划价值观就不能简单地照搬。但是人们对社会公平与空间公正的要求是永恒的。

　　社会公平与空间公正是全球城市空间可持续规划追求的普世的社会人本与永恒的空间价值。在这方面新城市主义的公正价值观 20 多年的实践表明有如下方面的混乱[4]：建筑师仅将生活行为价值与公共建筑形体混合使用联系起来了，而规划师并没有成功地将阶层与空间公正进入结合起来，"社会融合"的效果还潜伏在概念里；新城市主义倡导分散开发商的利益权利而达到重建社区良好空间，实践中却发现它又减少了低下阶层的公共住宅，几乎没有提供更多的经济住宅；新城市主义推行建筑高密度以抑制郊区蔓延，实践发现改变区域历史的密度模式反而带来了当地文化行为空间的障碍；新城市主义深信人本社区设计的"真实""大院"性，实践中它偏离了社会分化和阶层聚集的真实性，

①　凯文·林奇.2001.城市形态.林庆怡等译.北京：华夏出版社
②　浅见泰司.2006.居住环境评价方法与理论.高晓path等译.北京：清华大学出版社
③　任绍斌，吴明伟.2011.可持续城市空间的规划准则体系研究.城市规划，35（2）：49～56，63
④　吉尔·格兰特.2010.良好社区规划——新城市主义的理论与实践.叶齐茂，倪晓晖译.北京：中国建筑工业出版社：155～177

忽视了提供居民需求多重社会意义的场所系统价值；新城市主义情有独钟于公共参与，"合作规划"的语言在民主形式公正下，导致将居民参与限制在一定的层次上；新城市主义追求在合理尺度内的土地利用混合使用模式，实践中发现并非是用地模式，而是场所区位的空间组合系统可以提供各阶层适当的社会环境；新城市主义实施的容纳多样的混合居住目标，由于阶层生活方式的差异性，产生不了混居的兴趣，至今没有成功的案例；新城市主义也关心一定水平的社会公平，构建社区的空间公正性，在没有政府与社会慈善组织捐赠下，少有的经济住宅很难满足低下阶层的住房需求，他们往往把贫穷在空间隐藏起来，或者依然漠视保留在社会中的穷人孤岛，即使穷人和富人同住一个社区，仍然是互不联系的，"公正"只是表面；新城市主义要求提供公正可接近的公共空间，实践中开放环境为商业空间与私人道路提供了排斥公众使用的机会，标志私人空间身份似乎是新城市主义社区建设的一个重要因素，这些公共空间成为富裕特权的象征；新城市主义持有的维护政治控制等"隐藏的价值观念"的指向，其规划本质上服务于城市管理者依赖的具有经济活力的中上阶层社区。其城市村庄模式重新唤起了传统不平等社会景观。其建筑设计的强制规范扩大了社会控制的措施，人们的私自行为处于完全监控之中，代表了一种文化帝国的形式；新城市主义者坚持公共利益是规划决策的基本原则，由于它是一种隐含的概念或原则，公共利益与私人利益是永存的平衡关系，在实践中所谓的公共利益有悖于现实，公共利益导向的空间设计不符合常效公正的远景。总之，新城市主义希望创造比较公平的社区，以便把穷人合并到比较宽泛的城市体制中来。

西方学者预言：最终历史可能会揭示出新城市主义方式只是对城市形式做出承诺，而没有对创造好社区的社会或政治改革做出承诺。实践将会迅速证明，新城市主义不可能实现它的理想，阻止城市蔓延，扭转空间不公正。具体表现为："新城市主义倡导者承认问题是复杂的，但是，他们常常提供简单的解决方案"；"新城市主义倡导者推广城市形式，而他们正在建设郊区大院；新城市主义倡导者寻求民主的社区和平等的社会愿望，但是，他们吸引的却是精英消费者"；"新城市主义方式呼唤结束单调和千城一面的郊区，但是，它又编制新的规范来实现新的千城一面"；"新城市主义使用普遍的和永恒设计原则这类概念，但是，它又确认需要专业设计师来建立开发参数"；"新城市主义倡导者赞颂公共场所，但是，他们却在创造私人景观"[①]。所以，新城市主义的理论承诺和实践结果之间的差距必然导致寻求新的规划理念革新。

（王兴中　张侃侃　常芳主笔，王锴　钟志平　余二强　魏红妮参加）

参 考 文 献

潘祖光.1994."生活质量"研究的进展与趋势.浙江社会科学，(6)：73～76
宋伟轩，朱喜刚，吴启焰.2010.中国中产阶层化过程、特征与评价——以南京为例.城市规划，34（4）：14～20
孙峰华，王兴中.2002.中国城市生活空间及社区可持续发展研究现状与趋势.地理科学进展，(5)：491～499
王兴中.2004.城市内部生活场所的微区位研究进展.地理学报，(增刊)：125～131

① 吉尔·格兰特.2010.良好社区规划——新城市主义的理论与实践.叶齐茂，倪晓晖译.北京：中国建筑工业出版社：185～187

王兴中，等 . 2000. 中国城市社会空间结构研究 . 北京：科学出版社：195

王兴中，等 . 2002. 当代国外城市生活空间评价与社区规划的研究 . 人文地理，(6)：1~5

王兴中，等 . 2003. 对城市社会-生活空间的本体解构 . 人文地理，(3)：1~7

王兴中，等 . 2004. 中国城市生活空间结构研究 . 北京：科学出版社

王兴中，等 . 2009. 中国城市商娱场所微区位原理研究 . 北京：科学出版社：前言，235~242，226~230，236~237

周长城，等 . 2003. 中国生活质量：现状与评价 . 北京：社会科学文献出版社：7~9

Lefebvre H. 1991. The Production of Space Antipode，(2)：30~37

Ley D. 1983. A Social Geography of the City Harper and Row，New York：327

NRC（National Research Council）. 2003. Community and Quality of Life：Data and Tools for Informed Decision-making. Washington，D. C. ：National Academy Press

Smith M N，Perkins N. 1997. Quality of an Urban Community：a Framework for Understanding the Relationship between Quality and Physical Form，232~238

第 2 章　城市生活空间质量观下的社区体系规划原理

城市社（会）区（域）生活空间结构的分异与重构是城市社会空间演化的趋势性规律，它是城市阶层生活行为在城市空间上的社区体系映射。全球化影响下呈现出城市物质（经济）空间提升重组的同时，生活空间调整建构的耦合演进态势，随着工业化-城市化进程的加快，及社会-文化进程的迅速跟进，人们对人本环境的体验，在地理空间自由、自主、机会与平等的前提下逐渐向社会空间自由、自主、机会与平等的平台上过渡，从生理需求向社会文化需求—尊严需求—价值需求方面深化（王兴中，2009）。在城市社会-生活空间结构研究领域，对此的研究涉及新人本主义城市空间发展、建构的水平与价值取向的分析，特别是冲破现代主义城市功能分区的藩篱，形成了关注社会公平下、空间公正为方向的城市社会生活空间质量观与流派，其理念核心为人本生活场所体系及城市社区体系公正结构的建构与重构。其原理指向为：以人们认知为主导，以社会公正性为要素，以人们尊严意愿为方向以及以政策为保障的地方"空间文化"结构的重构。

城市生活中的人类行为和目的赋予了城市空间的意义，不同人们生活的社区及其密切关联的地点或场所构成了城市社（会）区（域）生活空间结构。城市社（会）区（域）生活空间结构是在一定的经济、社会与文化背景的居民生活行为方式推动下，呈现出社会阶层化与社区职能分化，以及社会场所等要素重组而形成的城市地域。不同等级、类型的社区体系是构成城市社（会）区（域）生活空间结构与演进变化的空间结果。因此，城市社区体系规划原理成为构建城市社会生活空间结构及解决城市阶层化生活空间的区位冲突、空间隔离等相关城市社会问题的理论工具。

2.1　城市社会（居住）阶层化构成原理（城市公正规划）

2.1.1　社会阶层与社会阶层化

1. 社会阶层及划分

社会阶层的研究最早出现于 20 世纪西方社会学领域，认为它是由于经济收入、社会地位、政治权力等多方面因素叠合而形成的，在社会层次结构中处于不同地位的社会群体。社会分层指的是依据一定具有社会意义的属性，一个社会的成员被区分为高低有序的不同等级、层次的过程与现象。社会阶层则是社会分层研究的基本范畴，一般是指社会垂直分化产生的各个社会地位层次以及分处在这些地位层次上的人群。西方社会学中，对社会分层存在两个有代表性的传统理论：一是马克思的系统阶级理论，强调社会分工、生产资料的占有以及财产所有制对社会阶层划分的决定性意义，被认为是经济决定论的划分原则；二是以马克斯·韦伯（Max Weber）为代表的韦伯派理论家则强调身份认同，这在一定程度上被认为是文化决定论的划分原则。韦氏创立的"三位一体"分层理论，对社会成员进行阶层划分有三重标准，即经济标准（财富）、政治标准（权力）和社会标准（声望）。韦伯之后的社会学家们，不再固守于某一特定标准，而是根据研究目的同时采用社会分层的多元标准和综合指标。

基于不同的研究目的与学科立足点，对社会阶层的阐释产生了不同的研究学派。其中产生比较深刻影响的有经济学派、人类学派、行为学派等。

经济学派将经济变量（职业、收入等）视为划分阶层的主导依据，根据收入差别和经济不平等将社会成员划分为不同的等级或阶层，偏重研究经济因素对社会阶层形成所产生的影响。

人类学派分析人的社会化过程，指出社会阶层是建立在种族划分和种族主义基础之上所形成的不同文化群体。主要研究不同民族在就业和社会收入上的差异。

行为学派认为社会阶层是具有共同趋向性行为的社会团体。主要反映信仰、行为和生活方式的差别。个体的消费模式象征着他（她）的阶层地位，购买行为是比收入更为重要的一个决定因子。侧重研究个体行为方式所表现出来的趋同和分异特征以及群体行为规律和模式的探讨，并以生活行为特别是消费行为的内部一致性和外部差异性规律作为主要依据划分社会阶层。

社会阶层的研究具有强烈的社会性、时代性，不司社会发展阶段对应不同序列的社会阶层，进而产生不同趋向的城市社会生活方式。社会阶层不是固定不变的，社会阶层有其相对稳定性、跃迁性规律。在中国体制转型的大背景下，中国社会科学院社会研究所"当代中国社会结构变迁研究"课题研究组总结了当前中国社会阶层分化、已有十大分类模式及其构成比例（陆学艺，2002），这对城市社会学、城市地理学、城市规划学相关课题的研究具有重要的基础性指导意义。

2. 社会阶层化及空间性

城市社会地理学认为，社会阶层是个体社会属性、行为方式等在空间上的差异表现，阶层（分）化是经济社会结构发生转变的空间表现，是高低收入者不断替换，使城市中社区或者邻里不断重构的空间现象。社会阶层化，特别是中产阶层化（绅士化）已经成为一种全球性的城市现象。从 20 世纪 70 年代末期开始，阶层化现象与更加宏观的社会转型、产业结构重组、文化变迁以及经济全球化等进程的内在关系逐步被揭示出来，各种现象和过程机制也被更全面地认知。阶层化作为城市社会空间重构的重要组成部分已经成为一种广泛的共识，尤其对中产阶层化的研究日趋成熟、完善。

社会阶层化的研究涉及空间含义的城市生活区域体系，侧重分析在社会阶层的生活行为扩散和变化规律下，所构建的城市日常居住社区体系和日常生活行为场所体系的时空模式，以此探讨城市社会生活空间质量及社区体系构建的完备性。

不同社会阶层的人们，由于受到不同的社会结构性条件的制约，选择了不同的居住方式，其空间形成阶层聚集，具体表现在一些生活质量和居住质量十分类似的社区中，集中居住着生活条件和生活机会上大致相似的人群。城市社会空间重构进程中，阶层性社区的成型及生活空间模式的选择进一步强化了社会空间阶层化，相似的生活方式和地位认同的社会阶层群体分异，形成了城市社会空间体系。因此，研究社会阶层化，必须与居住空间、城市社区生活空间的发展机制联系在一起。城市社区规划体系的一个基本构成原理，便是对社会阶层的生活空间与构成的社会阶层化及其社会空间体系的探究。

2.1.2　社会流动中的居住行为空间阶层化分异

社会学家认为，社会流动指个人从社会阶层的某位置移向另一位置，当人们位于不同的社会阶层时，所拥有的社会资源也不同。社会流动的类型包括：①垂直流动。个人由下层向上层的流动，或从上层向下层的流动，流动的主要因子为社会经济收入状况的改变；②水平流动。个人在同一社会阶层的横向流动；③代间流动。家庭成员的社会阶层与其上一代之改变及差异；④结构重组流动。在社会变迁中，因职业结构改变造成的个人社会阶层流动（Sorokin，1927；王春光，1995）。

市场经济社会体制下的社会流动为城市社会空间结构变动的主要因素。其中，居住空间结构的阶层化趋向就是其社会空间结构的基础。居住分异是指不同特性居民各自聚居形成的城市居住空间分化，是城市居住空间结构演化的动态现象，城市社会阶层的分异是城市居住空间分异的基础（李志刚和吴缚龙，2006；冯健和周一星，2008）。社会流动为城市社会阶层的演化与分异提供了社会动力，相应地，城市居住空间规划应对社会阶层化及社会流动导因予以关联研究，方可体现出社会公平下的阶层空间公正价值观。

城市居民居住行为空间包含了居住者对自然环境、人文环境、交往空间和生活方式选择的功能空间，不同阶层依据其经济收入、社会地位、亚文化诉求选定适宜自身的居住空间，完成其基本的城市生活行为需求。前工业化阶段，西方城市的社会居住空间结构是以社会隔离为特征的，形成以社会阶层隔离为主的城市社会区域圈层结构。工业时代，收入差距加大，阶层分化日渐凸显，在不同社会区域圈层分离出很多有隔离实体的社会区域，表现为社区类型化。后工业时代，社会阶层多样化产生进一步细分与聚集，形成居住的不同景观社区和邻里区系统等级化结构。随着社会经济发展提升社会流动，城市区域的居住空间在社会流动过程中渐趋阶层化，城市不同阶层的居住行为空间诉求催生着城市居住空间结构的演进。

2.1.3　社会阶层化的城市居住空间体系构成

1. 城市居住空间分异与过程

城市居住空间分异是一种居住过程与现象，表现为不同阶层的居民住房选择不断地趋于同类相聚，异质分离的居住空间展布，并持续处于相对集中、独立的居住分化状态。城市居住空间分异是工业化过程中伴生的社会生活空间特征，该空间进程形成了城市社会区域，并且产生空间过滤式的衍化过程。由于居住的阶层与种族（或民族）的分离，形成了有一定的职业结构、公共机构等一套阶层社会空间因素来维持内聚性的社群生活区域，芝加哥生态学派称之为社会区域。社会区域有"聚集—中心化—分离—侵入"和"演替—繁衍"等生态过程（张鸿雁，2000）。

居住空间的分化形成的居住社区类型上的差异，成为城市阶层化的景观特征，使城市阶层存在十分明确的居住空间对应关系。居住空间分异是社会阶层分化、住房市场空间分化与个人择居行为交互作用的空间过程与结果。

2. 城市居住空间的阶层（或居舍）剥夺与失衡

人文区位学派认为城市社会有两种引起竞争的稀缺资源，即经济商品和地理空间位置。

围绕这两种资源所发展的竞争和适应过程，构成人类的城市动态关系。城市居住区可视为商品，城市权势阶层及政府企业化主导下的城市居住空间增长导致了"被操纵城市"假说（manipulated city hypothesis）（杨上广和王春兰，2006）的形成，它认为城市形态是精英利益团体和社会权力进行联盟有意识操纵的结果。著名城市社会地理学家哈维（Harvey，1973）认为，绝大多数城市政治行为仅仅是对再分配的隐含机制的利用和控制的争夺，这些行为引起的城市土地利用变化会导致对城市居民成本和效益的再分配。市场经济规律下，这种城市居住空间增长模式显然有利于城市权势阶层。相对而言，城市低收入群体显然易受到居住空间的剥夺，其机制主要表现为对城市资源、社区资源等公共基础设施与公共服务享有上的排斥。城市化的快速发展带来了城市地域范围内的居住空间过滤与演替，在这一过程中，城市低收入群体的居舍与邻里（或社区）被逐渐向低效益的区位转移，无形中增加了他们享有这些设施（如城市中心较好的基础设施、公共景观、医院、学校等）的成本，剥夺了他们享有的空间机会，形成了城市居住空间的"极化"现象，使空间公正下的居住结构失衡。

3. 城市居住空间体系的社会公平性

城市居住空间体系是多种文化模式、观念、社会分工、职业以及不同生活习惯的阶层或地域聚合系统，该系统的基本特征为异质性、同质性。异质性（广泛存在的差别）使城市将不同阶层的人们凝聚起来，持续地进行着交流、对话、协作等城市生活活动，也表现为城市生活的多样性。城市生活中，与异质性相对的另一个特征为同质性，这种同质性指的是相似而非相同，认可了差别的一定程度利益上的相同，正是同质性使人们结成相对稳定的城市阶层，具有普遍认同的道德价值体系，社会文化生活空间诉求。

城市居住空间的异质性与同质性，界定着城市阶层社会生活行为的空间界限。城市居住空间结构的演进与变化就是在其异质性与同质性规律的主导下进行的，然而，市场经济规律作用下的城市居住空间不断分化，优势的居住空间的区位效应更多地耦合于中上阶层，低下阶层的居住空间由于对居住区位效应支付能力不足，往往被限定在边缘化的区域内，甚或被过滤掉或者居舍存在不足（吴傅龙等，2007）。城市整体居住空间体系有被分割为对立而抵触的不同居住景观单元的倾向，缺失社会公平及居住空间公正。

因此，如何建构城市居住空间公正结构体系就成为城市社区规划的基本问题。城市居住空间分异本身是社会经济发展过程中自然的社会文化生态过程，其结果表现为居住空间的阶层性分化，在这一分化过程中产生了居住空间隔离、剥夺、体系失衡及社会文化歧视等社会空间问题，解决的核心就是动态城市社区体系的"公正价值介入"及静态社区体系的"安全"、"健康"、"收入"空间的"机会价值介入"的城市居住空间包容性体系构建，即城市不同阶层生活空间的动态公正结构体系的可进入性，进一步表现为城市不同阶层间高度的交流、对话、流动及对各自居住空间、文化空间诉求价值体系的尊重与保护（王兴中，2009）。

2.1.4 新人本主义理念下的城市社（会）区（域）公正规划

1. 现代主义城市规划的藩篱：缺失阶层生活空间公正

现代主义城市功能分区的规划思想把城市分成若干个经济功能区。每个城市的城市规划编制蓝图设计都未能冲破这一模式，其哲学价值观为物本、景观美学与工程技术结合的行为理性效益，其实这一倾向背离了城市规划对社会公平的关注及对人的价值的尊重，更缺失公正的阶层生活空间观。

　　城市不仅是居民社会和经济工作行为的场所，更是工作以外其他生活行为的场域和情感依附的地点。每个阶层都有其（工作-上学、居住、购物与休闲）四类生活行为对应的社会阶层化社区（王兴中，2004），这就要求我们必须从多维视角理解城市、规划城市、建设城市与管理城市。其中，城市规划是公共产品，公正性下的长远性为这一城市规划公共产品的最高理想及目标诉求，城市空间公正是支撑一切城市规划理想蓝图的物质支撑与价值标尺，以人的生活空间行为为出发点，以阶层化（居住）生活空间为单元，以纠正"阶层剥夺"为手段，构建没有居住结构失衡的社区体系。阶层生活空间公正表现为城市各阶层生活空间的差异化、便捷化与网络化可获性结构。

2. 社会阶层化下的城市居住空间需求

（1）从单一住区到社区体系的需求

　　随着社会经济的发展，特别是后工业化阶段，城市社会空间系统逐步形成，社区体系的完善与否成为衡量一个城市社会生活空间质量高低的基本判识。

　　传统的注重单一社区的配套公建指标体系建设的规划理念在社会阶层化趋势日益明显的当今社会越显空间缺失公正性。城市社会生活空间观认为，城市是由不同等级-类型的社群在城市空间耦合而形成的不同社会区域组成的。在城市中生活的居民依据其经济收入、社会地位、教育背景、价值追求等因素选择对其自身有意义的社（会）区（域），完成生活行为。城市就是不同阶层生活行为不断地界定其行为空间与界限，构成了多样化的社（会）区（域）体系。

（2）从生理空间需求到空间尊严-价值的需求

　　《雅典宪章》所倡导的功能理性一度成为城市规划领域的主流思想，对现代城市规划价值导向产生了深刻的影响，使工业化阶段城市的功能空间结构建立起来。城市的更新与建设渐趋走上了一条物质景观主义的道路，表现为尽可能地满足空间的生理需求。后工业时代，人们对城市阶层化生活空间质量的追求，是生活价值的需求。居住结构的失衡与阶层（居住）的剥夺，事关阶层生活的尊严。城市居住空间理想环境的探索与规划转向了社会需求、社区复兴等新人本主义理念的空间尊严-价值体系求索。

　　城市居住空间领域的尊严-价值需求集中体现在城市各阶层的生活空间公正性方面，首先表现为城市社区体系的阶层可获性，其次为城市资源-社区资源的差异化公正配置（平等地享有城市公共服务基础设施资源）。实现并规划这一目标需要从城市各阶层的日常生活空间行为角度出发，研究其居住空间体系为基础的其他空间行为的尊严-价值（场所）保障体系。

3. 城市社会（居住）阶层化的城市公正规划（原理）

（1）阶层居住空间行为的城市-社区资源可接近性

1）城市资源可达性（urban facilities accessbility）

　　城市资源可达性指城市供水、供电、供气、供暖、路网结构、通信设施以及公共绿地空间等影响居民社区生活空间质量的城市基础设施资源的空间配置及其在不同社区的通达程度与水平。它是建构社区体系的数量、质量、类型与等级的物质控制因素，也是政府部门对城市、社区进行管制的有效手段。城市社会生活空间质量观认为，城市资源是政府为提高整个城市社会生活空间质量，构建城市社区体系与社区资源体系的公共基础设施系统，以便其从宏观上调控城市各类阶层人群对社会-生活空间的可获性，满足城市居民的健康与健全生活空间需求。城市资源是城市空间拓展与延伸的"有形的手",在此基础上与社区资源耦合配置,形成了不同的社会区域(王兴中,2009)。

2) 社区资源可接近性(community resources accessibility)

社区资源可接近性是指社区资源对满足社区居民生活需求的区位的接近性,以及场所的可获性,其水平的差异反映了社区(物质-社会)环境差异的本质。在城市物质空间区域和社会空间区域上表现为交通的可达性和资源等级的可进入性。因此,社区资源的可接近性不仅表现为空间物质资源的可接近性,又表现为行为(文化)心理的可获性,它揭示城市社区居民日常行为空间的社会公平性(王兴中,2004)。

(2) 社会阶层化可获性

1) 阶层(化)居舍可获性

居舍是构建阶层化社区的物质条件,也是形成社会阶层化的基础条件。阶层(化)居舍缺失,势必剥夺了某些社群的生活空间,在全球化与城市化进程中,往往低下阶层社区会被城市空间"过滤"掉。城市规划应规划各阶层(化)居舍,构建完整的社区体系,使各类社群公正公平地进入社区,过上城市化生活,达到社会阶层化的居舍公正。

2) 阶层居住空间感知的场所可进入性

生活场所是人们日常生活行为及需求和城市环境之间相互作用过程的空间结果。由于以居住为中心的四类日常生活行为是阶层式消费行为,生活场所具有对应阶层类型与等级体系。人们对城市不同场所客观距离可接近性的认知与社会距离可接近性认知决定了阶层居住空间的可进入性构成。由于城市居民阶层性的社会距离价值判识,人们对城市居住场所的认知,通过对场所形态的宏观与微观因素的"理解",确定其社会区位与社区距离,判识对自己的生活"意义"(Ley,1983;王兴中,2009)。因比,城市居住场所感知类型与结构决定了城市居民对不同居住场所的可进入性以及城市行为空间和界线。城市以居住场所为中心的场所体系的完整性不但可以表征出城市社会生活空间质量的等级性和对应(居住)空间水平,同样表征出阶层(居住)空间感知的可进入性(图 2.1)。

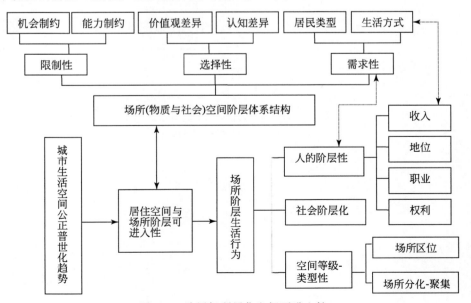

图 2.1　阶层场所居住空间可进入性

（3）城市公正规划原理模式

城市公正规划是城市社会生活空间结构优化的规划，也是城市阶层化居住-场所结构即社区体系规划。城市社会生活空间的可持续规划之方向是城市生活空间人本普世性阶层化公正之规划，城市区域社会居住阶层化空间体系构建与重构是其提高各阶层生活空间质量的城市居住公正空间规划原理，具体规划模式见图2.2。

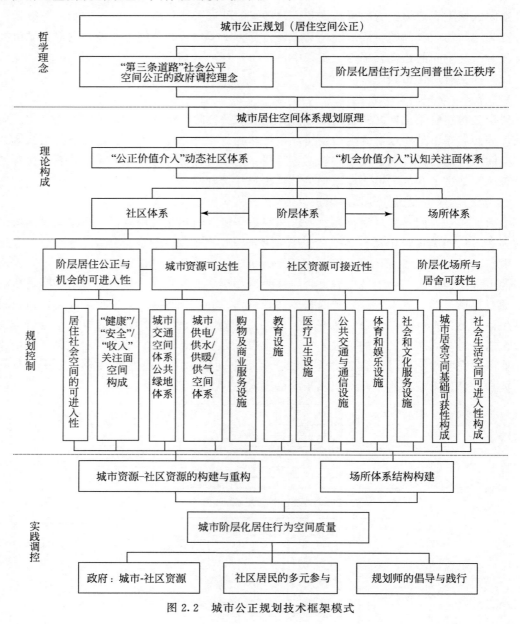

图 2.2　城市公正规划技术框架模式

2.1.5　讨　　论

社会经济发展的人本空间思潮是在社会公平下的社会空间（可进入性）公正、文化尊严与行为价值空间理念。城市居住阶层化空间规划是城市社会公平的空间公正体现。基于此，本节提出了以"公正价值介入"的动态社区体系及"机会价值介入"的空间可获性静态社区生活空间体系的城市阶层化居住空间公正性规划及理念模式。

2.2 城市社区体系分异可获性原理（区域响应规划）

2.2.1 社会进程与城市化下的社区体系的动态演化

1. 城市社会进程中生活空间结构的动态趋势

社会的发展，带动了城市社会流动，推动了社会空间分异与重构，进而带动城市生活空间结构的动态重构。随着经济结构的调整，社会与城市出现不同的发展进程阶段。在不同的社会进程中，有相应的社会流动与社会空间结构，城市空间耦合有相应的社区体系及结构水平。总体来讲，社会整体从乡村社会向城市社会转化，从封闭社会向开放社会转化，从均质单一性社会向异质多样性社会转化。在这一过程中，城市社会流动性加快，社会阶层体系发育加快，社会空间分异加快，社区体系分异与重构加快，形成高度城市化社会。城市社会变迁的阶段与结构性趋势，推动了城市社区体系构成及社区生活空间结构的动态发展。

2. 城市社会区域体系的动态结构

社会发展的进程是社会生产提高的过程，是社会逐渐富裕的过程，社会流动逐渐过渡到"中上"阶层扩大的过程，同样是城市社区体系的类型与等级向"中上"社会空间耦合与结构完善的过程，在这个过程中会短暂出现社会空间破碎化、居住空间隔离、封闭社区的产生等，都是城市经济结构演变带动的社会-生活空间重构的阶段性过程表现。

2.2.2 城市社区体系分异的动态规律

1. 城市社区体系社区"过滤"的生态分异

西方学者对城市社会区域体系的研究，形成了以因子生态分析为代表的综合分析方法。认为西方后工业化城市种族隔离状况、家庭状况和社会经济状况等是形构城市社会区域体系的三大主导因素，不同社会区域在城市的分布为圈层状、扇面状及多核心的圈扇状的社会区域形态。由于三个因素的差异性组合，形成了不同生活方式（亚文化）类型的阶层与不同生活方式消费等级的阶层。不同类型与等级的阶层生活方式（行为）对应耦合的阶层化社区，这些社区构成了社区体系。当然，不同发展阶段的城市形构社区体系的主导因素不一致，但都表现为生活方式的动力关系。

随着社会进程发展，导致社会流动性提升下的阶层生活方式更加具有"后福特消费文化"特征。这种文化类型行为与阶层水平行为"聚集—分离—繁衍"推动原有社区（体系）向上或向下（类型或等级）"过滤"。这种社区过滤的文化生态过程，伴随着城市发展的整个过程。

2. 城市社区空间结构"阶层剥夺"的空间重构

社区是人类社会的空间状态和人文生活状态，是人类最根本、最广泛的生活方式的空间表现，是人类居住空间、生活空间、社会组织空间的集合，是一种多重空间的文化复合体。在城市社区过滤的文化生态分异过程中，城市社区的区位效应性（政治、文化、社会与经济效应）导致阶层区位竞争。区位效应高的社区向阶层高的方向"上滤"，区位效应低的社区向阶层低的社区"下滤"。在这种效应导向的社区过滤中，往往低下阶层原有社区被剥夺，形成不公正的"阶层（居舍）剥夺"的重构规律。

2.2.3　城市空间公正的城市社区体系可获性构建

1. 城市社会进程与社区体系的可持续性

随着社会发展与城市化，城市土地利用进一步分化，促使人们居住空间系统的进一步分离。随着社会流动性增大加剧的阶层分化，形成生活方式多元化。

城市社会的空间可持续性表现在阶层性日常生活空间不断分离的重组性，以及亚文化行为群体对日常生活活动空间的多元差异性需求。城市发展有渐进的进程阶段，在工业化阶段城市社会空间可持续性表现为以阶层生理空间为主的需求分离阶段。后工业化阶段，城市社会空间可持续性表现为行为文化价值空间导向需求的分离阶段。"后福特主义"行为消费文化的阶段水平决定了社区体系可持续的分离重组性与差异性进程结构。

2. 社会空间体系与城市社区体系的对耦进程（构建）

城市社会空间是"社会与空间辩证统一"（socio-spatial dialectic）的产物，反映了居民与城市空间的"连续的相互作用过程"（a continuous two-way process），是社会群体使用并感知的空间（Johnston，1997），包括可感知到的社区空间与行为场所，它是城市居民日常生活的场域，不同阶层在城市不同的场域中进行着不受社群约束的社群式生活。城市生活质量观认为，人们之所以选择城市生活，就是因为城市能为人们提供一个高度自由选择的生活方式，提供不同社群可依存的社区与行为场所。

社会空间与社区体系的对耦进程可用"地点感"（place sense）来解析城市社区空间结构及其社会空间的关系。可以判识出生活行为耦合完成的社区-场所结构来认识社会空间的结构体系。总之，从人本主义理念出发，社区空间与场所区位的社会生活经历在不断形塑与更新着城市社会空间体系。社会空间通过阶层日常生活行为的地点-邻里区感应并判识社会生活空间体系，及其界定其功能。社区生活空间的差异形成社区体系，社会空间的区位结构决定着社区体系发育程度与结构体系。

3. 城市社区体系可进入性（构建）

城市生活质量观认为，城市可提供人们高度自由选择的生活方式，该生活方式是不受社群（或阶层）制约的阶层（或社群）式生活方式，其生活方式的居住、工作、购物与休闲生活行为是在社区与场所中完成的。社区体系与场所体系的结构健全与否，决定了这些对应阶层生活方式能否完成。因此，社区-场所体系完整与否决定城市社区体系的生活行为可进入性。表现在城市社会阶层化趋势进程中，要求城市社会阶层化地域结构不断提供社区体系分异重组的多元差异性社区与场所。城市社区能够提供不同阶层生活行为空间的差异性需求。市场经济规律作用下的城市社区体系发展产生了大量的社区剥夺下的封闭社区，导致了社区体系不可进入性的空间负面效应。因此城市社区体系在其不断形成的同时，必须把握社区类型与等级及其数量关系，才能准确构建城市社区体系可进入性（图 2.3）。由于城市社区空间分异构建与"城市资源"的耦合配置关联，因此，"城市资源"的"平民价值介入"是城市社区可进入性结构的途径，城市资源对城市社区体系的响应重在构建生活行为空间的可获性。

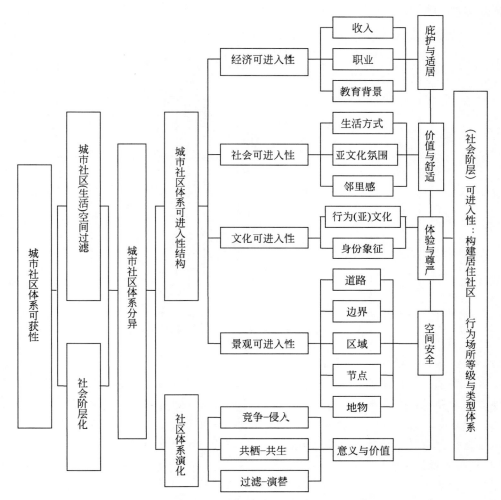

图 2.3　城市社区体系可进入性原理构成模式

4. 城市社区体系区域响应规划（原理）

（1）社区体系的结构（区域）公正性（响应）原理

城市社会经济发展与阶层化耦合的空间关系表现为城市社会空间序列的形成，即城市居住社区与行为场所的等级类型体系。不同等级-类型社（会）区（域）在其形成的过程中，也是社区过滤的过程。在此过程中，社区区位效应带来的区位竞争、冲突，致使一些社区被剥夺，使社会区域的社区类型与等级缺失，形成空间不公正。城市社区体系区域响应规划的原理是通过城市资源的网络化，公共空间的界定手段，提升社区区位的区位效应，促进社区分异，消除社区剥夺，构建完整的社区体系。

城市不同阶层四类日常生活行为空间范围往往形成其不同的社会区域生活圈，城市主干道、城市中轴线等城市资源是串联不同等级生活圈的可进入性廊道，廊道周围便是日益阶层化的社区及场所，它与城市公共空间一起构成了城市社区体系分异与重构的节点与轴线。因此，区域响应规划将促进城市各等级–类型的社区围绕各级干道等城市资源进行社区体系分异与行为场所体系的建构，达到阶层化区域城市资源空间可达性、社区生活空间完整性、场所文化及尊严–价值性（图2.4）。

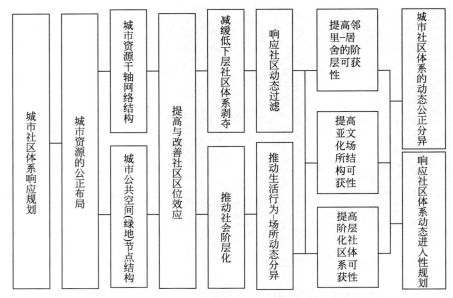

图 2.4 城市社区体系（分异）的响应规划原理框架

（2）社区体系（区域）可获结构原理

社区（体系）建设是体现社会公正的主要领域，社区空间建设体现阶层生活空间质量以及对地方公共领域的尊严等。这是20世纪90年代作为一种新社会经济主流思潮"第三条道路"的内涵之一，即"坚持社会和谐的核心价值——社会公正"的具体实践领域之一。区域响应规划旨在完善社区体系的区域可获性结构，增进城市社区（体系）的可进入性水平。

1）阶层化社区可获性

通过改善城市资源空间阻隔的可达性，逐渐达到网络结构。这样生活行为空间可达性变好，改善或提升社区的区位效应，创造社区体系构建的条件，提高阶层化社区的可获性。必须注意城市公共空间（绿地）与城市资源的公正布局，增强城市公共空间及城市资源的网络通达性，减少空间阻隔，构建完善的城市资源体系。

2）（亚文化）行为场所（包容）可获性

城市公共空间（绿地）是为城市所有阶层提供闲暇生活行为的场所实体，不仅要满足城市高收入阶层的社会文化需求，也要满足城市低收入阶层、外来流动人口的社会生活需求。其行为场所的（包容）可获性为：一是城市绿地、公园与广场布局体系应能够包容社会不同阶层的娱乐、闲暇空间可进入性，同时满足不同年龄段居民的特殊的交往空间要求，这是区域响应规划对应公众空间公正的生活空间规划的基本维度；二是在城市社区体系下的（亚文化）行为商娱场所的（包容）可获性。它的类型与等级的完善水平决定了阶层性的社群亚文化行为能否完成的可获性。

　　3）邻里-居舍尊严性

　　一方面是针对城市特殊的历史文化地段的过滤与保护，协调具有浓郁文化氛围的地方风格建筑与历史街区的特色与城市整体社区体系的关系，从而表现出对其当地文化的尊重；另一方面是对城市低下阶层的生活方式的认同及生活空间环境的改善，而非是高收入阶层挤压低收入阶层社区生活空间的此消彼长的过程，即强调阶层之间的平等与空间居住公正。

2.2.4　讨　　论

　　城市社区体系空间发展演变直接关系着城市整个空间形态、功能的调整和演变。城市社区体系动态可进入性表现在社会平等下，各阶层祈盼的阶层化城市生活所追求的物质空间与社会空间对应适居性和舒适性。基于此，本节提出了城市社区体系（分异）的响应规划，只有在城市资源的公正布局下，才能使城市社区体系化及亚文化生活行为空间体系在社会区域得以充分的构建响应，以保证城市社会公平、空间正义及宜居城市理念目标的贯彻执行。

2.3　社区空间质量构成原理（空间共享规划）

2.3.1　城市社区生活质量的人本环境

1. 社会层面与场所体系

　　社会层面的生活质量通常指一个国家、地区或城市的物质与精神生活的人本环境，而社区空间生活质量研究关注的范围只涉及个人（阶层）基于住所的活动空间的人本环境，以及行为场所的体系完善结构。

　　社区是人们进行日常活动的空间载体，城市居民生活行为主要是通过城市社区生活空间来完成。当前对城市社区空间生活质量的研究主要从完成生活行为的场所适居性与舒适性来判识，而生活行为场所的类型结构与等级结构健全与否是判识生活行为能否进入场所并实施完成的关键。因此，行为场所体系就构成了社区空间生活质量适居性与舒适性的人本环境。

2. 社区生活空间质量的社区资源结构

　　社区的生活行为场所被称为社区生活的社区资源，涉及体现健康与健全社区生活行为的物质环境与社会环境。两个环境耦合程度，体现出人本环境水平。不同行为场所有其要求的人本环境条件。社区行为场所体系构成了社区资源结构（Witten et al.，2003）。资源结构不健全，就会造成行为场所的剥夺，生活行为场所缺失可获性，社区生活空间质量就不适居、不舒适。

2.3.2　社区生活质量的社区资源可获性

（1）社区生活场所剥夺的空间（机会）歧视

社区资源中，公共空间与设施等资源，以及前往生活场所的道路构成了居民能否享用社区资源的空间区位机会。空间机会结构决定了某社区生活场所被剥夺的水平，形成了社区生活空间歧视结构。社区资源（数量与质量）结构决定社区空间区位的剥夺，空间距离决定空间机会，它们两者共同决定可获性。

（2）阶层化社区资源耦合配置的可获性

社区资源的空间机会结构及其水平为社区居民提供了社区健康与健全生活的空间可能性。这种可能性的水平决定了社区生活质量的可获性（图2.5）。

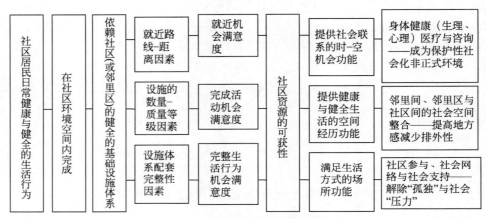

图 2.5　社区空间质量与社区资源的关系

2.3.3　城市社区生活空间（体系）结构

1. 以社区资源体系可获性为核心的城市社区生活空间结构

社区资源与社区生活质量密切相关。它的体系可获性又与城市社区体系结构的适居性与舒适性有关。从城市日常生活活动的内容和区位讲，城市居民日常活动可分为四大类型：工作（上学）、家务、购物与闲暇。城市居民日常活动的完成依托于社区资源。社区资源不健全影响阶层化生活质量，形成城市社区资源体系的剥夺，缺失可获性。居民从社区资源与场所的社会环境构成上"理解"其对自身生活的"意义"，"选择"居住与商娱活动等区域（位）。这样，就构成了城市整体的生活空间体系，这一体系结构的合理性与城市所处的社会发展阶段具有密切的关系。因此，可以说社区资源体系配置的完整性、阶层性、公正性是衡量城市是否宜居的一个主要方面。城市资源的线性-网状空间体系与社区资源（生活场所）的网络-面状功能结构具有对偶互动性关系规律（王立和王兴中，2011；王立，2010）（图2.6）。

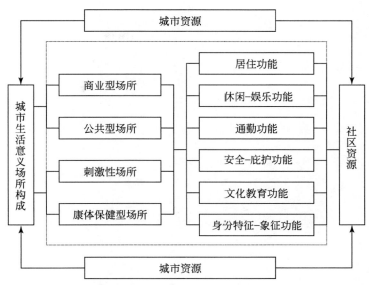

图 2.6　城市生活场所与城市资源、社区资源的对偶互动关系

2. 城市社区体系生活空间结构的社区资源体系配置

（1）社区资源与城市资源体系耦合，构成城市社区（空间-区位-社会）类型

城市资源体系配置指政府为提高整个城市社会生活空间质量，构建城市社区体系与社区资源体系的公共基础设施系统，以便其从宏观上调控城市各类阶层人群对社会-生活空间的可获性，满足城市居民的健康与健全生活空间需求（王兴中，2009）。

社区资源在城市资源配置基础上可以达到体系配置。即城市资源与社区资源耦合配置，可以满足城市不同阶层居民的社会生活空间需求。不同阶层居民在阶层化的日常生活行为过程中，其空间-区位的选择形塑了社区的类型-等级。社区成为不同职业、不同收入阶层、不同文化需求与价值导向的阶层性社会空间聚合地（图 2.7）。生活场所逐步得以完善和等级化、体系化。

（2）空间公正与文化尊严、行为价值结合构成城市社区的社会空间体系

不同阶层具有不同的生活方式与对应的生活空间区位（社区）类型。市场经济规律下，富裕与权势阶层生活空间区位（社区）往往占据着城市"骄傲"土地利用类型的区域与节点，而低下阶层往往会被过滤到"耻辱"土地利用类型的空间（王兴中，2000）。城市整体社会生活空间系统缺失社会平等下的空间公正结构。因此，从城市社区社会空间体系角度，必须以社会公平下的空间公正、文化尊严与行为价值出发，结合配置城市资源与社区资源体系，改善相应社区居民的社会生活空间质量。

3. 城市社区生活质量需求下的社区资源空间公正配置

随着社会经济的发展，城市社会生活（行为）的空间目标将是建设各类优良的社区等级-类型体系与（日常生活行为）的场所等级-类型体系，以满足各类阶层居民日常生活行为在空间（或场所）上（空间与社会）可接近、可进入、可经历的需要。就具体的社区生活行为空间目标而言，社区资源空间配置首先应满足居民对空间的"收入（就业）"、"安全"

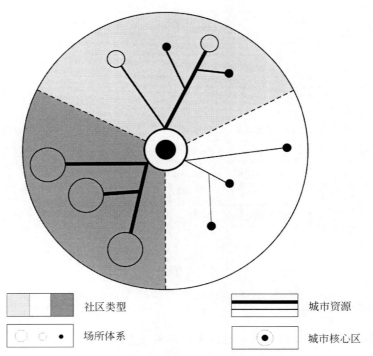

社区类型　　　　城市资源

场所体系　　　　城市核心区

图 2.7　城市社区生活空间体系结构要素

与"健康"相协调的生理与心理最基本的生存空间质量需求，其次应满足社区居民"社会阶层化"日常商娱行为对应场所的空间配置及其交往与公共空间的配置。

2.3.4　城市社区生活（人本环境）可获性下的空间共享规划（原理）

1. 社区资源公正性配置的共享原理

（1）"公正价值介入"的社区资源配置

社区空间质量普世性改善需"公正价值介入"，具体表现为"公平"与"共享"的社区资源可接近性配置。公平原则意味着社区生活（类型）空间结构不能被剥夺。即意味着社区主体均对空间环境资源、场所服务设施与组织管理具有共同享有、占用、参与的权力与义务；共享原则意味着前往社区资源的空间距离的空间机会不能被剥夺，具有可接近性。即意味着具有不同特征（不同年龄、不同爱好、不同阶层地位等）的居民有条件实现各自不同的基本生活场所需求。

（2）社区"适居"的静态构成

从空间"适居"的静态构成而言，适居性要求居住社区空间与环境具有"可居住性"品质，满足社区主体的多层次社区资源或场所需求。这不仅涉及社区规模、空间结构、服务设施、道路交通、绿地等形态空间环境要素与社区资源的人本和谐，也关系到社区内主体间的行为交往场所与文化生活等场所体系的社会空间可进入性的体系建构。

（3）社区"舒适"的动态可持续

从社区"舒适"的动态发展而言，舒适性要求居住空间具有行为文化"适应性"特征。

由于社会消费文化在后工业化后不断涌现，居民行为文化模式也随之适应。这就要求社区空间与场所具有能够适应社会结构及日常生活交往方式变化的社区资源配置系统。

2. 社区资源共享可获性规划模式

不论从城市内社会区域体系，还是社区内场所体系的角度，必须以社会公平、空间公正、文化尊严、行为价值保护的角度配置社区资源体系或社区资源，保障各阶层居民对社区生活空间与场所的客观可获取，构建社区体系内的行为场所公正体系（图 2.8）。

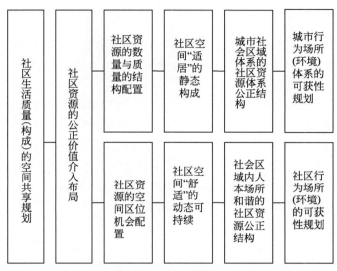

图 2.8　社区生活质量（构成）的空间共享规划框架

2.3.5　讨　　论

城市社区生活空间是城市社区居民日常生活行为的空间载体。对城市社区生活空间质量的关注重在对其居民日常生活完成所依托的社区资源的空间配置及满意度（适居与舒适度）评价方面，包括对城市社区空间体系、社区资源体系的配置与社区内的社区资源的配置。基于此，本节提出社区空间质量构成原理的空间共享规划，基本规划原理是在社区资源的"公正价值介入"布局主导下，以城市不同社会生活区域的社区资源（体系）可获性为核心的社区生活场所公平与共享规划。

2.4　文化生态景观情境认知原理（区位文化尊严规划）

2.4.1　文化空间的地方价值与空间尊严

1. 地方文化生态区的价值

历史文化街区、名人故居、古建筑等在城市发展的历史长河中积淀了人文历史因素及延续着浓郁的地域文化特色。它们构成了地方文化生态斑点-廊道与生态区结构，是城市历史文化空间及城市情境记忆的焦点，具有区域文化生态类型的独有性，体现着地方文化价值（胡娟和叶忠元，2010；汪芳等，2010）。

地方生态区的空间有两类。一类是历史文化生态区。可分为历史建筑等文化生态景观型和城市吉祥、寿福观念下的堪舆遗迹文化生态基因景观型。另一类是生活行为文化生态区。主要是传统街区的社区与场所生活行为生态区（刘沛林等，2011）。它们都是人们生活行为空间的产物。从城市社会生活空间划分的角度，两型地方文化生态区的组合构成了社区（型）生态（基因）区与场所（型）生态（基因）区。

2. 行为空间的区位尊严

环境心理学认为，人对生活的地方会产生一种依附的情感，这种情感就是地方依附感，它源于对生活过的地方空间景观认知，这种以视觉为主的认知景观包含了地方文化生态区的意义（Altman and Low，1992）。

地方有三个含义：①地理区位：人们从事社会经济活动所涉及的生态区域。②场所：日常生活与社会经济相互影响的地方。③地方感：个人对地方认同与归属的情感联系。地方感的形成是个人通过视觉为主的认知性的景观意象或公共符号而表现出的生活或需求（Altman and Low，1992）。地方是一个充满意义的空间，它揭示人的感觉、心理、社会文化、伦理道德等与空间之间的关系（Tuan，1974；Relph，1976）。它以文化生态意义向外折射人本价值，具有区位尊严，应予以保护（图 2.9）。

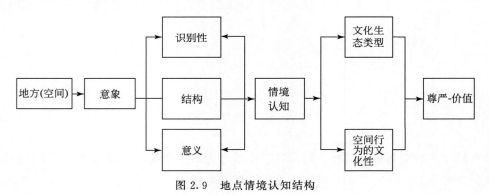

图 2.9　地点情境认知结构

2.4.2　地方文化生态空间价值保护

1. 历史文化生态空间的保护

对社区生态情境空间与场所生态情境空间的规划体现空间公正的一个方面。社区生态情境与场所生态情境从区位上不但可以揭示历史文化脉络在居民行为上的延续，更具当地文化活化石的珍稀性。还可以反映居民生活行为的民生性，其地方文化生态区位尊严与空间价值保护模式见图 2.10。

2. 生活行为文化生态区的保护

文化生态景观一经形成，便具有其相对的稳定性。从城市阶层的心理体验及空间认知出

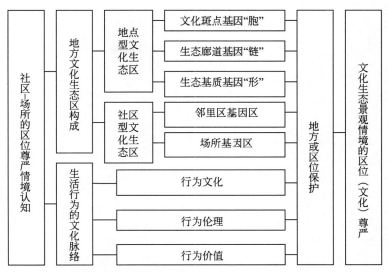

图 2.10　社区-场所情境认知的区位文化尊严

发，城市不同区位的生活行为文化生态景观区是各阶层对其生活社区以及心灵文化空间认同的生活价值地段与尊严地带。

城市历史街区与低下阶层的生活行为社区，在市场经济规律作用下其文化生态景观空间往往最易被过滤，景观场所被剥夺，构成文化区位歧视现象，形成空间不公正的城市更新。

2.4.3　文化生态景观价值下的区位文化尊严规划（原理）

1. 文化生态空间的区位保护原理

（1）历史文化生态空间的区位保护控制

城市历史文化空间是城市文化的空间反映，同时也是城市历史文化的沉淀，根植于历史发展的脉络中，体现着城市文化的底蕴、厚度和生命力。对其的保护用区位文化构成的原理，从地点或区位的文化构成要素与人之间的生态关系入手，致力于文化因素在地点或区位构成的社会空间结构关系，协调空间与人的行为，从而保障城市文化区位体系的完整性序列及地方情境。

（2）阶层生活行为文化情境区位的保护控制

人既生活在生活情境中，又创造着生活情境。生活情境具有空间性、阶层性。用区位社会构成分析法，从生活地点、社会文化、伦理和道德的角度来认识社区地点与场所区位、人与社会环境的关系，从而保障城市阶层的生活空间存在差异与生活空间情境的价值性。阶层生活情境空间的保护彰显城市社区生活空间的公正性。

城市阶层生活行为文化情境区位体系化，即城市生活情境空间的阶层多元化是城市文化空间生态景观价值的公正体现。文化景观保护规划的内容，其构成模式如图 2.11 所示。

2. 文化生态（景观）价值下的区位文化尊严规划模式

（1）社区历史文化生态空间的区位规划模式

社区历史文化生态空间规划的内在价值为区位文化生态环境的整体可持续发展。在社区

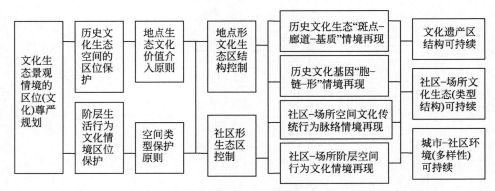

图 2.11   （社区-场所）文化景观价值下的区位文化尊严规划框架

过滤的空间景观更新过程中，避免割裂社区整体的地域特色、历史气息、文化脉络。因此，要将居住社区看作大的城市地域文化（基因）生态系统乃至区域生态系统中的一个子系统，尊重文化生态规律，把其作为独立的生态区单元进行保护，并与城市生态系统协调发展。首先，在生态单元中的住宅、邻里单元与场所（环境）规划中充分考虑区位的自然地理、物理气候及人文地域等因素。其次，社区历史文化生态空间规划应考虑社区在其城市文化生态系统中的地位。最后，必须实现社区内社会与文化各亚文化行为的空间组成单元与场所和谐构建，不仅要保持社区内社会成员日常生活活动的地方，还要保持地域建筑空间文化的和谐构建等（图 2.11）。

（2）生活行为空间的情境区位规划模式

社区或场所不同类型的行为（亚）文化情境是阶层自我认同的行为空间，其空间蕴涵了"人"群的情感和价值的象征意义。社区由传统意义上的生活空间共同体逐渐向多功能型文化场所地域体系发展，成为兼有生活、生产和学习的微型情境空间。不同阶层的情境行为场所具有增进阶层成员感情交流和实现社会控制的重要作用。

城市生活行为情境区位文化尊严规划，可把情境行为空间作为整体进行行为文化场所的可进入规划，最终形成社区归属感。其可进入性表现在社区形态空间与阶层文化价值与行为尊严体系的耦合规划。保护行为场所的文化遗产"斑点"与"基因胞"特征，以及行为场所链状的"文化生态链"景观，并形成社区中心无障碍空间（图 2.11）。

2.4.4 讨   论

城市历史文化遗存的文化生态区，以及居民生活方式行为的空间经历，形成了"空间化的文化生态景观及行为尊严-文化价值情境"。随着社会的发展，这些社区将面临居住情境为主、集聚日常购物、休闲与娱乐情境的"阶层化"社会-生活空间的干扰与社区过滤的剥夺。如何将"阶层化"生活空间与"文化景观"的区位情境融合与保护，成为社区规划的一个专门方向，即"区位文化-尊严规划"。基于此，本节提出了社区-场所情境认知原理下的区位文化尊严文化生态（景观）价值规划模式。

（王兴中　王立主笔）

附框图文 2：社会学渗透下的城市规划泛论

城市规划的学科范畴越来越明显地呈现出一种社会规划的特质，作为城市规划的土地与空间资源的配置，已难以通过单纯的物质性手段加以解决，而需要植入特定的政治、经济当然也包括社会"基因"，从而使现实中的规划工作及其学科范畴有了拓展与延伸的可能性。这就需要将空间问题置于更为全面的社会生产条件中加以考量，对现阶段中国城市规划的学科学理进行总体审视，实现城市规划与社会学的双向渗透与多层面耦合。[①]

1　城市社会学的空间思想

城市社会学对城市空间社会性研究的理论与价值经历上百年的演替和完善，形成了社会学的三大传统，只是在不同的阶段以不同的趋向交替出现，给包括城市规划在内的相关学科带来了不同而深远的影响。

实证主义传统：以社会事实的客观实在性为根本出发点，强调社会学理论与自然科学方法的一致性，希望通过社会学理论研究找到认识和控制社会发展的规律。

人文主义传统：该传统强调自然科学与社会科学之间的本质不同，关注社会行动者的主体，强调人类行为的主观性与文化价值的多样性，倡导运用"理解类型"和"主观（投入）理解"的方法做出历史的因果解释。其表现在两个方面：强调社会空间性对规划的多方案选择，使城市规划决策不在于寻找效益的最大化；强调空间的不同价值观和美学中间平衡，以"拼贴"与"零敲碎补"方式来解决城市中的矛盾与冲突而非大规模大尺度的改造。

批判主义传统：以唯物史观为理论基础，批判城市规划本身的权力实践特征和资本流通属性，并以小群体观念强加于大众的救治方案。反对抽象的、作为物质生产容器和媒介的城市空间观，批判作为一种技术工具而存在的、展现一种"自下而上"政治经济特征的现代城市规划。表现在三个方面：其一，在目标定位上，它希望改变过去自上而下的政府强势规划模式，转而探求一种自下而上实现社会价值分配的模式；其二，在基本立论上，它认为城市空间是同城市社会过程相联系的社会性产物，其规划不宜再限于政府公共行政权力的实践和凌驾于公众的决断，而应强调专业人员在市场、公众政府和部门之间的集体联络和协作沟通作用；其三，在技术路线上，它通过辩证法和唯物史观的支撑性引入开创了一种科学的分析手段，但同样反对现代城市规划中过度的技术工具痕迹和自然科学倾向。

2　社会学城市规划的运作过程

城市规划工作的展开并非单一的技术过程，其中会牵涉到多元价值的取向、社会资源的分配、多方利益的协调、社会公正的维系、公共政策的干预等若干环节。

公众参与：公众可以参与和介入城市规划的组织、编制、实施、监督与评议等众多环节，是公共活动领域民主、公平、规范和权威性的体现。

---

① 源自吴晓和魏羽力撰写的"社会学渗透下的城市规划泛论——兼论现阶段的中国城市规划"，该文发表在《现代城市研究》（2011，（07）：48～54）上，据此压缩而成

社区行动：社区行动规划是发动居民主动参与社区规划，它有别于政府和规划师主导的规划方式，真正形成"多方合作和社区参与"下的"真实规划"与"社区主导型开发"型规划。

城市管治：城市管治作为一种在政府与市场之间进行权力平衡再分配的制度性社会行动，协调社会各阶层权益，促进区域要素、产业与功能整合，实现区域协调发展的权力构架体系。探索政府、市场和公众等多元力量协调整合城市空间发展的过程。

3 社会学城市规划的技术方法

以社会学理为出发点的人文科学的技术方法已经实现了向城市规划领域的渗透和延伸。它们不但在城市规划研究方面有着普遍而深入的应用，在城市规划的编制实践中，尤其是资料采集、专题研究、基础分析等环节中也发挥出愈来愈重要的作用。这些"跨界"的社会学方法逻辑关系可划分为方法论、具体手段和研究技术三个层次，并已呈现出科学化、系统化、定性与定量相结合等特点。

4 社会学对中国城市规划的审视

在理论层面上：城市规划受社会学三大理论传统和思想源泉（实证主义、人文主义和批判主义）的影响，往往会展现出技术性、人文性或是政治性等不同的特征属性，并拥有取向各异的目标定位、基本立论和技术路线。

在运作层面上：借助于公众参与、社区行动、城市管治等渠道和手段，来影响、监督和改善城市规划过程已成大势所趋，需要以相应的组织架构、制度程序、形式手段等为保障。

在技术层面上：许多社会学领域的特定方法已经在城市规划的研究和编制中得到广泛而深入的应用，并由高到低划分为方法论、具体手段和研究技术三个层次。

参 考 文 献

冯健，周一星.2008.转型期北京社会空间分异重构.地理学报，63（8）：829～844

胡娟，叶忠元.2010.新巴比伦：基于日常生活的情境空间建构.国际城市规划，25（1）：77～81

李志刚，吴缚龙.2006.转型期上海社会空间分异研究.地理学报，61（2）：199～211

刘沛林，刘春腊，邓运员，等.2011.我国古城镇景观基因"胞-链-形"的图示表达与区域差异研究.人文地理，26（1）：94～99

陆学艺.2002.当代中国社会阶层研究报告.北京：社会科学文献出版社

汪芳，严琳，吴必虎.2010.城市记忆规划研究—以北京宣武区为例.国际城市规划，25（1）：71～76

王春光.1995.社会流动和社会重构京城"浙江村"研究.杭州：浙江人民出版社

王立.2010.城市社区生活空间规划的控制性指标体系.现代城市研究，25（2）：45～54

王立，王兴中.2011.城市社区生活空间结构之解构及其质量重构.地理科学，31（1）：22～28

王兴中.2000.中国城市社会空间结构研究.北京：科学出版社：153～163

王兴中.2004.中国城市生活空间结构研究.北京：科学出版社：3～16，92～102

王兴中.2009.中国城市商娱场所微区位原理.北京：科学出版社：41～94

吴缚龙，马润潮，张京祥.2007.转型与重构中国城市发展多维透视.南京：东南大学出版社

杨上广，王春兰.2006.上海城市居住空间分异的社会学研究.社会，26（6）：117～137

张鸿雁. 2000. 侵入与接替——城市社会结构变迁新论. 南京：东南大学出版社

Altman I，Low S M. 1992. Place Attachment. Londen：Plenkm

Harvey D. 1973. Social Justice and the city. Baltimore：The Johns Hopkins University Press

Johnston R J. 1997. Urban Geography：City structure. Progress in Human Geography，2 (1)：217～231

Ley D. 1983. A social geograhy of the city. New York：Harper and Row Publisher. 132～164

Witten K，Exeter D，Field A. 2003. The quality of urban environments：Mapping variation in access to community resources. Urban Studies，40 (1)：161～174

Relph E. 1976. Place and Placelessness. London：Pion，25～30

Sorokin P A. 1927. Social Mobility. New York：Harper and Brothers

Tuan Y F. 1974. Topophilia. Englewood Cliffs. NJ：Prentice-Hall

第3章 城市社会区域划分原理与方法

城市居住空间结构变化反映了在一定社会发展水平下的城市与之适应的机能调节过程，或者称城市动态社会生态平衡过程的体现。说明良好的居住空间结构与认同的社会区域是居民生活质量提高的形态保证与依托。

3.1 城市发展范围的界定

3.1.1 大都市区范围界定

大都市区（metropolitan district）概念源于美国（1910 年），意指一个城市单元（urban unit）（Tadav，1986）。经过多次改动，1960 年后正式使用"标准大都市统计区"（SMSA）的概念。英、法、日等国也相继建立了相应的城市地域概念和统计指标。在我国，从 20 世纪 90 年代开始，个别学者已开始了这方面的研究工作，认为我国目前已形成了大都市的空间模式（孙胤社，1992）。

界定大都市区所采用的量化指标因时间和国家的不同而异。但学者们对大都市区本质理解较为一致，认为界定大都市区的基础是大都市区内部的社会经济一致性。由于"最能反映与揭示大都市区一致性特征的是存在于工作地与居住地之间（包括副中心与中心城市之间）的联系"（Tadav，1986），所以西方国家常采用通勤率这一单一指标来划定大都市区范围。

中国对大都市区的界定研究，多以东部城市为对象，采用单一指标的多变量回归方法。以"城乡客流比例"为基本指标，通过逐步回归分析，选定县非农业人口比重、县农村非农业劳动比重为替代变量（孙胤社，1992）。这样，不仅揭示了我国城乡之间客流产生的原因，而且具有一定的推广性。

行为地理学中的"行为"指以环境映像（image）为基础的人的生理和心理变化引起的外在反应。行为地理学对城市结构研究的一种很重要的方法是对映像的空间分析。城市映像是居民个人所接受的稳定的城市结构，它是通过市民的感觉由物质空间产生的主观心理环境认知（王兴中等，1988）。处于大都市区范围的居民必然对中心城市及周围地区的空间结构的某一部分或全部有一定程度的了解，我们把这些不同层次类型的"了解"以调查的方式收集回来进行整理，并结合答卷的来源地进行分析，就可以界定大都市区的范围。

应该提到的是有关日常城市体系的概念，它是人文主义方法论，是以人作为变量来研究城市的。"日常大都市体系"与"大都市区"在概念上有相似性，在地域上有重叠性，所不同的是前者强调人的日常活动涉及的或感知到的城市生活范围，而后者则强调在经济功能上具有内在一致性的空间范围（王兴中，1995）。

3.1.2　城市的日常城市体系范围界定

城市的日常城市体系（daily urban system）侧重揭示不同类型人的日常生活行为与城市空间的相关过程。因为城市内的不同场所能提供人们各种活动与行为的"时-空"需求，提供不同民族、阶层与社群所依存的"亚文化"社区。所以城市生活是一个高自由选择的生活方式，是人类生活的最佳空间形式。从这个意义上讲，城市的空间与场所就是为满足人们生活行为而建立的，城市空间的变化与扩展是人们日常城市行为与城市空间相互作用的过程，它们相互作用的结果就是现在的城市及其空间模式与结构。

人们的城市生活行为由日常事务构成，日常事务主要分为四类：家务、工作（上学）、购物与闲暇活动。与它们对应的空间是：家庭、单位（学校）、商务机构与休闲娱乐场所。它们在空间-时间上各具有一定对应的重叠性-节奏性的模式。这些城市活动模式所涉及城市范围的机理认为：①城市范围是人们生活行为与空间相互作用的结果。②它们相互作用的过程是人们日常生活行为在空间（或场所）上的重叠性与时间上的节律性以及行为上的确定性，这三性使城市空间形成层次。③日常城市体系不论客观上是否有人将其划分出来，在主观上（或者人们的大脑里）它已被认为是一个完整的城市范围，是人们日常生活行为离不开的相互关联的城市区域。④从人的行为地理调查中可以粗划它的范围端倪。

3.2　城市社会区域划分的原理与方法

3.2.1　社会区域的形成

1. 社区与社会区域

社区一般是由邻里单元实体组成的，具有一定的地域范围，有相互联系的经济活动和相关的社会非正式组织。社区一般是社群集中居住生活与活动的地域（Small，1986）。社区一般具有特定的、维持社区集体正常生活秩序的共同道德风尚及惩罚制度。随着现代城市中各种交流的增加，社区的凝聚力在减弱，社区的概念逐渐含糊，其本质概指利益性地域，这些地域的标志有社区中心，它提供的文化、娱乐与组织活动场所，具有某种凝聚力作用（Mitchell，1987）。实质上有社区中心的社区就是一个社群或社团所在地。

目前国外对城市社会居住区域的概念还没有完全统一的解释，不同学科对这一概念有着不同的诠释。

从城市社会生态学的观点讲，所谓城市社会居住区域是城市环境下具有较大地域范围、有着相互关联的经济活动和相关组织的城市社会集合体（米切尔，1987），其内部的社会经济特征、居民职业背景有较大的相似性。现在，它也泛指某城市社会地域组织或城市社会地域体系。对社会区域的划分趋向于按政府人口普查所揭示的地域类型特征进行归并。划分出的社会区域要有确切的地域界限，它的最小单位是具有行政意义的普查区。

从社会区域形成的机理讲，居住分离和聚合形成了社会居住区域，因而城市社会居住区域的空间内涵指城市居住社区。城市居住社区既具有特定的地理范围，又是生活在其间居民的心理认同空间，或者是城市居民的心理认知区域，即居民对城市场所感知的存在主义空间（existential of space）的类型。

从空间范围的角度分析，城市居住社区是以居民居住内容为实体的宏观聚集分布，居住分布内涵城市发展不同阶段所产生的居民之间（社会-经济-文化距离）的分异梯度。居住社区又是社会最小成员（家庭）为基本单位所组成的社会空间，内涵社会成员之间的阶层、等级、文化、社会活动内容以及社会关系。

从人对城市空间感应的角度分析，居住社区是居民能感应-认知的生活空间，不但内涵，居住社区人们的生活-文化在认识上的差异，还反映相同居住社区人们在外在行为上的相对一致性。

总之，对城市居住社区的划分，不单单是对城市空间实体的划分，更重要的是对社会空间因素的差异进行划分，这些划分一定要符合居民对居住社区的感知规律。

2. 居住分离与社会区域形成

（1）居住分离的经济结构基础

工业化带来了城市空间形态的变化，城市土地利用模式在城市经济空间研究中业已证明它有一定的规律性。这种规律性的实质，是各种土地使用者对城市中心区位以及对更利于接近城市消费者区位的竞争与平衡的结果，即是地价应距消费者距离最短和极大可进入性的原则再现。它也是经济学一再强调的"物质距离"和"成本距离"在起主导作用。这类城市土地价值模型较多，总的趋势规律是如下模式：地价—经济地租—租金—区位—便利性—临近性（Ley，1983）。可以说这种模式不与城市中任何自然因素有关。这种规律已被土地经济学作为理论而著称于世（Hurd，1903）。

城市人口分布密度一直与土地价值规律密切相关。这在城市社会区域分化程度大的工业化国家往往表现为，低收入居民占据地价高的内城地域，而收入高的居民却占据外围廉价地域。贫穷的家庭联合起来接近购买空间过着人口高密度的生活，而富有家庭有能力独立购买环境过着人口低密度的生活。在这种经济空间规律制约下，人们对居住的选择只有两种至关重要的因素：一是地点，二是环境。穷人首选地点，而富人首选环境。还由于城市内居住地点与环境随着发展也发生变化，因而城市居住空间必然要分化与分离。

（2）居住分离的社会主因

居住分离是城市在工业化过程中独有的空间特征，工业化以前是以城市的不同程度的社会隔离为特征。城市在进入后工业化阶段，城市的居住分离有两个空间过程：一是城市建成区以外乡村的复苏，二是城市中心经过衰退又复兴的过程。前者的复苏不是像空间经济学所说的是增长极理论所预言的与临近大城市的制约关系（Berry，1973）；后者的复兴也不是传统空间经济学家所认为的区位重要性。相反，社会距离梯度（social distance gradients）（Berry，1973）的变化起到内在的主因。它比空间经济学强调的物质距离和成本距离重要得多。比如，内城复苏的现象之一，年轻人愿意居住在此，它反映一个时代生活方式的改变这一社会距离因素。再比如工业向城外分散，是因为劳动力昂贵占最大的成本（高于地租）而取决于劳动力所在区位。公司外迁，取决于对优秀雇员住地的临近性。因此，随着社会发展，城市的居住空间的变化受社会因素的制约越来越大。随之而来城市的土地价值也发生了变化，它对传统的以城中心为轴线的地价规律发起冲击，逐渐向城市内不同社会区域倾斜，这种倾斜随着时间的变化发生波动。

（3）居住分离的动力机制

由于城市居住分离在加剧，后工业化大城市出现了城市日常体系（daily urban system）地域（berry，1973）。它是指在大城市就业的居住地、大城市文化影响范围内的建成区以外的区域和兼营农业、消遣地、避暑的乡村地带广大范围。这种城市日常系统已覆盖地区的人口已占西方国家绝对多数的比例。这也是后工业化城市的城市化的阶段特征。

这种城市空间巨大变化所形成的城市日常系统地域是由于城市居住的分离机制造成的。分离机制是由城市众多社会因素进一步分化和分离，这些因素分化与分离在空间的表现特征首先就是居住分离，相应出现日常生活的地域分离现象。诸多的社会因素的分化与分离表现在居住分离上形成了三种动力机制；一是土地利用进一步分化与人们活动系统的分离机制；二是收入层次、家庭类型以及种族与少数民族的分离机制；三是人们选择住宅的行为与生活方式行为机制，当然也存在政府对城市的管理与调控机制。

（4）居住分离与社会区域形成

居住分离的主要空间特征是形成了社会区域，并且还有空间演化过程，也可称为城市空间阶层（等级）化结构。由于居住的阶层（收入状况不同构成）与种族（或民族）的分离，形成了有一定的职业结构、公共机构等一套来维持内聚性的社群生活区域，这些被芝加哥人类生态学家称为社会区域。这些社会区域有"聚集—中心化—分离—侵入和繁衍"（McKenzie，1978）等生态过程。如何衡量居住分离，他们还设计出分离的差异指数（Indices of dissimilarity）和分离指数（Indices of segregation）的统计方法（Peach，1975）。前者反映不同社群在空间分布上的差异，后者揭示某一社群与所有居民在居住上的分离程度。分离指数揭示的分离程度涉及日常生活中人们的各种差异，如社会结构与职业基础所反映的文化差异、生活方式、生命周期等各种各样的社会分化现象。从他们的研究中可以得出如下结论：居住的分离形成的社会区域，最初由社会经济地位为主要特征的阶层化社会区域演变为带有生命周期阶段、种族（民族）以及生活方式的差异所产生的类型化社会区域演化。

居住分离的第二个空间特征是年龄与家庭状况对人们择居的社会区域朝向。这类分离的家庭多是有孩子的，主要考虑孩子受教育的空间环境逐渐向低人口密度、低犯罪率的区域靠拢，这样就出现越往城中心，家庭人口规模越小的区域居住分离现象。另外，不同生命阶段的人群，其生活行为特征不一样，相似文化消费年龄阶层的往往易于聚集在一起，形成社会区域的亚文化社会类型（结构）。

总之，家庭状况、种族（民族）属性以及社会经济地位的差异构建的人们思想与行为一系列社会特征被西方称为生活方式的变化。这种生活方式的变化越来越导致社会距离梯度加大，促使居住分离，在空间上越来越多地形成新的社会区域或邻里单元或都市里的"村庄"的社会区域结构，它们组成了城市内景象多变的社会区域"马赛克"式镶嵌图结构。

3.2.2　城市社会区域划分的方法论

1. 人本主义方法论

以人为中心的人本主义方法论认为，人们之所以选择在城市生活，就是因为城市能提供人们一个高度自由选择的生活方式，提供人们各种活动与行为的场所，提供不同社群所依存的社区。居住社会区域的演化始终以人对自身生活质量的变化为中心进行，而对社会区域的认识、划分，始终是人们对自身生活质量关注的结果。人们的生活方式，是在经济条件的支配下，在特定的社群内自由选择，城市生活是不受社群制约的社区式空间生活。最初城市社会区域有关理论认为，随着工业发展使居住环境变化，富有阶层有能力改善自己的居住环境，使城市出现"二重"地域结构时被提出。随着城市发展，居住环境的变化始终伴随着居民阶层的空间分离，因此，城市居住问题一直是城市的主要社会问题，城市政府如何解决这个问题以及相关的社会区域划分，一直围绕着人的需求与城市空间、人与社群空间的关系这两个方面。从国外对城市社会区域的研究与划分实践可以说明，不同时期人们对社会区域的认识以及对社会区域划分、规划的指导思想有所不同，但都是以人为核心的人本主义方法论为指导的。

2. 不同时期城市社会区域研究与划分的人本主义思想内涵

（1）空想主义时期（19 世纪）

此阶段认识城市居住社区的现状与划分思想的原则是人与人之间的经济阶层关系，即城市二重社会区域；其方法是居住形态辨识和居住隔离辨识。解决居住问题进行居住社区规划的原则有两个：一是以公有制为基础的人-阶层平等，即"独立社区"思想，二是人与物在地域上的平均，即"分散主义"城镇模式。方法体现在"新协和村"（village of new harmony）和"田园城市"设计。

（2）重技派时期（20 世纪初）

此阶段认识城市居住社区的现状与划分思想的原则是人的地位、阶层居住的多样发展，即城市多重区域原则；方法是形态与文化特征相似的居住空间辨识。解决居住问题进行居住社区规划的原则是用技术手段将人与物的集中主义模式、人口和用地集中的"现代城市"理论、单体高层建筑社区；方法是"明日城市"（city of tomorrow）方案。

（3）有机主义时期（20 世纪 20～30 年代）

此阶段为现代功能主义城市规划理念。认识城市居住社区的现状与划分思想的原则是人群、社区的交往关系与建筑空间有机结合；方法是人群的社会区识别和社群交往关系、形态空间结构与社团内聚力的综合辨识。解决居住问题进行居住社区规划的原则：一是人群的工作、交往与自然相融合、城乡并蓄的居住环境，即有机分散主义理论；二是将邻里单元内的社区交往用建筑空间有机地承载；三是更适于生活的邻里空间。方法有两种：一是将人口与工作单位分散到城周地域；二是贝里的"邻里单元规划"，即居住社区规划模式；三是街坊规划，即居住区人车分流的交通体系。

（4）社会生态主义时期（20 世纪 30～40 年代）

此阶段亦为现代功能主义城市规划理念。认识城市居住社区的现状与划分思想的原则是将生态学原理运用到社群在城市之间的产生、渗入、过滤过程；方法是人群的生态区域识别（生态区界限、生态多变量分析等）。解决居住问题进行居住社区规划的原则是创立城市土地利用模型与社区空间分异规律。方法是：一是城市土地利用规划与城市功能区规划，二是城市社区与管理分区规划。

（5）社会工程时期（20 世纪 50～70 年代）

此阶段为现代城市规划理念。认识城市居住社区的现状与划分思想的原则是将居住的感应-行为学原理运用到社区的心理认知规律，划分城市社会空间的序列；方法是居民对社群的心理认同、居民对社区的心理感知和社区形态空间的情结与地点感。解决居住问题进行居住社区规划的原则：一是利用社区自身力量更新与保护，改善居住环境；二是动用政府的力量加强社区间的联系解决区位冲突。方法有两种：一是城市新辟区域居住区规划的社会场所的建构；二是社区更新与"保健区"规划（江应澄，1989）（康体规划）；三是社区开发规划。

（6）全面建设时期（20 世纪 70 年代以来）

此阶段为后现代主义城市规划理念。认识城市居住社区的现状与划分思想的原则是：一是以城市日常生活地域系统理论对城市的社会区域"多区块"结构进行保护、更新与建设；二是社会区域以人群的有机序列系统，用互动机制进行调节。方法是多因子生态分析和多种方法复合性分析。解决居住问题进行居住社区规划的原则是：一是城市建设的重点在建成区，以城市社会区域协调建设为中心，促进城市持续发展；二是全社会力量联合起来，消除阶层隔离，维护社区稳定，消除社群贫穷。方法是：一是提高社区生活质量的城市社会区域形态、社会、生态环境与管理的综合规划；二是"邻里复兴"规划、居住社区空间更新与社会机能保健规划。自此，城市空间组织从社区空间组织着手研究，而不是单纯从功能区的角度研究。

3.2.3　城市社会区域划分方法的基本原理与操作模式

对城市社会区域的分类，西方学者研究出了很多分离模式，而对社会区域的划分则是城市社会空间结构研究乃至城市规划研究的核心。因为只有通过对居住分离的研究，找出社会区域的变化因素，画出社会分区图，才能通过规划与管理来维护居民在社会区域内的生活质量，更好地发挥城市的功能。如何进行城市社会区域分类与划分，从事城市社会空间结构研究的地理学家与社会学家花费了很长时间（约 30 余年）的探索，总结出如下六种主要方法。

划分城市社会区域的不同方法，都是在一定的方法论与认知思想下衍化推导出来的，它们对揭示城市社会区域的演化、现状、结构都有一定的深度。国外在运用某一方法时，不论在因素的选择上、在资料的来源上，还是在计算的手段上，都有一个不断完善、不断创新的过程，没有一个固定不变的、完全可以照搬的模式。

1. 地理分析分类划分法——形态分析

以著名学者 J. E. 范斯（Vance，1997）为代表的地理学家惯用的、按照城市实际土地形态的功能来找出具有特色的社会区域的形态分析方法。该方法可以用数学的聚类分析法进一步将调查区详细划分为土地利用区或居住社会区域。该方法强调"建设"景观或者居舍景观，而不是社会因素，仅能从形态分析中得到部分社会因素结构的信息。形态分析方法在对中心城市的区域划分的结构特征上，主要表现在伯吉斯同心圆模型、霍伊特扇形模型和厄尔曼多核心模型的基础上衍生的种种社会区域镶嵌式的模型。

社会区域形态划分方法的基本原理与操作模式（王兴中等，2000），如图 3.1 所示。

2. 生态分析分类划分法——自然区分析

自然区分析是以芝加哥学派 R. 帕克（Rober Park）为代表的城市社会学家创立的。他们尝试用自然区分类模式描述整个城市的空间分离状况和居住的地域分异规律。所谓自然区分类划分分析实际是找出城市物质（土地利用为主）与文化（民族、种族生活方式为主）特征相似的居住区域。具体操作上可以用数学分析的一些手段，主要还是以定性描述为主。但是在实际分类划分过程中往往将几个关键因素作为衡量社会分离和居住区域的标准，忽略了

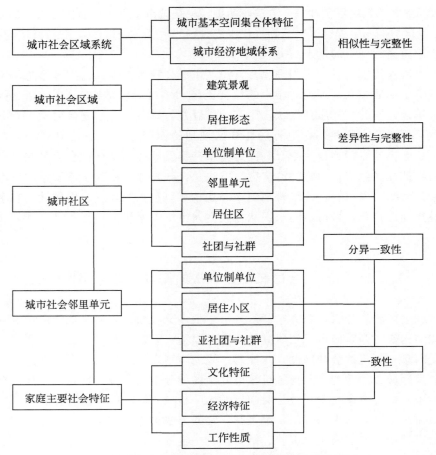

图 3.1 城市社会区域形态划分的基本原理与操作模式

一些社会因素以及这些因素的相互关系，以致划分出的自然区在城市中很不易明显地被辨认出来。

城市社会区域自然区划分方法的基本原理与操作模式（王兴中等，2000），如图 3.2 所示。

3. 生态区界限确定法

由于自然区分析法划分的自然区间的界限往往通过行为方法，即对当地居民对区域的感应调查来作出。这种界限缺乏推理（或理论）基础，而实际上也是随意性很大的模糊界限。该生态区界限确定法是生态学家用人口普查或者其他政府统计资料，用统计等手段找出区域分异的特征变量以及找出区域的社会特点变量，并进一步将社会区域界限确定下来，通过确定界限来框定社会区域。他们找出的区域特征或社会特征变量往往是土地价值特征、民族（种族）地位特征和经济状况等内涵的某些因素。

4. 社会区域分析——多因子生态分析法

此方法力图克服自然区分析法以某几个特征因素衡量社会区域的随意性。创始人谢稳基（E. Shevky）和贝尔（W. Bell）用多变量分类的方法，采用室内分析人口普查资料，按人口

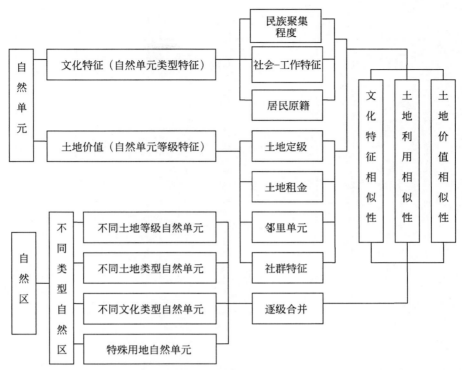

图 3.2　城市社会区域自然区划分的基本原理与操作模式

普查的分类内容进行类型特征分析与分类。他们尽量在较小的人口统计区内量化标准，作为代表这一区域的社会特征变量，这些众多变量构成一个运算系统，进行聚类分析或者其他数学分析，最后按这些变量的重要程度再结合定性描述，将它们转化成多变量空间单元分类图。

城市社会区域多因子生态分析的基本原理与操作模式（王兴中等，2000），如图 3.3 所示。

5. 因子生态分析——综合分析法

此方法是地理学家、社会学家采用严格的多元统计学方法对人口普查区进行多元因子分析，寻找能代表每个人口普查最小单元的多个普通社会因子，这些因子不受数量限制，组成矩阵进行因子分析。这种矩阵分析由严格的计算机运算，可以克服人们主观上在因子选择上与计算上的随意性。这种分析法已广泛被城市社会空间研究者采用。

6. 感应邻里区法——行为方法

由于批评者认为以上对社会区域的分类与划分方法实质上带有静态的（缺乏发展变化过程）"经济决定论"（Timms，1971）的色彩，忽视了人在城市生活中（发展过程中）"文化"与"意志"方面的因素，诸如在划分出的各个社会区域，没有发现与生态差异相一致的行为差异，即划分出的不同的社会区域是由于其社会生态有差异，但是居住在这些不同社会区域的人们的行为却少有差异。因而不少学者（Ley，1983）提出，由于居民的文化、意志能反映到人的行为这一原理上，即人的内在行为通过外在行为来表现的行为原理为出发点，将居民行为相

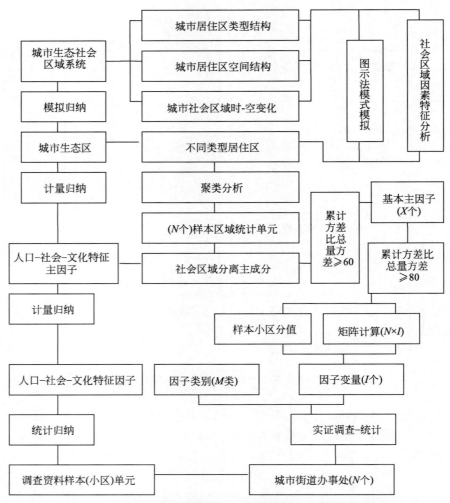

图 3.3　城市社会区域多因子生态分析的基本原理与操作模式

一致的区域作为划分社会区域的标准,人们行为的差异作为社会区域的界限,提出感应邻里区分类划分方法。这种方法可以真实地反映城市在发展过程中社会区域的内涵。

居民的行为一致可以通过行为科学上的一个原理,即居民具有地方性空间地位感(sense local spatial identity)(王兴中等,1988)来认识。这个原理包括了人们对生活环境方面的社会关系与地方区域的感应,又包含通过人们大脑的"文化"与"意志"对上述感应的再思考表现出的映像与图式。这些映像与图式充分体现了个人认识方面、外在行为方面与心理满足方面的程度。这三方面的满足程度就是感应邻里区的分类基础。在人们思想里,这类区域就是人们在不稳定的社会里期盼的"安全地带",这种区域就是感应邻里区。

感应邻里区是通过社会相互作用地方化原理来衡量的(Smith,1978)。这种概念是社会学家分析感应邻里区产生的各种因素作用于人从而产生了地方性空间地位感的实质而定义的。这个实质可以通过社会网络分析(social network analysis)来操作。社会网络分析可以确定感应邻里的连通性、向心性与邻近性特征以及在空间上社会相互作用的范围,这样就可以确定感应邻里区的分类与划分的框架。

感应邻里区的社会网络分析具体操作是通过行为地理调查法进行的。主要有行为图示调查法、行为语言（访谈）描述法。

　　感应邻里区的分类可以根据被调查者对邻里感应-认知的映像与图式进行划分，著名的模型有社会交往邻里、均质邻里、单元邻里等。还有人根据人们映像与图式中对邻里环境的认识半径（0.5 公里）确定邻里的尺度（王兴中等，1988）。

　　感应邻里区与地方邻里区是两个概念。后者是地理学家从形态分析法的角度来确定居住的最小空间区域，它有一套衡量地方邻里区形态的调查与判别标准。城市社会区域感应邻里区分析的基本原理与操作模式（王兴中等，2000）如图 3.4 所示。

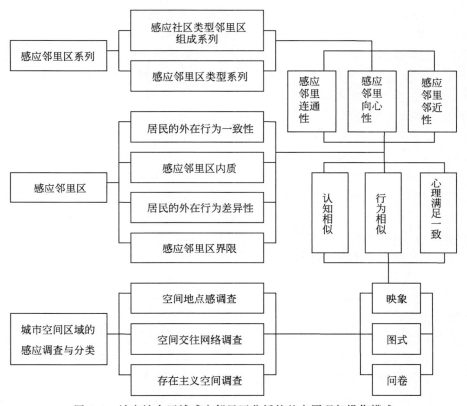

图 3.4　城市社会区域感应邻里区分析的基本原理与操作模式

3.3　讨　　论

　　随着社会文化进程的推进，城市必然要城市化，并且伴随着城市社会空间结构的演化。城市社会空间演化的主动力是居民生活方式变化下对空间的作用力。其景观特征是居住分离带来的居住社区的（空间等级）阶层化与（空间亚文化）类型化及其空间的组合。

　　居民生活方式变化是人本主义行为规律下的产物。对城市社会区域进行划分必然以人本主义方法论为基础进行。

　　随着社会的发展，人本主义的行为不断完善，其含义也会不断被揭示。届时对城市社会区域的划分原理与方法将会更加明确与切合实际。

　　　　　　　　　　　　　　　　　　　　　（王兴中　黄佛君　张侃侃主笔）

附框图文 3：中国对城市社会空间结构划分的实践

中国学者对城市社会空间结构的划分采用国外 20 世纪七八十年代社会区域多元统计学多因子生态分析划分城市社会空间结构。虞蔚在《国外人文地理》1986 年 2 期介绍"西方城市地理学中的因子生态分析"，同年他又在《城市规划》1986 年 6 期发表"城市社会空间的研究与规划"一文，对上海城市的社会空间进行了划分。杨上广在《城市规划学刊》2005 年 5 期发表"大城市社会空间结构演变研究——以上海为例"，杨上广、王春兰又在《城市问题》2006 年 8 期发表"大城市社会空间结构演变及其治理——以上海市为例"，通过对上海城市社会空间结构的划分探讨城市社会空间结构演变效应。李志刚、吴缚龙在《地理学报》2006 年 2 期发表"转型期上海社会空间分异研究"，采用 2000 年第五次全国人口普查数据库中居民委员会尺度的数据，对转型期上海城市空间结构进行划分并对其空间重构展开研究。付磊、唐子来在《人文地理》2009 年 1 期发表"改革开放以来上海社会空间结构演化的特征与趋势"，也采用因子生态分析方法，对1982 年和 2000 年的上海社会空间结构以及改革开放以来上海社会空间结构演化的特征与趋势进行了研究。许学强、胡华颖、叶嘉安在《地理学报》1989 年 4 期发表"广州市社会空间结构的因子生态分析"，采用主成分分析对广州市社会空间结构划分并进行因子生态分析。郑静、许学强、陈浩光在《地理研究》1995 年 2 期发表"广州市社会空间的因子生态再分析"，运用因子分析方法对广州市中心区 1990 年人口普查数据划分广州市社会空间结构并进行演变研究。冯健、周一星在《地理研究》2003 年 4 期发表"北京都市区社会空间结构及其演化（1982—2000）"利用 2000 年的第 5 次人口普查数据和 1982 年的第 3 次人口普查数据，采用因子分析进行北京都市区的社会空间结构划分并研究了近 20 年来北京都市区的社会空间结构及其演化。资料显示再未见其他学者对中国城市进行社会空间结构的划分。

王兴中在《中国城市社会空间结构研究》（科学出版社，2000 年）中应用形态分析、自然区分析、生态区界限确定法、多因子生态分析法、综合因子生态分析法与行为方法等方法对西安城市的社会区域进行了划分。其中形态区构成划分如下：以"建筑"景观、"居舍"形态分异特征为主导，结合建筑景观区内部的社会特征作为划分社区的基本原则，以家庭类型、邻里单元、社区（社群）组成的城市社会区域系统序列作为划分的具体原则，采用自上而下的方法，可将西安城市（1995 年）划分为 10 类社会区域和 44 个形态区，分别是 I 旧城商务与传统街坊社会区域：划分为 9 个形态区（I_1、I_2、I_3、I_4、I_5、I_6、I_7、I_8、I_9）；II 西部电工机械与单位制社会区域：划分为 4 个形态区（II_1、II_2、II_3、II_4）；III 东部纺织、机械工业与单位制社会区域：划分为 6 个形态区（III_1、III_2、III_3、III_4、III_5、III_6）；IV 南郊文教与单位制社会区域：划分为 5 个形态区（IV_1、IV_2、IV_3、IV_4、IV_5）；V 北郊铁路与混合式综合社会区域：划分为 6 个形态区（V_1、V_2、V_3、V_4、V_5、V_6）；VI 西北部——仓库与演替式边缘社会区域：划分为 3 个形态区（VI_1、VI_2、VI_3）；VII 东北部重型机械与演替式边缘社会区域：划分为 2 个形态区（VII_1、VII_2）；VIII 西南郊电子混合综合社会区域：划分为 4 个形态区（VIII_1、VIII_2、VIII_3、VIII_4）；IX 东南部旅游观光与单位制社会区域：划分为 4 个形态区（IX_1、IX_2、IX_3、IX_4）；

Ⅹ 郊区演替式边缘社会区域：本区分布在建成区的边缘带，多为农民居住的村落形态，居住空间与形态特征相似，无形态亚区之分。具体见图 1。

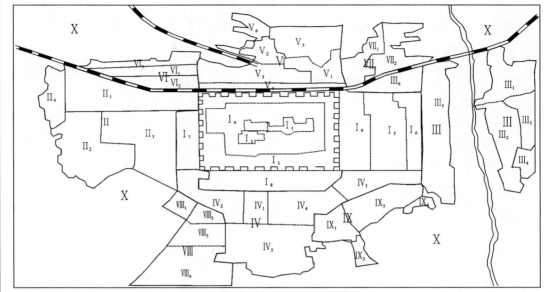

图 1 西安城市社会区域-形态区构成

（张侃侃 王兴中主笔）

参 考 文 献

戴维 L. 1992. 城市社会空间结构. 王兴中译. 西安：西安地图出版社. 58，171

江应澄. 1989. 城市地理学. 北京：地质出版社. 153

米切尔 G. 1987. 新社会学词典. 上海：上海译文出版社，51，59，101，220，301

孙胤社. 1992. 大都市区的形成机制及其定界——以北京为例. 地理学报，47（6）：552～560

王兴中，等. 1988. 行为地理学. 西安：陕西人民出版社；200～203，207～209

王兴中，等. 2000. 中国城市社会空间结构研究. 北京：科学出版社. 3

王兴中. 1995. 中国内陆区域中心城市日常城市体系及其范围界定——以西安为例. 人文地理，10（1）：1～13

张京祥. 1998. 国外城市居住社区的理论与实践评述. 国外城市规划，（2）：43～46

Berry B J L. 1973. Contemporary Urbanization Processes. *In*：Horron F. Geographical perspectives and urban problems. Washington D C：National Academy of Sciences. 94～107

Hurd R. 1903. Principles ofCity Land Value. New York：The Record and Guide，13

Ley D. 1983. A Social Geography of the City. Harper Row，New York. 17～55

McKenzie R. 1978. On Human Ecology. Hawley A. University of Chicago Press. 36～39

Mitchell G D. 1987. 新社会学词典. 上海：上海译文出版社. 51，59，101，220，301

Peach C. 1975. Urban Social Segregation. London：Longman. 57～59

Small J. 1986. A Modern Dictionary of Geography，Edward，Aronldl，41，147

Smith G J. 1978. Self-help and Social Networks in the Urban Community Ekistics，46：106～115

Tadav C S. 1986. New Directions in Urban Geography，Published by Naurang Rai Loncept Publishing Company.

Timms D. 1971. The Urban Mosaic. Cambridge：The University Press. 23～30

Vance J E. 1997，This Scene of Man. New York：Harper and Row. 40～48

Walmsey D J. 1984. Human Geography Behavioral Approaches. New York：Longman Inc. 90

第4章 城市社会区域演化与空间结构

城市社会区域结构是由城市物质空间和社会空间组合而成。居住空间是城市社会区域的基本空间组成单元。社会阶层的分化形成了城市居住区空间的分离与隔离。对城市社会空间结构研究的学科认为,城市阶层的社会生活行为驱动居住区过滤式互动,促使社会区域空间单元演化并形成空间结构。对城市社区的规划研究必然由对单独社区内部构成的规划研究转入对社区结构体系的规划探讨。

4.1 社会阶层分化与居住邻里区的互动规律

4.1.1 社会阶层化的（居住）行为模式

1. 社会阶层化的空间生活行为研究

社会阶层的研究重在人群划分,对社会阶层化的研究重在社会空间建构方面。

(1) 阶层化生活行为导致社会空间重构

行为学派认为社会阶层有共同趋向性行为,主要反映信仰、行为和生活方式的差别(Martineau, 1958)。他们的消费模式象征着阶层地位,其购买行为表现出来趋同和分异特征揭示对应群体的行为规律,这些生活行为特别是消费行为的内部一致性和外部差异性引发生活场所的对应重构。

阶层分化引起社会空间的重构,主要在于居住空间分异、消费空间的转变及分异。不同社会阶层的变化从社会制约、生活方式、生命周期和家庭资源等方面形成可以识别的空间结构(图4.1)。

(2) 社会阶层下的行为空间观点

1) 社会阶层分化的行为空间内涵

从城市社会地理学理念出发,阶层(分)化是经济社会结构发生转变的空间表现(Castells, 1975),是高低收入者不断替换,使城市中社区或者邻里不断重构的空间现象(Ley, 1996)。社会阶层化主要研究在社会阶层的生活行为扩散和变化规律下,所构建的城市日常居住社区体系和日常生活行为场所体系的时空模式,依次探讨城市社会空间结构的变化。尤其要探讨不同城市发展阶段对应的不同主导阶层的社会阶层化空间结构(王兴中, 2009)。

关于社会(区)阶层化与对应生活行为的空间研究,社会学、经济学、人类学、行为学和城市社会地理学等都在探讨中,认为两者关系是随经济社会结构的转变,通过高低收入者的不断替换,具有共同趋向性行为(日常生活行为内部一致性和外部差异性)的不同亚文化群体空间集聚的过程,具体表现为社区居住类型-等级结构化、家政服务社会化、休闲行为空间等级序列化、购物等级序列网络结构化。

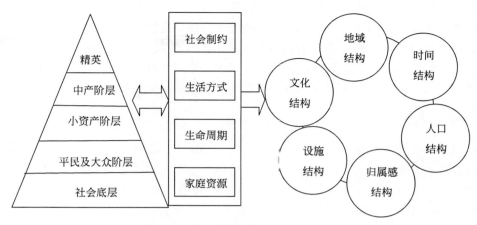

图 4.1　社会阶层构成与空间再构方向

2）社会阶层化的理论视角

A. 社会阶层划分的视角

以政治学为导向者认为：社会资源获得方式的改变、社会经济地位的变迁导致了阶层分化。马克思·韦伯认为对社会阶层的划分应根据政治、经济、社会标准来划分，即市场条件、权利、声望。他更加注重市场能力和市场机会对社会阶层的划分意义。哈罗德·克尔伯提出以职业、权利、财富作为社会阶层划分的标准。丹尼尔·贝尔认为职业是社会阶层划分的重要因素（陆学艺，2002）。

以社会学为导向者认为：社会学家关于社会阶层划分采用了不同的分层体系，最具代表性的是霍普-郭尔得索普"文职的（service）-居中的（intermediate）-劳动的（working）"理论型阶级体系，威亚姆（William）将发达国家划分为 10 个社会阶层并归为 5 个社会等级，并认为：社会阶层分类＝职业×2＋教育×4＋收入×1＋住房×14。

中国学者中，一种观点认为，以职业分类为基础，以组织、经济、文化资源的占有作为社会阶层的划分标准，把中国的社会阶层划分为 10 种社会阶层以及社会上层、中上层、中中层、中下层和底层五种经济等级（陆学艺，2003）。还有学者将社会划分为六大阶层，即权力阶层、专业技术人员阶层、一般管理人员阶层、工人、农民阶层、自雇佣者阶层（郑杭生和李路路，2005）。另一种观点认为，根据社会转型期各社会利益群体分化、解组、重新整合的实际情况，将社会阶层划分为：特殊利益获得者群体、普通获益者群体、利益相对受损群体、社会底层群体（李强，2006）。

对社会阶层的划分有很多方法，但这些方法不外乎以人们的经济地位为主，其次受到职业、教育、收入、传统和社会声望等影响。按收入来划分，在我国主要有九分法、七分法、五分法等。应用比较多的是五分法，即高收入阶层、中高收入阶层、中等收入阶层、中低收入阶层和低收入阶层。

B. 社会阶层化动因视角

城市社会地理学的城市社会空间结构研究认为，工业化带来城市空间形态的变化。一是城市土地利用模式在"物质距离"与"成本距离"的"区位（经济）效应"主导下，工作地与居住地分化分离。二是居住地土地利用在"社会距离梯度"（social distance gradients）的"区位（社会）效应"主导下，（阶层）居住分化分离，形成城市日常系统地域。其"社会距离梯度"的动因是阶层分化与其生活方式多样化所致。

社会阶层分化、生活方式等在空间上的差异是经济社会结构发生转变的空间表现,使城市中社区或者邻里不断重构的空间现象(Ley,1996)。社会阶层化主要研究的是在社会阶层的生活行为扩散和变化的规律下,所构建的城市日常居住社区体系和生活行为场所体系的时空模式,以此探讨城市社会空间结构的变化(王兴中,2009)。

2. 社会阶层化的生活(居住)行为空间模式

城市居民日常生活行为由工作-上学、家务、购物与闲暇四大行为构成,城市空间的变化与扩展是人们日常城市行为与城市空间相互作用的过程。行为是身份的象征和社会熟悉认同的外在显现。各社会阶层的生活行为表现出对不同消费产品和品牌的参数选择(Kotler and Armstrong,2003),呈现出行为空间结构的社会阶层化,故社会分层结构和主要社会行动模式即"结构和行动"之间的关系(Eriksson and Goldthorpe,1992),是城市社会空间结构探索社会阶层化与城市社会空间发展关系的出发点。

随着城市化的发展,阶层分化逐渐明显、具有阶层特征的社会生活方式逐渐形成、阶层内部的认同逐渐强化,其特征表现为明显的居住分离。为满足不同阶层城市居民日常生活行为即工作(上学)、家务、购物与闲暇的需求,各阶层居住社区在社区物质设施、社群互动、社区文化、住房价格和空间布局等方面体现出梯度差异。形成了社区居住类型-等级结构、家务产业空间格局、休闲行为空间等级结构、购物空间网络等级结构,即社会(区)阶层化[1]。

社会阶层化的生活(居住)行为空间模式遵循社会(区)分化的时-空规律构建社区体系。只有构建城市完整的社区体系,这样不同社会阶层才有对居住社区空间(距离)上的可接近性与社会(距离)上的可获性。住宅与邻里关系要符合居民认知(社区宏观-微观)型的质量的需求差异性、阶层需求性与生活方式的价值性。这样不同阶层人群与消费群体方可有机会进入社区[2]。

居住空间包含了居住者对自然环境、人文环境、交往对象和生活方式的空间功能。居住空间分异是社会阶层化的空间展现。区位的经济与社会效应差异构成社会阶层空间分异的基础。前工业化阶段,西方城市的社会居住空间结构是以社会隔离为特征的,形成以社会阶层隔离为主的城市社会区域圈层结构。工业化时代,阶层分化日渐凸显,在不同社会区域圈层分离出很多社区类型化的社会区域。后工业化时代,社会阶层(等级与类型)多样化下城市社会空间进一步细分与聚集,形成居住的不同景观社区和邻里区系统等级化结构(王兴中等,2000)。

4.1.2　居住分离的物质景观与社会经济特征

1. 居住分离的物质景观特征

居住分离形成的有社会分离或隔离的居住区,无论是从居住对象的物质景观和经济景观

---

① 杨引弟.2008.小城市社区资源可接近性评价、公正配置规划及保障体系研究——以陕西省周至县为例.西安外国语大学硕士学位论文:42~45

② 杨引弟.2008.小城市社区资源可接近性评价、公正配置规划及保障体系研究——以陕西省周至县为例.西安外国语大学硕士学位论文:60

来看，住宅区内部表现为高度的同质性，不同住宅区之间存在明显的异质性。

（1）住宅因素

住宅是居民的不动产，是某些群体彰显个人的社会地位、财富名望的奢侈品。

1）住宅类型

住宅从高度上分为底层、多层、中高层和高层住宅。高层主要分布在中心城区，多层、中高层主要集中分布在中心城与郊外之间的扩大区域，低层主要分布在城市的外围。大城市的住宅整体表现为由内城向外城高度上逐渐递减（黄怡，2006）。住宅类型与居住对象之间的关系，如表 4.1 所示。

表 4.1　住宅类型与居住对象之间的关系

居住对象（社会阶层）	国外住宅类型	国内住宅类型
高收入阶层	郊外的低层住宅	郊外的低层住宅、市中心的高档公寓
中等收入阶层	内城的多层或高层公寓	中心城直至郊区的多层、中高层住宅
低等收入阶层	多层、高层公寓	旧城的低层住宅

2）住宅建造年代

住宅建造年代近的，往往它的价值要高于建成时间长的，主要是居住的标准和材料、结构、技术等总体趋势是不断提高的。

3）住宅的持有方式

住宅的持有方式是与它的产权密切相关的。

4）住宅价格

住宅的价格与居住的区位、住宅类型、住宅区环境、物业管理等息息相关。从城市不同区位的横向比较来看，质量相近的住宅，价格差异很大，同一区位的住宅，因住宅类型、质量的差异，价格也不同。在住房私有制下，住宅价格是城市居民择居时最实质的门槛，是实现居住分离的最直接的手段（黄怡，2006）。

（2）公共服务设施因素

公共服务设施主要是指住宅区内部的配套设施和住宅区周边的城市公共设施，如商业、文化、娱乐、体育、休闲停车。因居住的对象不一样，住宅区配套服务设施的内容和服务范围也不一样。

（3）交通设施因素

高收入住宅区的可达性较好，高收入阶层出行主要是私家汽车，所以他对停车场等设施需求大，低收入阶层主要依赖于城市的公共交通，中产阶层则介于这两者之间。

（4）自然或人工景观因素

城市或多或少都拥有一些自然景观资源，这些都属于城市的公共资源。靠近这些自然景观或人工景观的往往都是由富有阶层占据。与社会阶层分化相对应，城市空间资源也被等级化。

2. 居住分离的经济特征

居住的经济特征是指不同住宅区居民群体的社会经济特征，它是决定居住隔离的内在动因，直接决定了居住分离的存在。

（1）不同人群的空间居住模式

不同人群的空间居住模式是指居民以社会心理与行为为基础，在择居过程中表现出的行为模式。个人的择居行为主要受到家庭生命周期的变迁、工作或工作地点的变动以及个人的偏好等的影响，这些因素的变化，都可能引起居住的流动。城市中不同的人群形成不同的空间定居模式。

（2）住宅区类型

不同社会经济特征群体与住宅类型有一定的关联性（表 4.2）。

表 4.2　美国对住房类型的 7 个等级层次的认知类型（Hartshorn，1992）

住房等级名称		认知构成
豪宅 prestige	类型*	大型地产，大厦，花园卧城
	价值**	40 万美元以上
	比例	2%
很好型 very good	类型	当代或者老式 8 居室独体房子。或者一套住宅单元，3.5～4 个浴室，2～3 车位车房
	价值	20 万美元以上
	比例	6%～8%
较好型 pleasantly	类型	第二次世界大战以后 7 居室房子（2 个浴室，4 个住房及活动间）
	价值	10 万美元以上
	比例	15%～20%
标准舒适型 standard- comfortable	类型	第二次世界大战期间及其后 6 居室平房（3 卧室和 1 浴室）
	价值	6.5 万美元以上
	比例	25%
标准边缘型 standard- marginal	类型	1920～1950 年的 5 居室结构
	价值	5 万美元以上
	比例	25%
次标准型 substandard	类型	老房子，但缺少现代的设施与条例
	价值	2.5 万美元以上
	比例	20%
贫民窟 slum	类型	漏雨，木板房为主体的结构
	价值	1 万美元以上
	比例	5%

* 表示不同区域按其据城市中心的距离，其价值差距很大；** 表示占大都市区内包括公共房屋总和的百分数。

4.1.3　社会阶层分化与居住邻里区的互动规律

社会阶层分化形成居住分离，居住分离建构城市日常居住社区体系。其与社会区域居住单元的互动表现在居舍类型和邻里区两个层次上。

1. 社会阶层与居舍空间类型的对应关系

社会阶层在社会经济地位上的差异，首先表现在居舍空间类型方面。包括居舍环境与房型的差异。同社群人群集聚居住，异质人群彼此分离，其居舍空间类型构成了城市空间分异的基本单元格局，同时也塑造了城市不同社区的物质生态景观。

城市社区最初都是自然型社区，由于社会阶层分化，使不同属性的阶层居住在不同居舍空间类型的地理空间上，从而形成阶层性的邻里区域社区。

2. 社会阶层与居住邻里区的对应关系

居住分离的空间特征是居舍类型分异，不同类型的居舍区形成了居住邻里区（或社区）景观。由于居住社区有"聚集—中心化—分离—侵入繁衍"的社会空间生态过程，由社会经济地位为色彩的居住邻里区等级类型，逐渐演化成由生命周期阶段、民族（种族）与生活方式差异而产生的多样类型化居住邻里区式社区。

（1）社会阶层与居住邻里区的等级关系

在社会价值观的作用下，居住区不仅是满足居住功能的场所，也日益成为人们的地位、身份的象征（苏晓红，2009）。在市场经济条件下，收入的差距必然导致不同阶层的消费需求的差异。高收入阶层可以选择交通便利、居舍类型与居住环境较高的邻里区，而低收入阶层则只能选择居舍类型价格较低的住区。因此不同阶层对居住邻里区的等级类型也存在着一定的空间对应关系。

不同等级的居住社区在环境结构、居舍类型以及对应物质设施、社区管理服务、社区文化和空间布局等方面有差异。城市居住空间等级化分异往往会带来基础设施及公共空间供给在社会空间上的差异，这种城市资源与社区资源在空间上的分配不均匀，就会带来一系列矛盾和冲突，不利于城市整体的和谐发展。城市居住区空间的等级"分化"现象是城市社会等级结构的外在体现，实质上是人与人以及社会群体之间关系的反映，从而形成"社会空间统一体"（黄志宏，2005）。由于社会阶层分化是客观存在，城市社会居住空间的分异也是不可避免的现象。一定的居住区空间的分化与分异现象是合理的，但是不要发展到阶层差距扩大，居住邻里区隔离的空间"极化"的程度。

（2）社会阶层与邻里区类型关系

居住分离的第二个空间特征是不同年龄段，民族与生活方式的差异下，选择居住邻里区的择向分化，形成不同类型化的居住邻里区。阶层择向分化形成的居住邻里区类型多样化，它们都是在邻里区等级化基础之上形成的多样化。首先是年龄与家庭规模的居住邻里区类型，主要考虑子女受教育的社会空间类型。其次是年龄与生活方式下的居住邻里区类型，主要考虑亚文化消费行为的社会场所区域类型。最后是民族文化下的居住邻里区类型，主要考虑民族文化生活方式的内聚性空间类型。

（3）社会阶层与居住互动机制

城市居住形态的分异，中国学者认为其机制有两种，内生分异和外生分异（于一凡，2010）。外生分异主要基于经济、制度、政策等外力因素所形成的等级空间，内生分异主要出于居住文化、生活方式、家庭结构等内部需要而产生的类型空间（图4.2）。

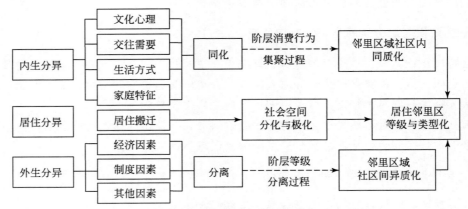

图 4.2　社会阶层的分化与城市居住形态分异的互动关系

4.2　邻里区过滤与社区体系分异的互动规律

4.2.1　邻里区过滤

1. 邻里区过滤的内涵

（1）邻里区过滤

最早提出过滤理念的是1920年在古典生态学中提出的生态过滤过程。认为随着市区内人口与收入的增加，建成区的中心地区住宅群开始老化，中心区就会被低收入群体侵入或继承，造成高收入住宅群体向都市外圈迁移。随后过滤理念被大量运用到城市住宅变化研究的过程当中。20世纪60年代将住宅过滤定义为某一住宅由不同收入家庭拥有的过程，并认为住宅过滤导致了邻里空间的变化，形成邻里区过滤[①]。住宅过滤的过程其实是社区空间结构演变过程在一定时间段内的微观表现。

城市社会空间结构角度研究认为，邻里区过滤是社区内部空间演变的过程，其实质都是：原有社区不适应经济发展和社会生活的需要，改变为另一种类型的社区；它是原有社区被新社区置换或过滤的过程。由于城市的空间发展是动态的，社区空间变化也是动态的，因此城市社区的过滤是社会区域分化的永存过程机制。

从社会阶层化的角度认为，居住分离形成居民的搬迁，会使社区居住区域的同质性特征发生变化，其过程可称为社会区域的过滤（Ley，1983）或邻里区过滤。

（2）邻里区过滤类型

社会区域同质性的变化分为上滤和下滤，社区上滤是指社区邻里区（等级）类型建构的

---

① 杨瑞.2009.西安城市城中村社区上滤的空间重构研究.西安外国语大学硕士论文：15

提高并伴随较高阶层居民的迁入的过程。社区下滤是指随着城市的发展，社区如果不进行居舍类型更新与环境整治，一方面会使原有住宅亚市场的级别不断下降，另一方面促使上升阶层的迁出。

在人为的干预下，可强化社区的过滤过程，可分为主动或被动下滤或上滤。另外，社会区域过滤的速度与城市区域社会经济发展密切相关，在城市中被特定开发的区域过滤率大。

2. 邻里区过滤模式

邻里区过滤的动因模式有三种：

模式一，自然过滤：阶层收入和社会经济发展状况起主导作用。居民阶层变化下，社区内外阶层置换搬迁，形成的社区等级与类型的变化过程。该类过滤多呈现为下滤过程。

模式二，政策过滤：政府的公共服务和社会福利政策起主导作用。即原社区在受到政府政策与社会的帮扶下，对原有房屋或环境进行重建，使社区住房质量和空间质量发生明显改善。该类过滤多为上滤。

模式三，开发过滤：私营部门的力量起主导作月。即私营部门获得土地的所有权，对原有社区进行房地产开发，原有社区居民被迫迁出，原社区呈现强制上滤。

4.2.2　社区体系建构

1. 社区体系及其结构

（1）社区体系及其空间构成

社区体系是随着社会经济发展，城市空间阶层化的空间景观现象。社区体系客观地揭示城市的内部空间存在着明显的社会空间等级与类型差异，其等级与类型空间单元是不同社会-经济-文化特点的社群生活的空间，这些空间单元既分离又共生，共同构建了城市社会-经济-文化生态空间大系统。该城市的社会-经济-文化生态大系统在空间上表现为城市不同等级、不同类型的社区（或邻里区）构成的社区体系（图 4.3）。

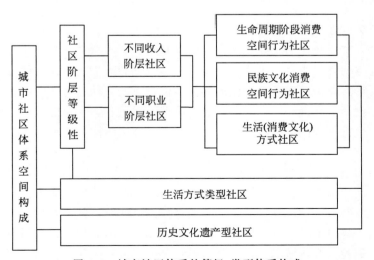

图 4.3　城市社区体系的等级-类型体系构成

　　中国城市社区体系正在发育过程中，它与国外市场经济充分发育的社区体系有差异，对于西安城市的调查，其社区体系构成见图 4.4。

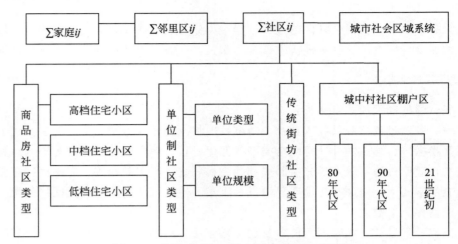

图 4.4　中国（西安）城市社区类型体系结构

注：i＝社会-经济-文化特征；j＝数量

（2）社区体系的空间含义

　　社区（或邻里区）是构建城市社会阶层的社会空间基础单元，社区体系提供了城市不同的职业、不同的收入阶层、不同的文化需求和价值导向的居民以居住为主的日常生活空间。完整的社区体系对居民日常生活行为空间作用体现在以下几方面：①居民从社区的社会环境构成上"理解"其对自身生活的"意义"，"选择"自身居住区位（Wellesley and Lews，1984）；②该居住社区类型包含生活场所习俗和领地忠诚的社区文化；③不同社区等级或类型社区代表城市不同阶层的生活空间质量水平。城市社区体系的完整性代表了城市整体的（社会空间）生活质量水平。

2. 社区体系构建的空间动力机制

（1）生活行为与社区互动机制

　　随着城市进入工业化或后工业化阶段，城市众多社会因素进一步分化与分离形成了三种生活行为与社会空间互动机制：土地利用的进一步分化和人们生活系统的分离机制，收入层次、家庭类型、种族与少数民族生活空间的分离机制以及人们选择住宅的行为与生活方式行为分化机制。在空间上表现为居住分离，相应出现了居民日常生活的地域分离现象。由于社区阶层多样化产生进一步的细分与聚集，在不同的社会区域圈层分离出很多有分离或隔离实体的社会区域。

（2）社会空间单元变化与互动机制

　　城市不断发展与更新，社区置换或过滤的加快，社会空间单元动态变化与重组，使原有阶层的社区向"富"或"贫"社区转化，使社区体系空间结构随之互动，逐渐趋向于形成多样化、阶层类型化的城市居住社区体系。居住社会区域的演化始终以人对自身生活质量的变化为中心进行，而对社会区域的认识、划分始终是人们对自身生活质量关注的结果。

4.2.3　邻里区过滤与社区体系分异的互动规律

1. 社区体系构建模式

社区是居民日常生活行为的空间单元，生活行为的不同阶层类型构成不同的社区类型体系组织。随着社会发展，在居住流动下（搬迁）形成邻里区过滤，就会逐渐形成不同类型并且能够反映不同社会属性的社区体系。从社区体系建构的动力机制分析，其建构模式见图 4.5。

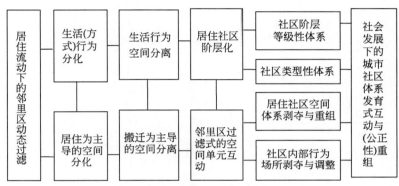

图 4.5　城市社区体系构建模式

2. 社区体系的阶段发育模式

伴随着城市发展的各个阶段，不同社会发展阶段其社区体系的空间特征不同（图 4.6）。

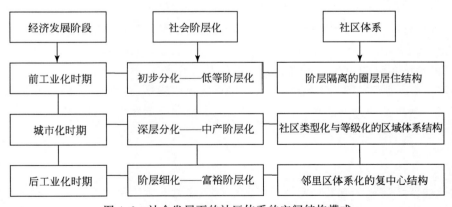

图 4.6　社会发展下的社区体系的空间结构模式

3. 社区内部空间等级体系构建模式

社区内部空间是由居住为主的居舍等生活场所构成。生活场所及环境的差异性决定社区之间的等级差异，也就是社区资源配置的差异性影响社区的阶层性。其社区内部空间社区资源配置关系模式见图 4.7。

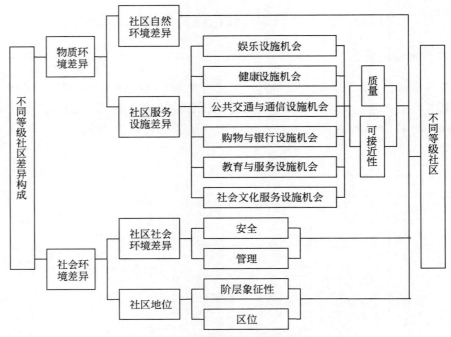

图 4.7　社区内部差异等级体系

4. 邻里区过滤与社区住宅亚市场体系互动规律

居民阶层与对应社会区域住宅市场称为阶层住宅亚市场。城市不同社区内的住宅市场具有对外阶层的封闭性与内循环性。由居民的居住流动，加速搬迁，加速邻里区过滤，也使住宅亚市场下滤，其住宅亚市场级别也下降，使下面阶层能进入该住宅亚市场，解决并提高居住质量。因此，社区过滤是解决城市住房问题的有效途径。社区过滤有两种方法：一种是人为方法使上一级邻里区与住宅亚市场下滤；另一种是鼓励构建高等级社区，加长住宅亚市场的"住房链"，住房链的上摆，促使各级住宅亚市场下滤。

居住流动性，强化邻里区的过滤，并加快形成社区体系，这样社区体系的建构不但满足不同阶层对空间生活质量的需求，还能够提高所有阶层的居住生活空间质量。

4.3　讨　　论

城市社会区域演化，有其空间演化机制，该机制是起因于社会发展带来的阶层分化，左右人们的生活行为，影响对应行为场所耦合，场所构成了社会空间单元及其结构的互动。最终形成的城市社区体系满足了城市所有人的日常生活行为空间的需求。因此，阶层分化与对应的邻里区构成互动，邻里区过滤与社区体系分异互动，是学术界确定的城市社会空间结构规律。本章总结了国内外研究城市社会区域演化与空间结构的相关规律，并力图全面分析社会阶层分化与居住邻里区之间的对偶关系以及邻里区的过滤与社会体系分异的互动规律，仅为借鉴。

（王兴中　张侃侃　李燕玲主笔，杨瑞　杨引弟　单升军参加）

附框图文 4：城市扩展、社区空间过滤与隔离现象

1　中国城市空间扩展下的社区空间过滤

图 1　将被现代大厦住区过滤的上海老城区里弄[①]

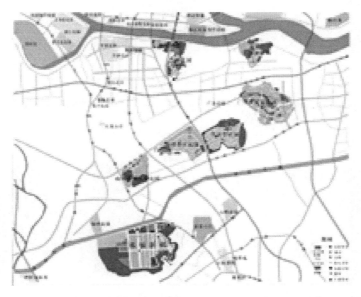

图 2　高阶层新社区在广州番禺郊区侵入式的上滤式[②]

① 夏骏，阴山文 . 2007. 人居中国 . 北京：五洲传播出版社
② 曹杰勇，王怡，付惠，等 . 2009. 地域主义理念下理想社区的现实性运作策略探讨 . 住宅科技，(08)：11～16

2　西安城市空间过滤下的城中村空间隔离

　　城中村，狭义上是指农民转为居民后仍在原村落居住而演变成的居民区，泛指城市中的与农村聚落相似的异质性城市社会空间。从发生角度可以分为原生型与次生型城中村，从城市空间扩展（圈层）下的城中村空间隔离角度可以分为第一代、第二代、第三代以及远郊型。西安历史文化名城保护制度决定了城内中心以原生型街坊式城中村为主，向外圈层扩展与扇形辐射形成不同代的城中村，综合西安空间扩展水平和四环交通网络，选择城南大学城与单位制社会区域作为案例研究，形成了以下类型的城中村的空间隔离。具体如图3所示。

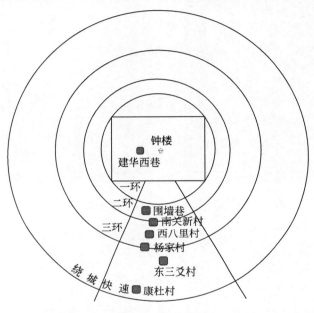
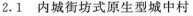

图3　西安城市空间扩展（圈层）下案例图文选择的城中村的空间隔离位置

2.1　内城街坊式原生型城中村

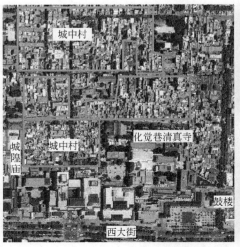

图4　内城原生型城中村

　　临近城市中心的钟、鼓楼，属于内城少数民族历史风貌街区，被城隍庙、清真寺、西大街商业街所隔离，因历史文化名城的保护法规未能形成高耸的商业中心，而是发展了居住和小商业并行的街坊式城中村景观，属于内城原生型城中村。

2.2　一环旁正解体的第一代原生型城中村（围墙巷城中村）

图 5　第一代（围墙巷）城中村

　　第一代城中村地处城墙外围，一环路附近，由于处于圈层（一环路）与扇形道路的内芯，其临街是金融、商业性区，内部是原生的城中村，虽靠近内城，因其所处内芯区位很难被现代地产过滤，居住的基础设施差，以出租低廉住屋为业，也可称为棚户区。

2.3　二环内第一代次生型城中村

图 6　二环内第一代次生型城中村

地处一环与二环之间小雁塔旁的城中村,由圈层扩展形成的原生与次生混合的城中村,是早期内城、一环改造过程中形成的城中村。南关新村城中村(也是城南城中村改造办公室所在地),从名称和区位上看应属于由城市第一次圈层扩展形成的第一代城中村,应属于次生型城中村,该城中村远离主干道和干道商业区,因离市中心和商业中心较近,有限发展了商业住宿功能,围绕这一功能发展了有限的城中村商业市场。

2.4 三环内第二代次生型城中村

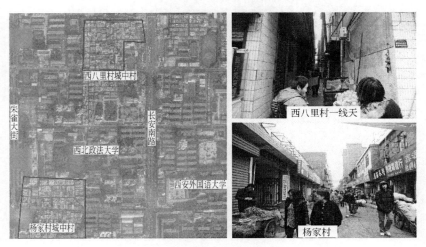

图7 三环内第二代次生型城中村

该城中村依附于传统的大学密集与单位制分布区,城中村向大学走读生、进城务工者提供简易房屋,沿村道形成商业集市街景观,窄路高简易楼形成了典型的城中村一线天景观。这类城中村被主干道和大学、单位制企业所包围,狭窄的街道是其典型特征。

2.5 三环外第三代次生型城中村

图8 三环外第三代次生型城中村

　　第三代次生型城中村是在远郊干道交通，即三环内城市改造过程中形成的，以低廉的住宿、仓储和便捷的交通为基础得以快速成长，因远离城市中心，自身发展了较为繁华的城中村市场。若不是内部狭窄的道路，已与小城镇景观无异。

2.6　南郊第四代次生型城中村

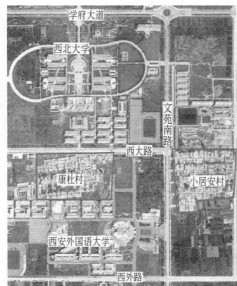

图 9　南郊第四代次生型城中村

　　该类城中村是在大学或企业外迁侵入乡村地带，邻近村庄，整村集中建设形成。远离城市中心，没有基础设施配套，以服务于大学生和流动人口为特征，集中发展了住宿、餐饮等服务业，只有城郊农业景观与商贸集市功能。

3　城市社区空间过滤下的内城封闭社区①

　　南京老城区开发楼盘"绅士化"的空间过滤，出现阶层"碎片"空间。

　　2008 年年初，对南京主城区封闭社区发现，1998～2007 年，南京主城区（绕城公路以内）共建成（总建筑面积 $10^4 m^2$ 以上）居住区 340 处，其中封闭式社区 199 处，而且封闭式社区在新建社区中的比例逐年提高，由 1998 年的 38.5% 上升为 2007 年的 76%。在 14 处典型封闭社区（图中★）调查显示，居民购买封闭式住宅的主要考虑因素呈现出多元化的特点：首先，封闭社区的安全性，其次是社区环境、区位条件、生活便利程度、隐私保护和升值潜力等因素。

---

　　①　资料源自张倩撰写的《老城空间碎片化和绅士化的调研样本与思索》与宋伟轩等撰写的《中国封闭社区初探》

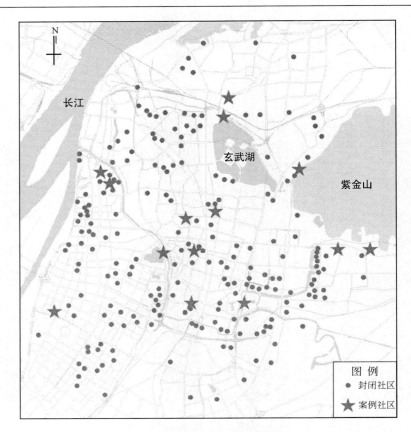

图 10　南京市主城区阶层封闭社区分布

图 11　2002～2008 年现代住区（楼盘）在老城中的分布

图 12　"碎片"住区与周边空间隔离的方式

（黄佛君　常芳　张侃侃　王兴中　主笔）

参 考 文 献

黄怡.2006.城市社会分层与居住隔离.上海：同济大学出版社.123，125，126，127

黄志宏.2005.城市居住区空间结构模式的演变.中国社会科学院研究生院博士学位论文

李强.2006.当代中国社会结构变化的新趋势.经济界，（1）：35～42

陆学艺.2002.当代中国社会阶层研究报告.社会科学文献出版社.20～37

陆学艺.2003.当代中国社会阶层的分化与流动.江苏社会科学，（4）：2～9

苏晓红.2009.廊坊市居住空间分异研究.资源与产业，（1）：97

王兴中，等.2000.中国城市社会空间结构研究.北京：科学出版社.22，31，180，177，183

王兴中，等.2009.中国城市商娱场所微区位原理.北京：科学出版社.151，152

于一凡.2010.城市居住形态学.南京：东南大学出版社.162，166

郑杭生，李路路.2005.社会结构与社会和谐.中国人民大学学报，（2）：2～8

Castells M. 1975. Immigrant workers and class struggles in advanced capitalism：the western Europe experi-
ence. Politics and Society，（1）：33～36

Erikson R，Goldthorpe J. The Constant Flux. 1992. A Study of Class Mobility in Industrial Societies. Oxford：
Clarendon Press

Hartshorn A. 1992. Interpreting the City：A Urban Geography. New York，Chicago，Brisbane，Toronto，
Singapore ：John Wiley and Sons，INC. 251

Kotler P，Armstrong G. 2003. Model of consumer behavior. http：//referaty- seminarky. sk/ consumer-
markets- influences- on- consumer- behavior. 12～10

Ley D. 1983. A social geography of the city . New York：Harper and Row Publisher. 327

Ley D. 1996. The New Middle Classes and the Remaking of the Central City . Oxford：Oxford University
Press. 1，197，234～236，258，298，302，307，310

Martineau P. 1958. Social classes and spending behavior. Journal of Marketing，（2）：121～130

Wellesley D J，Lews G J. 1984. Human Geography Behavioral Approaches New York：Longman. 331～360

第 5 章　城市社会区域体系结构公正规划的居舍类型控制

城市生活空间质量观认为，城市生活空间质量体现在生活空间行为的社区体系与场所体系的结构上。城市社会区域体系是城市生活空间质量的区域基础，其结构的不健全将使对应阶层人群失去以居舍为主的生活空间。本章从城市社会空间体系结构（即城市社会地理学）的角度、现代消费阶层化的理念，从区域要素剥夺原理出发，首次从社会空间最小单元的阶层（化）居舍类型入手，探讨城市社会区域体系的结构水平，在此基础上，探讨构建适应城市社会发展趋势下阶层对居舍类型需求结构的构建。并首次提出了通过城市"双焦点椭圆模式"与"扇形区层次模式"两个城市社区体系可获性结构原理，达到对城市公正配置规划的控制。

5.1　城市社会区域体系结构可获性评价的原理

5.1.1　城市社区体系结构的客观可获性

1. 城市社区体系结构的（社区）客观可获性

居舍是构建阶层化社区的物质条件，也是形成社会阶层化的基础条件。阶层（化）居舍类型的缺失势必剥夺了某些阶层人以居住为主的生活空间，在全球化和城市化的进程中，往往低下阶层社区会被城市空间"过滤"掉。城市规划应规划各阶层（化）居舍类型，构建完整的社区体系，使各阶层的人有进入社区的客观可获性，才能过上城市化生活，构建各阶层人群公正的空间并获得应有的尊严。

从人们对居舍空间主客观综合认知的角度来看，居民会普遍追求居住环境的阶层化适居性和舒适性。居舍类型就成为使人体验对应生活空间质量的客观目标。居舍类型的客观可获性涵盖两方面：其一，居舍类型的（客观性）剥夺水平；其二，居舍类型的供给区位机会结构。

（1）阶层居住社区的居舍（类型）剥夺水平

居舍可获性是指整个城市的居舍模式对满足各类社会阶层社区居民可获得程度，其分布数量与质量的差异反映了社区体系结构的完整与否。城市的各类居舍分布数量与质量（等级）的水平及其结构就反映城市社区剥夺模式。在城市物质空间区域和社会空间区域上表现为距离的可获性和社区等级的可进入性。因此，居舍可获性与剥夺水平不仅表现为空间物质资源的可获性，又表现为行为空间的可接近性。

（2）居舍类型供给的区位机会结构

在城市社区过滤的动态规律下，阶层居住社区的居舍（类型）可获性由三个环节决定：一是在客观的物质空间数量与质量供给的结构（即剥夺模式）下，二是表现为阶层的动态可接近性，三是动态可接近性决定于居舍类型供给的区位机会结构。也就是说，阶层日常生活路线距居舍的距离构成了居舍的区位结构。当距离超越日常生活关联区位时，该居舍就无客观可获性。在减少社区剥夺与提升居舍可获性的途径中，还要通过改善城市资源空间阻隔的可达性，增强城市公共空间的网络通达性，减少空间阻隔，使社区的区位可接近效应得到提升，从而构建完善的城市社会区域空间结构体系。

2. 构建居舍（类型）可获性的思路

在城市社区过滤的文化生态分异过程中，城市社区的区位效应性（政治、文化、社会与经济效应）导致阶层区位竞争。区位效应高的社区向阶层高的方向"上滤"，区位效应低的社区向阶层低的社区"下滤"。在这种效应导向的社区过滤中，往往低下阶层原有社区被剥夺，形成不公正的"阶层（居舍）剥夺"的重构规律。

人本化的城市居舍（类型）可获性指向在于消除居舍剥夺水平下，重构居舍（类型）供给的区位机会结构。这要求城市规划必须先对城市社会区域结构现状进行可获性水平评价，在此基础上，消除剥夺水平，建构完整的城市（社区）居舍区位机会结构，相应的社会阶层才有空间（距离）上的可进入性与社会（距离）上的可接近性。规划的居舍类型与区位结构要符合居民认知层面的生活质量水平的需求差异性、阶层需求性与生活方式的价值性，这样不同阶层人群才有机会进入社区。

5.1.2　城市社会区域体系结构可获性评价原理

1. 阶层（化）居舍可获性指数评价模式（图 5.1）

消费伴随着人类社会的发展而发展，现代消费的本质为阶层消费。地理学认为消费者行为是指消费者对所需商品、服务等的购买直至消费的时–空连贯行为（柴彦威，2004），其阶层特性凝结了行为的空间阶层性特征。居舍是四类城市日常生活行为之一居住的基本消费，居舍可获性反映社会公平的阶层空间公正性。由于居住社区的居舍类型可获性与对应阶层可接近的距离、居舍类型与质量有关，因此阶层（化）居舍可获指数评价模式的构建基于如下假设：在（评价）城市某一中心区域——即社会区域，由该中心布局在所有区域的城市资源是均等的，各阶层出行（通勤）距时相等的平等条件下。房屋、居舍类型可获性由其到中心的距离、数量与质量而定。即从该类型居舍到所处社会区域的中心的距离、该类居舍分布的数量、质量等级三方面设置评价可获性指数。

图 5.1　阶层（化）居舍可获性水平评价模式

2. 阶层（化）社（会）区可获性指数评价模式（图 5.2）

社（会）区是城市居民（社会）日常行为在空间的基本特征，即日常生活行为一致的城市最小单元，也是经济区位、社会文化区位效应一致的空间单元。不同阶层人群居住在不同的社（会）区内。社（会）区的居舍景观特征一致，居民社会生活行为也一致，也就是说在该社会区域内，居舍属同一类型的。因此也可用阶层（化）居舍可获性评价原理，借用阶层（化）社会区域概念来评价城市社会区域体系结构的可获性。假设：在评价城市某一中心区域——即社会区域。由该中心布局在所有区域的城市资源是均等的，各阶层出行（通勤）距时相等的公平条件下。社（会）区类型可获性由其到该中心距离、数量与质量而定。

图 5.2　阶层（化）社会区剥夺指数评价模式

5.1.3　城市社会区域空间体系可获性评价的操作路径

1. 评价前提：判识城市资源空间均等性

如果城市的某社会区域各种城市资源（路、电、气、水、网络、公共空间和绿地系统等）的布局均等，则该社会区域的可获性结构形成就有了物质的基本保证。

2. "居舍类型"或"社（会）区类型"可获性水平评价城市社会区域空间体系的结构水平

评价分为三部分：一是判断其质量与数量是否缺失，即评价剥夺水平。衡量的指标为该"居舍"或"社（会）区"类型与评价社会区域中心的距离，若距离大于对应阶层居民完成日常生活路线的距离界值，则没有享用的可获性的空间机会，视为缺失。二是判断其供给该类型的数量有多少。三是判断该类型的质量（等级）高低。评价的这三个方面即阶层化居舍类型在数量、质量和供给距离上构成了居舍类型供给的区位机会结构。城市社会区域体系结构的可获性评价实质是对的居舍供给的区位机会结构的评价。

3. "居舍类型"或"社（会）区类型"的空间判识途径

判识城市社会区域的"居舍类型"或"社（会）区类型"空间类型有两种方法：一是传统方法，依据城市社会区域划分的原理判识；二是借用"断面图"的理念，利用景观生态学的方法，以航片和高分辨率卫片为基本数据来源，从景观上区分。城市社会区域体系的空间景观构成，其空间最小单元往往以城市交通"网区"围合，这种围合与城市"断面图"结构相似。网区是有公共交通线（路）围合的最小居住区域[①]（刘晓霞，2009），通常和城市社区或邻里区范围重合。网区对应相同的居舍景观或阶层社区。

4. 城市社会区域体系结构可获性评价要素

（1）居舍类型的（客观性）剥夺水平

居舍类型（客观）剥夺水平由居舍类型分布的数量与质量及其结构构成。他们构成了居舍类型的空间剥夺模式。不同阶层居舍可获性的实现一要有对应充分的居舍数量以及质量。二要依靠空间分布的可达性实现可获。居舍类型的数量由其在社会区域内分布区的个数及其数量构成。其质量与对应阶层住房认知类型关联，如住房的房间个数、住、浴、车结构。居舍类型结构与对应阶层人数所占比例有关。

（2）居舍类型剥夺的区位机会结构

居民在社会结构中的"区位"决定其利用生活质量资源的多少与获取生活空间质量的程度。也就是说，每个居民在城市生活空间中有其对应的社会区域及其确定的"居住区位"。

---

① 刘晓霞．2009．基于城市社会-生活空间质量观的社区资源配置研究．西北大学博士学位论文：69

因此，居民对居住区位的感知，是对其区位与日常生活路线联系的距离有关，它们构成了社区（或邻里区）居舍类型的空间机会模式。主要与工作地与居住地分离的通勤可达距离及居舍的社会效应区位要素有关。

居舍类型空间剥夺模式和空间机会剥夺模式提供了评价社区体系结构的可获性路径。这种可获性的大小能促进或减少居民居住生活的健康性与生活质量的高低。提高居舍类型的这种客观可获性在消除"空间剥夺"基础上，可通过重构"空间机会"结构原理进行调整。

5. 城市社会区域体系结构可获性评价（指数）操作模式

城市的社会区域体系结构可获性指数的评价操作模式（图 5.3）。

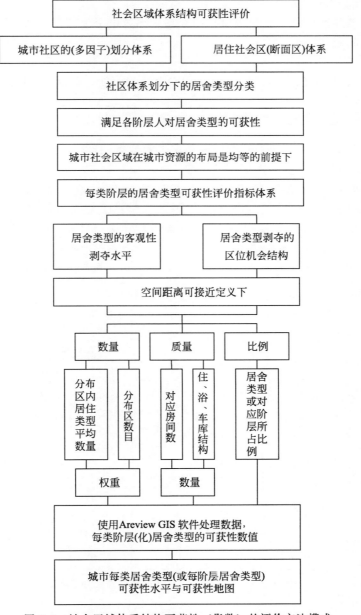

图 5.3　社会区域体系结构可获性（指数）的评价方法模式

5.2　城市社会区域体系结构公正配置规划的控制

5.2.1　城市社会区域空间体系公正配置的控制规划思路

首先，据城市社会阶层发育的趋势与居舍类型可获性评价现状，确定每类阶层居舍的可获性水平，即居舍类型的数量、质量与区位机会结构。

其次，区位机会结构的重构与规划，据城市空间发育（结构）与城市社会区域发育（或分异）耦合结构趋势进行控制。

最后，居舍类型的数量与质量的重构与规划，据城市空间发育（结构）与居舍类型发育耦合结构趋势进行控制。

5.2.2　城市社会区域体系发育（或分异）结构（空间）可获性规划控制

1. 居舍类型的区位机会结构可获性规划控制

（1）（居舍类型）社区等级的社会空间圈层扩散效应原理

1）城市生活空间认知的空间圈层效应面

"效应面"即是在社会空间中新居住地反映出的社会地位（效应）的综合水平（Hartshorn，1992）。因此，对城市生活空间的认知是在效应面背景下的一个新的认知空间取代旧的认知空间的调整性过程。当新的产业聚集在某个地点的时候，就会以此为中心产生区域社会效应面，带动优化的社会效应吸引人们向这个地点居住集聚，于是产生了搬迁，而旧的居住地则处于效应低的地位使人们产生搬离的意愿。西方国家城市一般存在三个级别的效应面模式（图5.4）。

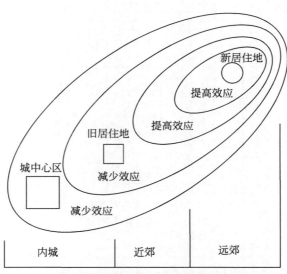

图 5.4　西方国家城市认知的居住圈层效应面

2）城市生活空间质量分化的阶层化圈层扩散效应模式

人们在择居方面总是倾向于选择生活空间质量高的社区，体现在居舍类型完备、社区资源配置公平、社区空间公正。国外研究表明，由于家庭空间行为制约了对整个城市空间的熟悉程度，因此，家庭居住的搬迁区位一般在旧居住地与工作地之间搜寻，形成三四个空间层次的感知偏好面（图 5.5），这种新居搜寻的趋势表现为逐渐向郊区以外扩展（Hartshorn，1992）。一般而言，飞机场和中心商务区（CBD）是城市居民的居住参照系，与其等距离且距旧居住地不远的地方是居民最容易选择的新居住地，这样的区位选择也不会脱离他们已有的社会网络。

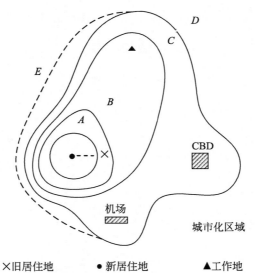

×旧居住地　　　　　●新居住地　　　　　▲工作地

A 寻找空间　*B* 感知空间　*C* 行为空间　*D* 效立空间　*E* 效应空间的扩展

图 5.5　城市生活空间质量分化的阶层化圈层扩散效应模式

（2）居舍类型区位机会结构的社会空间圈层扩散控制

该控制模型为城市不同社会发展阶段的双焦点椭圆模式演化控制。

社会发育阶段不同，城市空间发育（或扩散）的水平不同，一般都围绕着城市不同功能中心形成双焦点的椭圆形城市社会空间圈层扩散结构。越是往外圈层其居住（生活）空间效应就越大，其居舍类型越具有高阶层社群类型。社会区域类型等级控制或居舍类型区位机会结构控制，由双焦点向外圈以提高等级进行布局控制（图 5.6）。

2. 居住类型的客观可获性结构规划控制

（1）（居舍类型）社区类型的扇形搬迁效应原理

1）城市居住搬迁的扇形认知居舍扩散面

国外研究认为，城内家庭搬迁是通过几次短距离搬迁，逐渐向外搬迁，达到长距离的搬迁。这种过程为长距离搬迁的"换位游戏"（game of musical chairs）规律（Hartshorn，1992）（图 5.7）。这种"换位游戏"的结果都是以扩大效应面为目的的。

2）城市居住社（会）区（或居舍类型区）的扇形扩散面模式

在城市居住社（会）区（或居舍类型区）的选择上，居民总是趋向于在同一个社会经济地位的区域内搬迁，由内城向郊区的方向迁移。也就是在同一个扇形内在不同的圈层

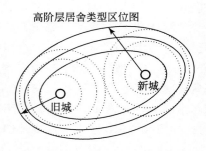

(a) 新城与旧城形成双焦点椭圆模式
——→ 表示越向外圈越是具有较高阶层居舍类型区位圈

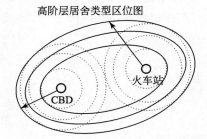

(b) CBD与火车站形成双焦点椭圆模式
——→ 表示越向外圈越是具有较高阶层居舍类型区位圈

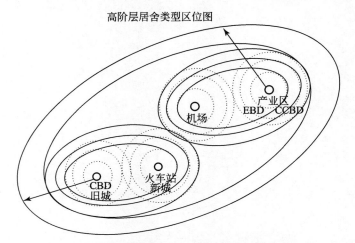

(c) CBD、火车站与机场、产业区双焦点椭圆模式
——→ 表示越向外圈越是具有较高阶层居舍类型区位圈

图 5.6　居舍类型区位机会结构的双焦点椭圆模式演化控制

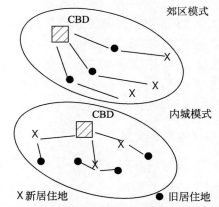

图 5.7　城市居住搬迁的扇形认知居舍扩散面模式

之间搬迁（图5.8）。

（2）居舍类型的客观可获性结构规划控制

即该控制模型为"扇面区层次"扩散控制。

随着社会阶段的发展，城市居住空间双焦点向外扩展的椭圆形社会区域的圈层构成越

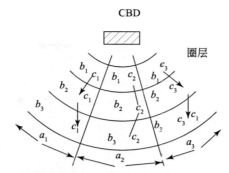

a_i 表示具有相同社会经济地位的居舍类型圈层区域（如收入、教育与住所价值）；b_i 表示具有相同均质的住房、市场（如年代、规模、住房密度）；c_i 表示由内城搬迁的主导迁移区位与方向（箭头所指）

图 5.8　城市居住社会区（或居舍类型区）的扇形扩散效应模式

多，同时围绕焦点形成向外扩散的居住（舍）类型扇形社会扩散效应面。不同扇形为不同阶层居舍类型效应面，同一扇形内有不同质量的效应层次，越是向扇形外层越具有高层次经济的居舍类型，并且居舍类型数量越多。

居舍类型的质量结构规划，按扇形区扩散的（圈）层层次控制，越是向外层次其居舍类型越高。其居舍类型分布区数量及居舍数量，据阶层（化）居舍类型可达性距离在扇形区内不同（圈）层次布局（图 5.9）。

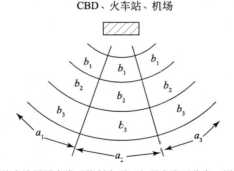

a_i 表示社会阶层居舍类型控制扇形区与居舍类型分布（圈）层次

b_i 表示居舍类型质量控制（圈）层次

图 5.9　居舍类型或社（会）区客观可获性规划控制的扇形模式

（3）城市社会区域发育（或分异）结构（空间）可获性规划控制模型

具体模型，如图 5.10 所示。

5.2.3　城市社会区域体系发育或分异结构可获性概念控制

1. 城市居舍类型区位机会结构可获性概念控制

（1）城市中心性的社会区域圈层结构的概念控制

不同社会发展阶段，阶层发育的构成不同。据阶层构成，对居舍类型进行量化，美国对公众住房类型的等级认知，工业化后阶段住房可分为 7 个等级层次类型（王兴中等，1992）（表 4.2）。主要以房屋居室的数量与功能结构来确定。也就是说，美国城市社会区域的圈层

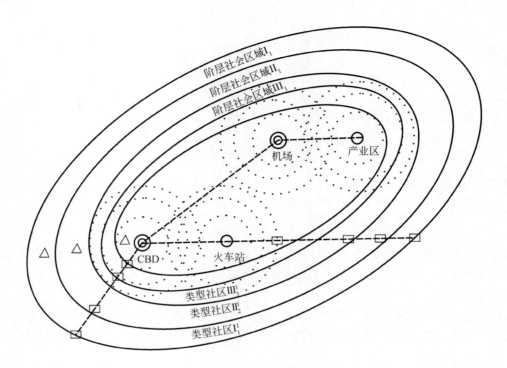

規劃控制城市中心區域

規劃控制城市區域中心

規劃控制社會區域中心

調整控制傳統階層(或類型)
城市社會區域(或社區)

現代城市生活特征社區(尊嚴)
保護性控制

規劃控制階層社會區域

歷史建築文化街區
種族、民族聚集文化街(社)區
藝術機構聚集一體(化)區
中心城市複功能街(社區)自然生態區

图 5.10　城市社会区域体系发育（或分异）结构（空间）可获性规划控制模型

大致有七个层次构成。其质量与数量关系：其中标准舒适型与标准边缘舒适型占据了大都市区住房的一半以上。说明都市中占多数的中产阶级家庭居住在这一类型中，也说明城市中大部分邻里区是这一社会空间等级。豪宅与贫民窟占居住家庭的比例很小，所以它们在都市中分布地域有限，形成可供选择的邻里区数量也不多。贫富差距悬殊很大的富人与穷人聚集的社会区域在房屋景观上会有明显特征，其邻里区的阶层类型很容易判识。

　　不同国家与城市的社会文化进程不同，其居舍类型的等级层次在数量结构上，类型质量和数量上有所不同。

　　（2）不同阶层（化）居舍类型的圈层空间效应面概念控制

　　由于不同阶层对提高居舍效应的能力不一致，因此不同阶层的居舍类型的区位机会圈层不同（图 5.11）。

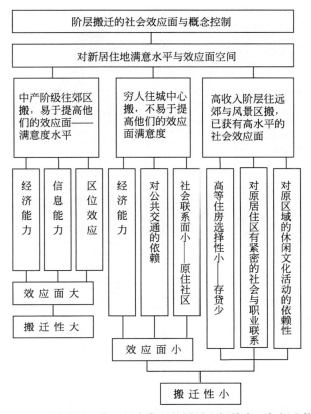

图 5.11　不同阶层（化）居舍类型的圈层空间效应面与概念控制

2. 城市居舍类型客观可获性结构的概念控制

（1）居舍类型的客观可获性距离概念控制

国外研究认为，随着社会发展与城市空间扩展，居民的居舍与工作地逐渐加大分离距离（Hartshorn，1992）。工作地与居舍的认知距离，称为可接近程度（性）。一般以原工作地为中心（或以原居住地为中心）形成一个认知型居舍的（或工作地）可接近圈，称为可达性无差别圈。大城市一般在 30～60 分钟通勤距离内，小城镇为 20 分钟通勤距离内。在以上无差别通勤距离内，不同阶层人群对居住地到工作地克服距离的能力差异，其可接近性认知距离有差异。

（2）城市居住（阶层居舍类型）区空间调整（或重构）的分布区域概念控制

据城市居住欲望搬迁方向（偏好）的地理模式（王兴中，2004），城市阶层居舍类型的较高质量居住区空间调整区位，或者重构区位，多在距同类型居住区附近 5 英里范围之内。郊区呈现向外扇形面椭圆区域认知模式，内城呈现圈层模式。

（3）阶层居民选择居舍类型区的行为偏好空间结构概念控制

居民选择居住区的行为研究证明（王兴中，2004），形成了对居住区的居舍质量、居舍类型区社会环境、分布区域与区位中心性的空间偏好结构（图 5.12）。

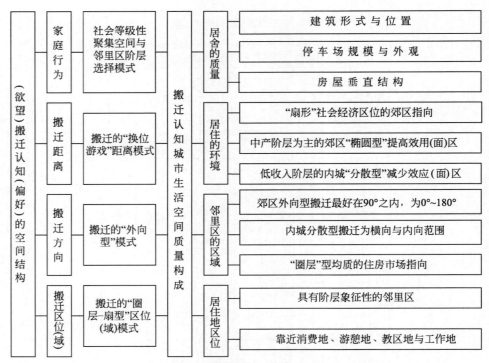

图 5.12　居舍类型区的行为偏好空间结构概念规划

3. 特征生活意义社区空间可获性结构概念控制

对城市居民日常生活活动空间规律、外地游客的出游空间活动规律的研究（王兴中，2004；Hartshorn，1992），城市中有三类不同的社会区域景观区。这些社会区域几乎成了生活行为场所的汇集地带（图 5.13）。

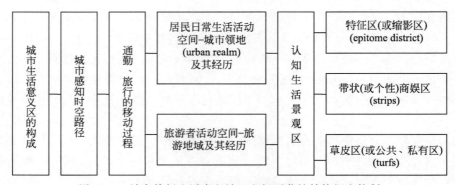

图 5.13　城市特征生活意义社区空间可获性结构概念控制

5.3　讨　　论

本章首次对城市社会区域体系结构公正配置规划的控制进行了系统探讨。其逻辑结构是先对城市社会区域体系结构进行评价，在此基础上对城市社会区域体系结构进行公正配置规划。其公正配置规划是以空间控制层次为方向的。在对城市社会区域体系结构可获性评价原理方面，首次提出了概念性的阶层（化）居舍可获性指数的评价模式。包括评价的客观剥夺水平与供给区位机会结构机制，评价的操作模式。在对城市社会区域体系结构公正配置规划的控制方面，提出了居舍类型的区位机会结构可获性规划控制原理与客观可获性结构规划控制原理，及其对应的规划控制内容。以上仅供讨论。

（王兴中　常芳　张侃侃主笔，楚静参加）

附框图文 5：城市社会空间体系的结构过滤

1　西安城市居住分离下的社区圈层过滤

1.1　在城西南高新区，别墅新区、混合高层社区与城中村隔离共存的结构

图 1　西安高新区内的别墅新区，混合高层社区与城中村

　　西安城南高新区的建立，使高中阶层住区型地产侵入，如紫薇田园都市社区。该社区具有全新规划、面积较大的特征，别墅、中高层一体规划形成高档社区，以道路形成自然围合，别墅区以栏杆围墙隔离，强化了与周围社区的隔离。因而具有既开放又封闭的特点，与西沣路主干道对面城中村形成了新的动态社区地域体系。

1.2　在城北经济开发区，职位与住区分离的空间错位结构

　　北郊经济开发区住区建设以新建市政府与铁路北站为动力，推动了北郊城市中、高层大型社区的快速建立，城中村解体并进一步外迁。缺乏（中）低阶层住区，形成职位与居住空间错位结构。

图 2　北郊职位与住区分离的空间错位

1.3　在城东南曲江文化产业开发示范区，以"高楼建在花园中"为理念形成的遗址文化产业社区结构

图 3　新城市主义下的高楼建在花园中社区

以历史遗址保护为基础，建立曲江遗址公园。利用其生态资源在周围建设了具有现代城市文化特征的高档别墅区、中高层社区体系。

2　中国力图规划的阶层居住空间公正意向[①]

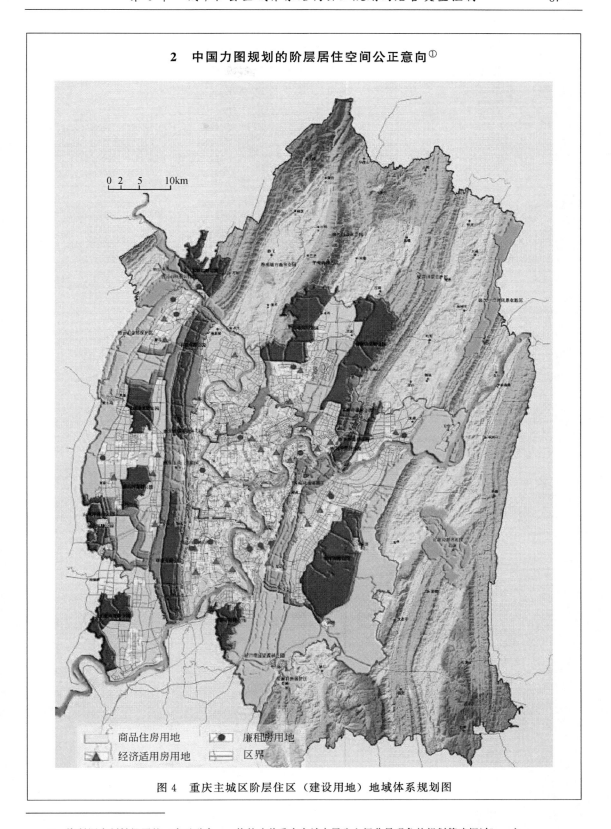

图 4　重庆主城区阶层住区（建设用地）地域体系规划图

商品住房用地　　廉租房用地

经济适用房用地　　区界

①　资料源自刘敏撰写的《多元融合——构筑改善重庆市城市居住空间分异现象的规划策略探讨》一文

　　重庆政府力图完善住房供给的阶层体系，将普通商品房、经济适用房与廉租房、二手房的买卖与租赁结合起来，并配合相关的金融贷款制度形成一个完整、低成本、高效率的社会阶层住房体系。与此同时，建立土地收益基金制度，从土地出让收入中拿出一定比例的资金用于实施住房保障政策，以解决低收入家庭的住房问题。

（黄佛君　王兴中　主笔）

参 考 文 献

柴彦威 . 2004. 日本消费行为地理学研究进展 . 地理学报，59（1）：19～24

王兴中，等 . 2004. 中国城市生活空间结构研究 . 北京：科学出版社 . 14，20，167，169

Hartshorn T A. 1992 . Interpreting the City：A Urban Geography（2nd edition）. New York，Chicago，Brisbane，Toronto，Singapore：John Wiley and Sons，INC. 313，314，251

第6章 城市社会区域体系响应规划的城市资源供给控制

城市资源是城市社会区域体系可获性构建的物质基础,五类城市资源的系统供给与城市社会区域体系的建构有匹配关系。对城市资源供给系统进行控制,是城市社区体系响应规划的核心问题。本章试图首次将空间剥夺的理念引入城市资源的供给评价,在此基础上系统地制定社会区域空间体系响应的城市资源(供给)的可获性控制路径。由于市场经济规律下的城市资源(供给)可获性只能有限地解决弱势群体的社区可获性。本章又总结了国外对其强制供给的控制规划。

6.1 城市资源供给与城市社会区域体系构成及其评价

6.1.1 城市资源可获性与城市社会区域体系构成

1. 城市资源

(1) 研究进展

不同学科对"城市资源"的研究侧重不同,但对"城市资源"这一概念的理解比较一致,认为用于城市建设或者为城市居民服务的各类物质资源、文化资源和人力资源,都是城市资源的研究范畴。经济学侧重于探讨对城市资源的有效利用途径,比如加强集聚效应(张超,2004;王家庭,2009);管理学则研究营销与城市资源管理的实现途径;社会学主要分析城市资源配置带来的社会公正问题(周霖,2004;陈丹和唐茂华,2008);规划学研究城市化水平与城市资源压力的耦合关系(贺晓慧和卫海燕,2011),将城市规划以城市资源共享为目标,构建通信网络(刘淑英,2002);地理学把城市资源与 GIS[①]、生态足迹[②]等其他地理研究方向相结合,基于上述"城市资源"的概念,还提出了"城市资源系统"的概念,研究了其形成与演变机制,并试图对其质量进行评价(潘安敏,2009,2011)。

对城市资源的研究,几乎每个学科都将城市资源与经济和可持续发展联系起来,但却极少考虑到城市资源在城市空间布局也有着巨大的差异,这些差异会导致居民对城市资源利用的差异,从而影响社会空间的公正性。

(2) 城市资源的定义

从城市生活空间质量观的理念出发,即从城市社区体系构建的角度认为城市资源的内涵有如下几个方面(王兴中等,2009)。

---

① 徐振华.2003.城市资源环境信息系统研究与应用——以张家界市城区为例.中南大学硕士论文;35~59
② 李广军.2008.中国城市资源占用及应用研究.东北大学博士论文;46~72

1) 城市资源的社会空间内涵

社区的可获性是体现各类居民进入以居住为主的日常生活空间的基础。在此基础上,才能构建调整城市完整的社区体系,提高各阶层居民进入居住社区的可获性;其次,要构建或调整社区的社区资源的空间与社会机会性。只能通过用影响构建社区体系与场所体系的城市资源手段去实现。因此,城市资源的含义:从管理与规划的角度认为,它能建构、调整或改变社区体系构成与社区资源体系的空间布局(至少通过补充性布局)及其机会结构,并能提高社区居民对社区资源的可获性,以达到提升社区社会生活空间的"人本化"质量水平。从以上角度出发,城市资源指政府为提高整个城市社会生活空间质量,构建城市社区体系与社区资源体系的公共基础设施系统,以便其从宏观上调控城市各类阶层人群对社会-生活空间的可获性,满足城市居民的健康与健全生活空间的需求(王兴中等,2009)。

2) 城市资源的类型

国外学者从人文生态学观点出发认为,如果社区要得到可持续发展和给居民提供优质的生活质量,必须从土地利用政策、环境、住房、交通、社会服务和社会安全综合角度去考虑。认为城市空间生活质量涉及社区、经济、环境三个领域(图6.1)。其中社区生活空间质量又涉及社区物质环境与生活环境认知需求构成。这三个领域相互影响,适居性为环境和社区相互影响的结果,可持续性为环境和经济领域间相互影响的结果,在这三个领域相互影响中,叠加部分构建了社区空间生活质量(Shafer et al.,2000)。可接近性(accessible)作为其中一个重要的衡量指标,显示出城市资源与社会经济力量的投入有关,并对其功能质量产生影响,而作为政府控制的城市资源的合理配置,可提高居民对社区资源的空间与社会机会结构,即社区资源的可获性,从而提高生活质量。

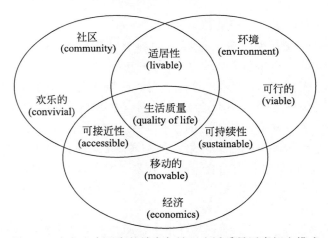

图 6.1　人文生态观点的城市与社区生活质量因素概念模式

结合以上观点,城市资源可分为三类:一类为影响社区体系可获性空间构成及适居性的交通空间体系;一类为影响社区资源与场所可接近性与舒适性的城市供电、供水与供燃气等生活条件资源的空间体系;一类为影响社区体系适居性的公共空间-景观绿地空间体系。

A. 城市交通空间体系

广义上,城市交通空间体系由城市航空交通、水运交通、轨道交通、道路交通系统构成,具有城市对外交通、城市内部交通两大功能(戴慎志,1999)。影响社区体系可接近性空间构成及适居性的城市交通空间体系主要为城市轨道交通和城市道路交通。城市轨道交通由地铁站、调度中心、车辆场（库）和地下、地面、架空轨道等设施组成，具有快速、准时运载城市客流的功能，通常是大城市公共交通的主体；城市道路交通包括各类交通站场、交通路线、加油站、停车场等设施，与城市轨道交通一起，是城市居民各种出行的必备设施。

B. 城市供电、供水与供燃气空间体系

供电、供水、供燃气系统是城市基础设施体系重要的组成部分，三者共同担负着向城市提供高能、高效、卫生、方便、可靠的能源供给和城市各类用水供给。

城市交通空间体系和城市供电、供水、供燃气空间体系的布局构成影响城市空间布局，它们通过改变不同的空间位置来改变、影响城市社区的社区资源的空间与社会机会结构，即可以通过构建、调整城市交通空间体系和城市供电、供水、供燃气体系来调整、改善城市不同阶层居民对社区资源的可获性。

C. 城市公共空间-景观绿地空间体系

城市公共空间是指城市中、在建筑实体之间与社区间存在着的开放空间体，是城市居民进行公共交往、举行各种活动的开放性场所，其目的是为广大公众服务。从广义的自然环境角度，城市公共空间主要包括山林、水系等自然环境。从城市社会空间的角度，提倡在规划制定城市发展战略上向社会公平意识上转变，公共空间应有一定的公共设施或者景观绿地的开放空间，其布局主要满足社区间交往功能需要，而且其对周围社区特别是弱势群体社区发展要有潜在影响和作用（李志刚等，2004）。由此可见，城市公共空间的构建体系也是衡量城市社会公正的一个重要方面。

城市景观绿地能够提高城市自然生态质量，有利于环境保护；调试环境心理；增加城市地景的美学效果；增加城市经济效益；有利于城市防灾；净化空气污染，提高城市生活质量。它是城市公共空间的组成部分，或者是主体基础。城市公共空间-景观绿地空间体系的构成，以及空间剥夺水平反映了社区的体系空间质量构成水平。

2. 城市资源剥夺与城市社会区域公正

（1）剥夺的概念与国内外研究

剥夺可以分为绝对剥夺和相对剥夺。绝对剥夺指的是失去或者缺乏满足最基本生存需求的某种或某些资源的缺乏，如食物、衣服、庇护所等。相对剥夺的概念是美国社会学家 Samuel Stouffer 于 1949 年在其经典著作《美国大兵》（*The American Soldier*）一书中提出的，它是指处于不利社会地位的人与处于有利社会地位的人相比较产生的一种失落感。这一概念在 20 世纪五六十年代内被社会学广泛引用，现在引申到了人们对贫困以及涉及社会平等被剥夺的思考（王兴中等，2008）。

对社会剥夺的衡量，主要从剥夺要素与控制方面进行深入的研究，并创立了许多剥夺指数的评价方法。20 世纪 70 年代以来，英国社会学者 Townsend 建立了社会贫困剥夺指数衡量方法（李博，2008）；80 年代中期，Mack 和 Lansley 改善了 Townsend 的研究，提出了贫困主题需要剥夺指数（majority necessity index，MNI）（Mack and Lansley，1985）；90 年代，Hallerod 在总结与批评 MNI 的基础上提出了贫困比例剥夺指数（proportional deprivation index，PDI）（Hallerod，1994）；21 世纪初，Sebnem Eroglu 提出了贫困-生存剥夺理念，并建立了因子权重剥夺指数法（factor weighted index of deprivation，FWID）（Sebnem Eroglu，2007）。

随之对剥夺要素构成的研究转入到对社会效应及社会公正方面的空间剥夺探讨。空间剥夺及其政策意义作为一个社会学概念，是一个描述资源分配阶层与社区间不公正的概念，也是解释城市贫困或弱势群体问题的一个重要概念。首先是从资源阶层分配角度分析，被剥夺的可能是物质资源，教育或文化等非物质资源，或生存和发展的机会（林顺利和张岭泉，2010）。比如，Carstairs 和 Morris（1991）研究了苏格兰的健康与贫困剥夺水平之间的关系，提出了尤斯泰姆指数法；Yitzhaki（1993）研究了相对剥夺、相对贫困与基尼系数的关系；Crampton 等（1998）结合实际情况提出新西兰剥夺指数；Chakravarty（2003）提出了相对剥夺与社会满意度，公平与福利评价方法。其次，阶层与对应社区有空间关联，阶层剥夺就反映到社区的空间剥夺方面。资源的社区分配剥夺又与不同的社会经济发展程度、社区资源与服务组织完善程度联系，因此，空间剥夺主要探讨彼此区域间或社区间的关联机制（Niggebrugge et al.，2005）。

中国的快速城市化使国家总体上不能提供为适应快速城市化所必要的服务和基础设施，强势群体和强势区域基于区域与区域之间的空间位置关系，借助政策空洞和行政强制手段掠夺弱势群体和弱势区域的资源、资金、技术、人才、项目、生态、环境容量，转嫁各种污染等的一系列不公平、非合理的经济社会活动行为，区域剥夺现象日趋突出（方创琳和刘海燕，2007）。这种区域的尺度大到省级区域，小到城内的社会区域，也产生了空间剥夺的社会问题。在城市建设中要兼顾区位"效率"和社区"公平"的问题，使城市发展为所有城市居民提供生活环境的优化和生活水平的改善。所以，确保社区作为城市资源分配的基本空间单元，才能确保城市发展空间机制主体参与的公正性，以确保弱势群体生存和发展所必需的空间福利（林顺利等，2010）。

（2）城市资源剥夺的概念

城市生活质量观认为，城市资源是城市社会区域体系可获性构建的物质基础，城市资源的供给与剥夺是影响城市生活空间质量的设施性物质基础。城市资源的剥夺既包含基本生活场所的供给不足（或缺失），又包含空间场所的不可进入。影响社区体系发育，表现在低下阶层社区居民日常生活不便，生活空间质量低下。因此，城市应规划完整的城市资源供给体系，才能构建完整的社区体系，使各阶层的人有充分享有城市资源的客观可获性，过上城市化生活。

（3）城市资源剥夺与社会区域公正理念

城市资源剥夺的直接结果是损害社会弱势群体的基本社会空间利益，有碍社会的公正和谐。确保公共资源在不同地理区域、不同社会群体之间的空间公平配置是保障社会公平的重要方面，公平配置的目标是城市资源构建要达到城市社区体系的空间与其机会可获性。

1）城市资源构建与调整城市社区体系的空间与机会可获性模式

在城市资源体系下，构建与调整城市社区体系的空间与机会可获性关系如图 6.2 所示。

2）城市资源构建与调整社区资源可获性模式

城市资源构建与调整社区资源可获性关系如图 6.3 所示。

在社会区域公正理念下，城市资源的空间公平配置可用城市资源可接近水平的公正性来衡量，即居住在城市不同级别社会区域的居民都应该平等地享有城市资源，不仅有能力的居民在城市内能够通过城市网络，到达场所，得到就近服务，老人、婴幼儿、残障人士、妇女等弱势群体也能够在城市中接近生活场所并得到良好的照顾，即城市资源共享。对城市资源的公正配置，应该以"公正性"的理念注意四个方面：

①维护城市资源的"公共性"。将城市公共资源保护起来，不能任少数群体独占独享，甚至成为其用以生财的囊中资本。②考虑弱势群体。好的公共资源不能只被富人享用，在城

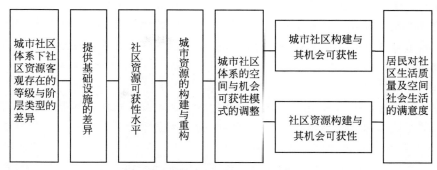

图 6.2　城市资源与城市社区体系的空间与机会可获性关系

市建设中必须为弱势群体预留空间资源。③加强立法和体制改革。要实现城市公共资源合理配置，并使绝大多数市民受益，政府和公共管理部门生产、建设的公共产品、公共设施，提供的公共服务，都应依据法律规定的对象和价格出售。④市场化是方向。有些城市公共资源可通过招标、拍卖、公开竞价、挂牌等市场手段达到合理配置，比如土地使用权、道路命名权、公共设施的物业管理权等①。

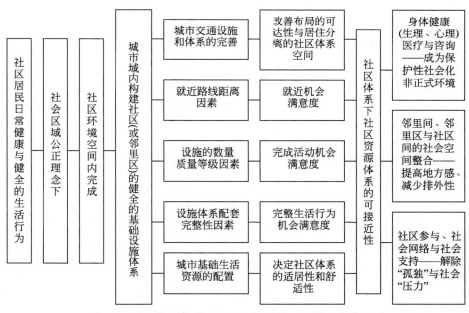

图 6.3　城市资源体系下构建与调整社区资源可获性关系

3. 社会区域公正与城市资源可获性

（1）城市资源（客观）可获水平

城市资源（客观）可获水平是指整个城市资源的五要素对满足各类社会阶层社区居民可

---

　　① 郑松波，等 . 2006. "两会热点"话题之城市公共资源该如何分配？河南报业网-大河报 . http: //www. dahe. cn/xwzx/tp/bttp/t20060118 _ 390931. htm

获得的程度，其供给的数量与质量的差异反映了城市资源对应的社会区域体系结构的完整与否。城市的各类城市资源，其分布数量与质量（等级）的水平及其结构就反映城市资源的剥夺模式，在城市物质空间区域和社会空间区域上表现为居住社区客观距离的可接近性与社会距离的可进入性。

（2）城市资源供给的区位（分布）机会结构

在城市社区过滤的动态规律下，阶层居住社区能否发育，由区位可获性决定，其区位可获性由城市资源供给的两个环节决定：一是客观的五类物质资源的数量与质量供给结构（即剥夺模式）。二是社区对各种城市资源的动态可接近性。它们取决于城市资源供给的区位机会结构。也就是说，城市资源供给的区位机会结构决定社区的发育水平并进一步影响城市社区体系发育结构。在减少城市资源剥夺与提升城市资源供给可获性的途径中，还要通过改善并增强城市公共交通的网络通达性，减少空间阻隔，使社区的区位对城市资源的可接近效应得到提升，从而可能构建完善的城市社会区域空间结构体系。

6.1.2　城市资源体系结构（供给）可获性评价原理

现代城市由于以汽车为主的交通体系的发展，改变了城市发展模式，城市向多中心城市方向扩散，就业向城市中心的边缘转移，工作地与居住地分离，郊区向办公型与低密度型发展。导致基础设施为主的城市资源养护费增加，其费用首先转移到住区的居舍上，促使住房成本提升。另外，为了平衡住房费用上涨，只有压缩居住土地使用，扩大商娱与办公用地，以增加城市税赋。这样，城市中（低）阶层住房与社区往往被过滤或被剥夺，形成核心城市就业为主，以围绕不同城市中心居住的距离等级社区构成模式（城市与社区的综合规划编译组，1998）。

1. 城市中心体系下，距离等级（类型）城市社区构成评价模式

城市的扩展是在道路与交通现代化为主导的城市资源体系供给结构下，形成了城市等级中心空间结构。在城市中心体系下，不同城市区域的城市资源体系（供给）结构可获性又导致形成与中心不同距离水平的社区。也就是说，与中心距离（水平）等级不同，会形成对应的不同类型社区。这样，城市社区类型构成与城市中心具有距离等级梯度上的差异，形成以围绕城市中心的圈层社（会）区（域）体系。距离等级又与交通体系的通达性有关联。交通可达性是人们对居住区位的选择中重要的考量因素，并以交通成本（由显性的货币成本和隐性的时间成本组成）为杠杆影响了土地和住宅在空间上的价格分布，在此基础上城市居民通过购房行为建立了兼具经济和社会双重属性的居住空间实体；交通可达性对日常工作、上学、购物等多样化生活活动在居住空间与城市其他功能单元之间产生持续的出行行为[①]。城市交通体系对改善空间布局的可达性与居住分离型社区体系空间的作用主要表现在：其通过改善交通条件提高了城市居住单元的可达性和居住使用价值，各阶层居民的活动能力得到加强，城市中具有较高可达性的地区也由原来的城市中心逐渐向外围地区扩大，居住空间也随之向外扩散，相应改变了城市人口的日常生活空间体系，缓解城市居住分离现象与社区体系

---

① 黄思杰.2006.交通与居住空间分布关系的模拟研究.同济大学硕士学位论文：63，64

构成（王兴中，2009）。

由于居住社区的构建与城市资源体系结构（供给）可获性有关，城市资源体系结构可获性又与距城市中心距离（等级）及其交通体系的通达性有关。因此距离等级（类型）城市社区构成评价模式的构建基于如下假设：（评价）城市其一中心区域——即社会区域的社区体系构成，是由该中心布局在所有区域的各种城市资源供给是否充足（类型完整）决定的。其城市资源体系结构可获性由其到中心的距离（水平）、数量、质量而定。即从城中心布局的城市资源到所处社区的距离等级、以交通体系通达性为主的城市资源（供给）的数量、质量等级三方面进行可获性指数评价（图 6.4）。

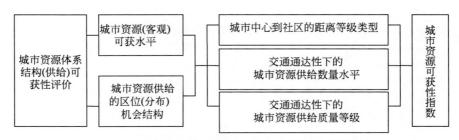

图 6.4　城市资源体系结构（供给）可获性评价模式

2. 城市中心体系下，距离等级（类型）城市社区构成评价操作路径

（1）评价前提：城市资源供给的充足性

假设，城市中心体系下的某距离等级的社会区域（类型），各种城市资源的道路、电、气、水、网络、公共空间和绿地系统等的供给是充足（类型完整）的，则该社会区域社区体系形成的城市资源体系结构（供给）可获性有了物质的基本保证。

（2）距离等级下评价城市资源体系的结构

在确定的等距离等级社会区域类型下，评价分为三部分：一是判断其质量与数量是否缺失，即评价剥夺水平。衡量的指标为该城市资源类型与评价社会区域中心的距离，若距离大于对应阶层居民获得该种城市资源的距离界值，则没有享用的可获性机会，视为缺失。二是判断其可以在上述范围内供给该类型的城市资源的数量有多少。三是判断该类型的城市资源的质量（等级）高低。评价的这三个方面即城市资源在数量、质量和供给距离三方面构成的城市资源体系（供给）的区位机会结构。

（3）城市中心体系下的距离等级（类型）城市社区构成评价操作路径

具体内容，如图 6.5 所示。

6.2　城市社会区域体系规划的城市资源（供给）控制

6.2.1　社会区域空间体系的城市资源（供给）可获性控制的思路

人本化的城市资源（供给）可获性指向在于消除城市资源剥夺水平下，重构城市资源（供给）的区位机会结构，方有构建城市社区该体系的物质基础。这要求城市规划必须先对城市社会区域结构现状进行可获性水平评价，在此基础上，重构完整的城市资源供给的区位

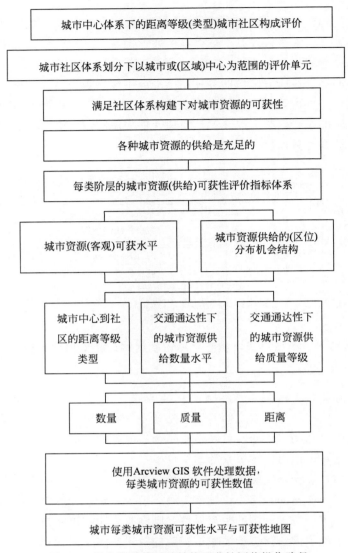

图 6.5　城市资源体系的结构可获性评价操作路径

（分布）机会结构，相应的社区体系方可构建，社会阶层才有空间（距离）上的可进入性与社会（距离）上的可接近性。由于以高速公路为主导的现代汽车交通体系是城市空间扩展的推进器，又为工业化创造了价值，增加了居民的流动性，改善了郊区居住社区的适居性与舒适性，城市生活地带被公路分割开来，城市社区靠汽车交通与基础设施方可连接起来。所以以汽车交通体系为主的城市资源供给与城市社区体系构建需求之间存在着剥夺结构。因此，社会区域空间体系的城市资源（供给）可获性控制的思路分为两步：

第一，根据以汽车交通体系为主导的城市资源供给水平与剥夺的现状评价，确定每类城市资源的可获性趋势水平，即城市资源的数量、质量与区位机会结构。

第二，根据城市空间发育（结构）与城市社会区域发育（或分异）耦合结构趋势，进行区位机会结构的重构与规划控制。

6.2.2　社会区域空间体系的城市资源（供给）可获性的控制

1. 控制原理

社会发育阶段不同，城市空间（或扩散）的水平不同，都围绕城市不同功能中心形成双焦点的椭圆形城市空间圈层扩散结构（图 5.6）。越是处于外圈的圈层，其居住生活空间效应面就越大，获取的城市资源种类就越多，质量也越高，其居舍类型与社区具有较高阶层的等级特性。

城市家庭的搬迁是通过"换位游戏"来达到扩大"效应面"的目的的。在城市居住社会区类型区的选择上，居民总是趋向于在同一个社会经济地位的区域内搬迁，由内城向郊区的方向迁移，即在同一个扇形内在不同的圈层之间搬迁（图 5.8）。越是向扇形外层越具有高层次的居舍类型与社区。因此，社会区域空间体系的城市资源（供给）可获性的控制：以构建整个城市"居舍类型"的"双焦点椭圆型"与"扇面辐射层次型"社会区域体系为目标，规划城市（社会区域）体系的城市资源控制结构。另外，为了纠正城市郊区低等社区的过滤与剥夺及其社区"空间错位"，必须将低阶层居住区作为城市社会区域的公共设施进行布局。

2. 控制路径（或供给控制）

（1）城市社会区域（阶层化社区结构）中心体系的城市社区（区段）"区域路"区段结构控制路径

由于不同道路类型会影响区位的优劣，其优劣反映在吸引人们的就业、购物与娱乐的兴趣引力大小。该地的兴趣引力大小又影响商娱场所的数量与多样属性的布局与聚集。道路的引力由三种交通类型构成，即生活需要交通、工作需要交通与长距离交通。三种交通类型重叠组合的水平成为交通聚集，承载交通聚集的路就称为区域路（regional road）（王兴中，2004）。因此，区域路的不同水平类型决定社会区域的不同中心等级以及社区体系构成（图 6.6）。

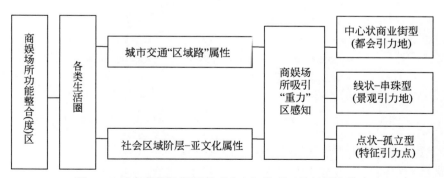

图 6.6　城市商娱场所吸引"重力"类型区认知构成模式

1）城市"区域路"系统供给与城市社区（阶层化）结构体系

城市社会区域由社区构成，商娱中心的等级决定着社区的等级和类型，并依靠道路类型进行控制。即社会阶层化下的城市社会区域中心体系是通过"区域路"结构的控制表现出来的。"区域路"为主导的城市资源体系供给决定城市社区结构的形成。也就是说，"区域路"的区段结构与其城市资源体系耦合水平，决定社区阶层化体系及其"双焦点椭圆型"与"扇面辐射层次型"社会区域体系结构。

2）城市社会区域（阶层化结构）体系规划与城市"区域路"系统供给控制

第一，按构建城市的社会区域"双焦点椭圆型"与"扇面辐射层次型"结构，分别控制三级区域路与交通路控制。城市轴线贯通的一级（市级）区域路，环城圈层连接的二级（区级）区域路，扇形辐射的三级（低级）区域路，以及生活需求交通的"交通路"控制。

第二，通过不同类型区域路控制城市社会区域的商娱（区）中心。城市各种轴线交汇区形成城市商娱区兴趣引力区；城市轴线与环城圈层线交汇处形成商娱街兴趣引力中心；城市圈层环线与扇形辐射线交汇处形成商娱段兴趣引力中心；连接商娱段兴趣引力中心的非机动交通线交汇处形成商娱点兴趣引力中心（表 6.1，图 6.7）。

表 6.1　中国西安二环交通干道"区域路"与社会区域中心的商娱兴趣引力区宏观指标

区域路类型	"无差别"销售商娱街长度	构成城市天际线建筑场所	景观视觉新、美、佳场所
城市级（商娱区）	100m 以上	4 座/十字路以上	4 座/十字路以上
区域级（商娱街）	50m	2~3 座/十字路	2~3 座/十字路
社区级（商娱段）	10m	1 座/十字路	1 座/十字路
邻里区级（商娱点）	—	—	—

资料来源：王兴中等.2009.中国城市商娱场所微区位原理.北京：科学出版社：263

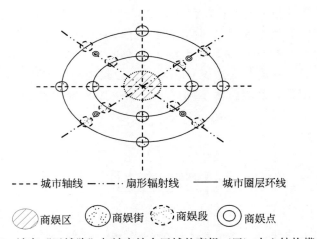

- - - - 城市轴线　— ·· — 扇形辐射线　——— 城市圈层环线

▨ 商娱区　◉ 商娱街　⬚ 商娱段　◎ 商娱点

图 6.7　城市"区域路"与城市社会区域的商娱（区）中心结构模式

A. 商娱区-重要社区规划与市级"区域路"控制

商娱区以城市商娱区域为中心形成，对应的称为重要型社区，其形成由城市级"区域路"道路类型构成，其构成由城市各类交通聚集而成。

B. 商娱街-中产社区规划与区级"区域路"控制

商娱街是城市较高等级的商娱中心，其形成区域往往满足中产阶层亚文化消费行为为主导的社会区域。对应的社区是中产社区，该区域的形成是由区域级"区域路"的道路类型构成。其构成水平，由环城市中心道路与城市主干道与次干道构成。

C. 商娱段-灰色社区规划与低级"区域路"控制

商娱段是城市较低等级的商娱中心，其形成区域满足低下阶层亚文化消费行为为主导的社会区域。对应的社区称为灰色社区，其道路类型为低级"区域路"构成，没有一种较高类型的交通路构成。

D. 商娱点-邻里型社区规划与交通路控制

商娱点是城市最低等级的商娱中心，其形成区域是家庭居住的邻里空间。其道路类型为非机动交通的道路类型构成的区域路，往往是以满足步行需求为目的的。

(2) 社区（类型邻里区结构）中心体系的交通、供水气电资源分区覆盖结构控制路径

1) 社区（居住）生活空间质量类型与邻里区构成体系

邻里区是城市社区最基本的构成单元，同一社会阶层的不同生活偏好行为类型邻里区构成了社区。城市资源的交通、供水气电只有平均覆盖才能形成以社区中心为体系的完整邻里区结构。由于在区域路体系下的交通系统建构了城市的"流动性"，而公共交通类型与其设施将邻里区与工作地、商娱中心以及生活场所连接起来。因此，邻里区类型构成可通过公共交通类型系统来控制。

2) 邻里区（类型构成）体系规划与公共交通类型系统控制

A. 邻里区安全空间构成规划与公共交通体系控制

社区居民对邻里区安全认知的规律，首先是通过连接邻里区的交通道路类型来判识的。机动公共交通，其速度往往会给行人造成生理与心理的伤害与压力。由于公共交通体系尤其是汽车类型的公共交通不要穿过邻里区，可围绕邻里区外围，形成环围住区的公共交通与站点设施体系进行控制。该交通可穿连社区中心乃至城市中心进行控制。

在控制邻里区公共交通与站点设施体系时，首先，所有居民具有可接近性，其次，要提供通往其他社区的公共网络系统，还要改善行与驶的关系，疏散交通堵塞，缓解居民的压力；培育邻里区自知意识与责任感，以及居民的主人翁感和共同合作培养的安全感。

B. 邻里区康体空间构成规划与步行交通体系控制

邻里区康体空间是构成城市社会生活空间质量的基本单元。有关研究认为（城市与社区的综合规划编译组，1998），邻里区之所以成为康体空间，就是因为没有乘机动交通工具的交通，因此，多数人们愿意在此散步。散步区域可控制在 1/4 英里构成的散步区域。散步区域就构成了邻里区范围。在散步区域用步行交通体系进行控制邻里区道路。

首先，步行交通体系控制确保邻里区康体生活的价值性。其次，它又是确保居舍财产的价值途径。在上述理念下，步行交通体系控制，邻里区内必须有步行线，步行线连接的区域与场所对行走者或骑车者有吸引力。行走交通体系形成公共区域，即邻里区（或社区）公共广场-绿地-通道-公共空间（或场所）-住区，构成"最美好的生活空间模式"。

C. 邻里区收入空间构成规划与道路体系控制

在以汽车为主的公共交通设施规划的邻里区模式下，形成居住区、商业区与工作地的功能区域开发模式。使其成为居住、工作、消费与休闲的产业聚集地。也就是说，公共交通的土地利用方式促使邻里区与社区的发展，也促使邻里区收入空间的构成。邻里区收入空间可分为三类。一是公共交通环围与通过的点状或街状商娱场所空间，二是公共交通与工作道路交通交汇处形成的商娱中心，三是工作道路交通连接的产业工作地区。对以上三类与交通有关的收入空间进行控制，可通过不同的道路体系进行控制。

（3）城市"断面图"结构的城市公共空间-景观绿地体系的"聪明规则"控制路径

城市公共空间与景观绿地不但是社区认知界限面，也是不同社区人群休憩与交往的地带，其社会功能是打破社区隔离，促进社区融合的社会空间。因此，城市公共空间-景观绿地应作为城市资源，提供社会平等、社区公正的控制手段。

对城市公共空间-景观绿地体系的控制，可以应用城市"断面图"（the transect）及其应运而生的"聪明规则"（smart code）。"断面"控制是"新城市主义"城市规划"城市乡村"法则下的一种设计，借用生态学理念，每一"断面"由一组适宜于生活、满足需求的环境组成该区片的构成模式（吉尔·格兰特，2010）。"断面图"是一种分类系统，它将整个城市社会生活空间的所有元素及其组织方式渐次在不同的断面分区上呈现出来，在断面表现为随着城镇化程度的提高，空间相应地从乡村向城镇过渡的人居环境带（徐进勇和李箭飞，2010）。图谱从左到右依次为：T1 自然区域（natural zone）、T2 乡村区域（rural zone）、T3 邻里边缘区（suburban zone）、T4 普通邻里区（general urban）、T5 邻里中心（urban center）、T6 城市中心（urban core）和 SD 特殊区域（special district）。"聪明规则"则确定了各断面分区需要控制的内容，包括不同发展区域分配比例、居住密度、街区尺度、道路控制、居住密度、街区尺度、公共空间、场地大小、建筑后退、建筑布局方式、建筑沿街部分形式、建筑功能等 12 大类。12 大类中的"公共空间"包含对城市资源的"公正空间-景观绿地体系"的控制。

由于"聪明规则"将上述控制项目的适用范围重新规限、分配在"断面图"上的不同断面分区里，保证了不同断面分区的特征。每个"断面图"都有不同的城市公共空间-景观绿地体系构成（图 6.8）。

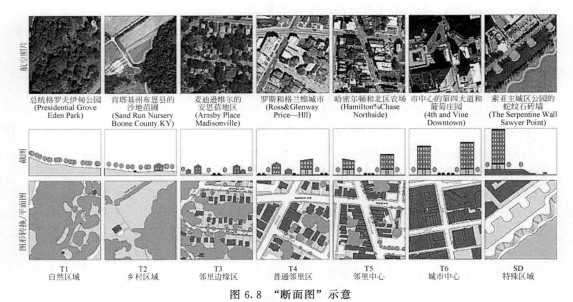

图 6.8 "断面图"示意

资料来源：http://www.pioneerplanning.com

不同"断面图"类型对公共空间-景观绿地的要求不一样，主要由自然-社会环境结构来确定。因此，城市公共空间-景观绿地体系控制可按"断面图"的环境类型分别进行体系控制。从各断面区的功能特征来看，T1 和 T2 是两个乡村区域类型，其中 T1 是完全自然化的状态，T2 是乡村区域，只有密度极低的居住空间，这两个区域仅需求道路将社区的工作与生活交往连接起来；T3 是乡村和城镇的转换区域，包括邻里中心和更大的城镇中心，该区需要公共空间为主兼有景观绿地体系将区内社区交往连接起来；T4 是更具城镇特征、住宅密度更高、公共服务设施更多的住宅区，该区需要用景观绿地为主将住区与公共服务设施区连接起来；T5 是邻里中心，有初级的商务功能，该区以公共空间为主将邻里商务街点状连接起来；T6 是城市中心，需要用景观绿地形成公共空间将城市中心街区连接起来；SD 往往是工业区、郊区大型购物中心、大型体育中心等，工业区本身就是一个完整的功能空间，购物中心与体育中心等本身就有公共空间与景观绿地构成，不在断面图的过渡性特征范围之内。从各断面区的景观特征来看，从左至右绿地面积越来越少，而居住用地比例不断提高。从各断面区的地块大小来看，从左至右地块的面积越来越小，公共空间面积越来越小，但是街道宽度越来越高，建筑的高度也不断升高，公共空间面积越来越小。

　　由于"断面图"是一种全方位的宏观物质性规划控制方法与控制思路。对绿地、广场和其他公益性设施的用地在一些实践基础上，有了一定的上限和下限规定（表 6.2）。

表 6.2　（西安）城市社会区域断面控制要求

指标项		T3	T4	T5	T6
居住用地比例/%		40~50	30~40	25~35	15~25
公共服务设施用地比例/%		15~25	15~30	20~35	30~50
公共空间-景观绿地比例/%		10~20	10~20	10~15	8~15
地块边长/m		120~300	120~250	100~200	80~180
地块面积/m²		20 000~80 000	15 000~60 000	10 000~50 000	8 000~40 000
街道宽度	>30m　高宽比	0.5~1.2	0.6~1.2	0.8~1.5	1.2~2.0
	>30m　建筑最大高度/m	50	80	100	150
	15m~30m　高宽比	0.5~1.5	0.6~1.5	0.8~2.0	1.2~2.5
	15m~30m　建筑最大高度/m	30	40	60	80

　　注：根据清远市的城市发展情况（徐进勇和李箭飞，2010），结合西安市实际，对其指标进行调整，得到（西安）城市社会区域断面控制要求

　　借鉴"断面图"和"聪明规则"的理念，在对城市公共空间-景观绿地体系的控制规划中，首先在整个城市区域空间划分出不同等级的断面分区，然后在不同等级的社会区域类型中确定相应的城市公共空间-景观绿地控制类型与控制指标，不同的城市公共空间-景观绿地类型分别由其距离、数量、质量加以控制。在实际操作中，"断面图"区对应的是阶层社会区域，呈圈层分布；"断面图"区的内部构成亚区对应的是社区居舍类型区，呈扇形分布。城市公共空间与景观绿地最好布局在区域界面区内，以便具有社会公平的空间公正效益。

6.3　作为城市基本公共设施理念下的经济适用房社区公正规划

　　随着市场经济的发展，在空间经济效应下城市社区建设会涌向中上阶层的社区，低下阶层则处于居住空间被"剥夺"的趋势中。这已成为城市社区体系构建空间公正的核心问题。经过 20 多年的探讨，国外学者（White and Hecimouich，1994）提出，将"经济适用房"

（affordable housing）作为城市基本公共设施，以提供低下阶层住房，作为社会公平，达到解决"拥有基本的住房是一项基本的权利"的社区空间公正目标。

6.3.1　作为城市基本公共设施理念的形成

1. 理念基础

20 世纪 80 年代以来，发达国家对经济适用房问题作为国家的住房政策，在逆城市化与城市更新下，集中在内城区提供公共住房，以缓和下面两个方面的社会与社区公正问题：一是种族歧视的社会影响，二是城市内城社区的贫困和自然衰退。解决上述两方面问题是通过规划手段来完成的，主要是坚持采用土地利用控制来提供经适房的构建，形成"混合居住区"。混合用地将中低收入家庭的住房供给作为规划发展的一部分，将其与发展诉求相联系或为其提供鼓励措施。其次是力图完善法规以便消除对经适房供给的障碍。

2. 混合居住区政策的发展

（1）土地利用控制中的理念形成

美国在 1991 年城市总体规划中有关住房政策建议提出：如果开发商在预留高达 25% 的建设项目用于经适房，将对其进行奖励，可称为"联动计划"。还认为，如果通过州立法进行授权，上述强制性规划项目比非强制性更有效、更公正。它们能帮助达到社区公正和国家的社会经济和谐发展的目标。联动计划与联动费应通过州立法进行授权，并在合理的标准下达到更加公正。这样，就形成经适房就是一个社区基本公共设施的理念。如同社区的排水管和道路是公共设施一样。经适房的联动费确保在新的发展中予以公平的支付。建议所有州都应设立住房信托基金，用于关注弱势群体（比如，老年人、无家可归者、几代同堂家庭）需求的国家住房信托基金，最终达到用来鼓励衰落地区的复兴。

通过规划手段保证经适房供应应增加经适房密度，但高密度开发要避免新发展带来的高成本，应在提供服务和基础设施以及减少土地投机中节约资金。高密度开发同时要保留其他发展中缺失的开敞空间。保证经适房供应防止其转换为其他用途，既维护了经适房供应的权限，又缓解了社区不公正在经适房市场的压力。另外，加强租赁控制约规的规划，以适应在快速发展地区的经适房的灵活市场机制。确保它们受到立法的保护并且不会对房屋的成本价格带来负面影响。

（2）消除对经适房供给障碍中完善法定规划的控制理念

在坚持采用土地利用控制来提供经适房的构建并形成"混合居住区"的过程中，政府与社区规划要寻求修订现存经适房供应标准中的不利影响。首先应对管理框架和对应经适房社会公平问题进行权衡。发现用间接法规类的措施以保证提供中低收入住房是必要的，它涉及对区域控制规划或行政区的控制规划改革。包括以下两种类型的控制标准是鼓励修改的。一是密度。密度的增加能促进在土地成本和类型分配中节约资金，即应该鼓励高密度开发。二是用地标准。减少或消除用于城镇、社区组团发展的最低用地规模；减少街面房的批量需求，节约用于人行道、排水系统控制和公共事业花销的资金，降低障碍物标准，减少人行道、服务专线、环卫站和景观花销，减少路面宽度，修改辅道标准、允许使用可替代性的路面材料；运用自然排水管理系统，降低排水设施建设成本和持续的生活成本。对开发新城区，要提倡用新技术使总平面控制规划所规定土地的大小和分布更紧凑、基础设施的使用更有效以及相对于传统地区有更高的密度，从而节约成本。

6.3.2　廉价住房的混合区公正规划理念

1. 廉价住房的混合区

（1）廉价住房的混合区构成类型

《社区公正规划》（White and Hecimouich，1994）一书认为，在经适房供应战略中，一定要消除和修改对移动式住房和高密度经适住房土地使用的限制，它们是促进形成廉价住房混合区的一个重要部分，尤其是移动式住房必须在居住区内规划出相应的地块。

（2）廉价住房混合区的环境成本

环境法规与经适房区应协调。环境法规不应该或者不需要为经适房供应而牺牲。在环境敏感地区规划廉价住房混合区的发展成本是巨大的。在这些土地上，土地的价值和发展的结果必须用对一个区域内住房利用率和支付能力的影响来衡量。另外，预料不到的工程延误是住房价格显而易见的主要影响因素。延误增加运费，并导致开发商寻求收益，意味着更高的房价。

（3）规划地区经适房目标和建立实施政策

地方政府鼓励实行创新的住房规划，尤其包括经适房规划，促使其形成廉价住房混合区的政策。比较成功的改革包括两个主要的部分。首先，要在一个城市总体规划战略与政策中，将住房作为发展的重要方面。其次，为了达到有效贯彻实施，对投资混合居住区的住房信托基金赋予联动授权法。

2. 廉价住房混合区公正规划

（1）政府管治的总体规划

因为所有的地方土地使用权来自政府，廉价住房混合区规划必须通过各级政府授权。总体规划法规针对增加和提供经适房的要求，包括采用包含强制性住房土地利用的控制要素的规划与导则，建立政府的廉价住房混合区目标和政策。

各级政府总体规划有关政策的要求是一致的、兼容的。当地政府总体规划应采取符合该规划的地方土地使用条例施行。当地总体规划由上一级地方规划局审批。

强制性的经适房规划还要求包括土地使用公平分配方面的规划内容。例如，制定地方政府容纳或兴建一个固定数量比例的经适房目标，根据美国一些州五年历史平均的住房发展，将 10% 的新住宅用于经适房发展目标。

（2）经适房住宅区赋权法规划

20 世纪 90 年代美国在一些州相继通过了经适房住宅区赋权法，使地方政府运用总体规划确定经适房区成为可能，并能促使地方政府为适应当地公平分配住房的法令推动。个别州法律明确地回应了混合居住区诉讼和法庭的"地方公共福利"授权。对经适房住宅区集聚发展方面，有关法规还涉及要求最大预留 20% 和一个最小密度为每英亩 6 个住宅单元。现在美国所有州都不同程度地施行将住房目标和整体发展架构结合起来的总体规划，政府的工作要为施行地方经适房规划项目提供资金。

中国学者研究出的新城市主义社区混合居住模式，如图 6.9 所示。

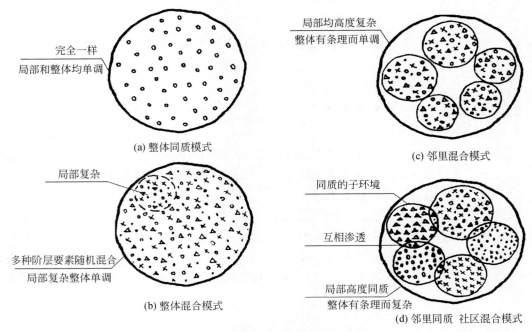

图 6.9　中国学者研究出的新城市主义社区混合居住模式（王彦辉等，2003；曹杰勇等，2009）

6.4　作为纠正城市社区"空间错位"下的交通社会公正规划

国外学术界认为，交通首先要确保的就是那些依赖交通的人们有适当的通勤流动性。这些人被极度的贫困或者是低收入及身体的残疾所限制，而不能在城市中自由移动达到谋生的目的（Cochran，1994）。这样就出现城市交通形成的社会不公正空间现象——社区"空间错位"（spacil mismatch hypothesis）。

6.4.1　城市社区空间错位理念

1. 工业化阶段的城市社区空间歧视现象

国外在 20 世纪 70 年代就提出了"空间错位"理念，它是引起城市贫困和混乱的诱因之一。由于相对低技能的制造业和服务业的相关工作搬到郊区，而那些低教育水平的人们却大部分位于城市中心，他们受交通通勤流动性影响最为明显，无法使自己的住宅更加接近已搬迁的工作区位，内城市的居民缺乏对郊区工作的进入性，而他们也无法胜任内城高技能的工作，形成居住地与工作地的空间错位。

近 30 年来世界城市发展的事实也证实了这种假设，美国 90 年代有超过 60％的办公场所位于郊区或远郊区。制造及低技能的工作则位于城市扩展的最外圈层。与此同时，市中心和城市内圈日益增长的工作岗位成为白领阶层和高级技师的专属。

那些拥有汽车的中上阶层通过到乡村的高速公路，涌入旨在通过良好通达性建立有稳定商业圈的社区之中。而旨在连接内城居民和城郊低技能工作的交通运输现状仍然被边缘化。

交通政策的社会歧视很大程度上造成了"空间错位"。

2. 城市空间错位的纠正

鉴于这种城市化发展空间模式不可能予以消除，对纠正"空间错位"唯有可能的是在交通政策公正目标下，改变土地利用模式、税收结构、住房政策以及在教育和就业培训体系等领域中找到社会公平与空间公正的解决方法。

6.4.2　交通政策上的社会公正目标

1. 交通政策的社会公正性理念

在这方面研究全面的是美国规划协会（APA），1990 年就有正式通过的八项有关交通的政策。这些交通政策规定：交通政策应当确保老年人、年轻人、残疾人和其他交通弱势群体的流动性，无论他们是在城市还是农村。只有对使用费和融资方面受影响人们的支付能力进行评估之后，规划和政策才可以有选择地实施。对这方面交通资产转移与运输服务方案，用临时过渡补贴的方式进行补偿。

作为交通政策下的交通规划和社会公平的联系，可以让交通作为一种工具来推进社会公平与空间公正，致力作为推进社区社会公正事业的一部分，确保关于城市区域经济弱势群体获得工作的途径。

2. 社区"空间错位"下的交通不公平性机制

（1）交通规划不平等理念

首先，交通规划者着眼于通过加快车辆的流动来缓解交通拥堵。由此通常通过规划与修建更多的车道来增加高速公路的容纳能力，而很少考虑居民对公共交通道路的需求。其次，交通规划只是集中在商品和贸易的流动上，而不是集中在交通与生活质量二者的关系上。为了达到以上目的：融资模式上，政府对高速公路的优惠远大于铁路和公共交通。高速公路在 20 世纪 80 年代开始的少数私人收费公路以外，主要的高速公路都是由政府来投资建设。

（2）公路建设不平等理念

规划理念：①辐射式高速公路。这类公路使得那些可以支付得起汽车和住房的人们在郊区的生活成为可能。②环状公路。这类公路使得郊区就业中心的发展变得更加具有可接近性，使得人们不用穿越整个城市就可以到达那里。③非辐射状公路。这类公路作为前面公路模式的一种补充，并最终会超越完善公共交通下的辐射式运转模式。由于以上原因，为低学历和低技能工人所提供的住房并没有随着工作的迁移而转移到郊区。即使现代城市发展的"边缘城市"中心化模式（即郊区和远郊区"城中心"形成）也不能缓解这种工作和住宅的分离。随着城市空间扩展，鉴于远离新的工作岗位，位于内城的居民同郊区居民一样，更加需要可以快速到达工作地的便捷交通。

管理理念：现代城市扩张的趋势，促使政府的交通基金倾向于对高速公路的投资，它的目标就是保持城市中心到郊区通勤的可通达性，或是主张进入市中心汽车的"无净增额"。更愿意将公共交通建设的资金投入到为郊区通勤者提供新的铁路系统，以便快速到达工作地的便捷交通体系。而不是投入相对更便宜、更灵活的公共汽车及其大众运输系统上，以便可以满足城内居民到郊区工作的"逆向通勤"需求，以及郊区到郊区通勤的非辐射状需求，这种模式仍在持续。同样困难的是，即便是买了汽车，也没有通往工作地点的线路，而这些工作地却都需要开车才能到达。当新的公共交通系统计划将覆盖范围扩大到贫困的住宅区时，以融资与效益为目的理念则更愿意为富裕的地区建造线路。

3. 交通和通勤的土地利用歧视模式

高速公路不仅对住宅和工作地空间分散结构有长期影响，而且对城市弱势群体住区有着直接的不公正歧视。因为高速公路不大可能位于洪积平原、铁路沿线或是停车场附近，通过的地带选择在那些具有最小政治阻力的地方（也就是那些具有很小影响的弱势邻里区域）。成为城市社会与经济加速转型的空间，内城的工作岗位最终不得不搬迁，弱势群体居民也被迫搬迁，住区原有邻里关系消失，涉及的家庭、社会及文化间的联系被瓦解，而这些人相对拥有很少的社会资源，很难再重建这些社会生活的空间关系。带来了城市中心的衰退以及市中心居民生活质量的下降。直到 20 世纪后半期，西方国家在环境保护等各类保护政策和公众参与下，要求为减缓高速公路的建设提供了法律依据，使得交通运输各种建设模式之间的支出达到些许平衡。

6.4.3　交通的社会公正规划

1. 交通社会公正的规划政策

由于交通模式之间以及交通与生活质量之间的社会公正联系，美国规划协会等规划组织编制的《综合地面交通效率法案》(ISTEA)[①]，强调关注介于公共交通与高速公路之间的社区通勤。规划必须考虑社区期望的交通模式与建设的关联性。ISTEA 鼓励各社区在设想达到生活质量水平的前提下来看待交通。

对空间错位问题的综合性治理方面，有学者提出通过支持郊区社区类型体系规划以实现社区包容性分区制（廉价住房混合区）住房建设，以及城中的社区的邻里复兴发展计划，致力于使弱势群体更加接近他们自身技能的更适合的工作岗位地。

2. 交通的社会公正规划

工业化时期的城市其交通功能模式是从郊区到城市中心的通勤工作模式，而不是从城市到郊区的"逆向通勤"。交通的社会公正规划的核心是改变交通支线布局配置系统和（优惠）定价机制，使反向交通和分散通勤就像传统的从城市中心到郊区的辐射式交通一样具有可行性。

（1）增加公共交通

由于大都市区相对高密度人群使得凭借传统的公共交通系统来提供逆向通勤的服务成为可能。重新研究传统通勤铁路与公共汽车为逆向通勤提供服务的行为可能性。因为在到达工作地的逆向交通中，便利性使人们更偏向于选择汽车出行。

---

① Skinner S K. 1991. The Intermodal Surface Transportation Efficiency Act of 1991-Summary. http：//ntl. bts. gov/DOCS/ste. html

（2）辅助客运系统选择

在一些城市如果所提供的逆向（铁路与汽车）公共交通不完全可行，只有用各种公共的、私人的或其他辅助客运系统来弥补。

①线路型直通汽车。提供从公交车站到就业地点的穿梭公共汽车，或者联合运营线。②公司单位专车。也称为"企业家项目"，以刺激私营企业在交通投资方面的积极性。③货车联营和车辆公乘。以社区为基础的非正式的合伙用车网络。④辅助客运系统。基于提高社区生活质量，将居民管理组织用非营利方法将交通和工作地进行连接的社区规划。⑤大型公共辅助住宅区的开发。为公共交通乘客提供大批运营车辆的社区开发展方向，使其到达公共交通线路或直接到达主要的工作地。

（3）财政支持促进公共交通发展

①减少逆向交通票价。②免税公共交通补助的上限与雇主提供的应纳税的停车费用下限保持平衡。③为私人汽车减少间接公共补贴。

（4）将交通建设作为内城居民的收入发生器

交通及其基础建设项目可以提供直接的工作岗位。对内城居民来讲，高速公路所带来的工作机会与收入增长比起公共交通设施更快一些，有可能使他们加入到使用汽车的主流大军中来。确保其流动性（尤其是工作对所有群体的流动性）提高模式的可选择性，使对环境的影响降到最低。

3. 交通土地利用的公正调整

（1）打破"空间错位"模式

为了减少大都市区域弱势居民或残疾人的长距离通勤将有助于减少他们对公共交通的依赖。可以通过以下措施来完成：①使可支付（廉价住房混合区）住宅接近低技能工作地。或者使低技能工作场所接近那些最需要这些工作的人群。②减少对租房和资助居所者的社会歧视，促使他们进入接近工作地区域的居所。

尽管工作地与家庭的接近性不是决定居民选择房屋的唯一条件，但可支付住宅和工作的接近性减少了通勤时间。工作地与家庭之间的可接近性和城市中心土地的高成本，使得可支付的住宅向城市郊区发展。在市中心可以保留一些低技能工作的社区，甚至能吸引一些郊区的工作单位。在逐渐扩大的远程交通区域，要探索侦（办公室内的）低技能工作与城市中心的通勤空间关系。

（2）接近公交车站的设施聚集模式

托儿所、干洗店和便利店往往是往返工作地行程中的一部分生活场所环节。因此，依托公共交通的内城逆向通勤居民要比开私家汽车者多很多的通勤时间，所以加强公交车站附近的路沿带生活设施场所建设亦成为社区的土地利用规划内容。

（3）郊区产业区域布局混合居住区

在郊区产业发展区域，需要规划混合居住区域以及廉价住房混合区，满足乘坐公共交通居民对邻近工作的需要。在该居住区设置零售业服务，形成上下班沿线的商业发展。

（4）郊区商业中心规划更加接近没有私车的人群

目前郊区的高速公路、道路和逆流标准都是将汽车通行作为最主要的目标来进行设计。现在的规划应当修正设计标准，使得设计的建筑和环境让行人、骑行者具有更好的接近性，对开车者觉得更加"亲近"和安全。

（5）改变公交车停靠车站的土地利用内容

公交车停靠站商业的发展，构成数分钟的步行设施，都能形成不依赖私车的工作地点。规划应为逆向通勤者提供高密度大众运输导向的发展目标，还要规划形成以停靠站式服务为中心的产业链。

（6）交通规划的人本期望

现代城市的内城中心有相对高密度的建设模式，以及支撑这种模式的现代交通。交通公正规划则主张重建传统的公共交通以及在此基础上发展新的工作岗位。随着城市的发展许多内城居民乐意迁到郊区居住，并寄希望易于到达工作地，而不关心工作地是否位于内城。总之，鉴于交通社会公正的目的，增加贫困居民的流动性、可接近公共交通的土地利用模式是重要基础。交通应当将人们（所有人）和工作机会连接起来，而不仅仅是连接一个个地理区域。规划都不应该再将交通规划视为解决郊区拥堵问题的途径，而应该将它当做恢复城市区域间相互联系的工具，使区域重新成为一个整体。

6.5　讨　　论

本章首次从城市社会区域体系建构与城市资源供给耦合的角度，对空间公正理念下的城市资源可获性水平进行评价与控制研究。提出了城市资源体系结构（供给）可获性评价原理、方法与可获性规划控制的原理与方法。由于市场规律下的城市资源可获性的局限，提出了低阶层公租房社区强制性空间配置理念、方法及其交通公正规划。以上仅为参考性观点，以供讨论。

（王兴中　张侃侃主笔，谭立君参加）

附框图文 6：中国城市空间的扩展

1　城市空间扩展年轮（西安）

1.1　2000 年以前的西安城市空间扩展年轮

城市总体规划是政府管理与调控城市的空间手段，总体规划通过多种具体空间与区域规划，有计划地布局不同的土地利用功能区域。20 世纪 50 年代以前是内城改造和东向发展阶段，目标是为居民规划最美好的生活居住区，有可能建设足够的社会生活和公共福利设施；80 年代提出控制城市规模，改造旧城设施，将生活区布局按分区、街区、街坊划分，全市为旧城、城东、东南、城西、西南、城北、东北、西北、城南和纺织 10 个分区；90 年代提出为促进城镇建设和城市人口增长，按中心集团、外围组团、轴向布点、带状发展的形态布局，使城市各区域空间进一步向功能化迈进，形成各功能团的土地利用模式和社会地域体系，进而形成了以皇城为中心的城市空间扩展演变的年轮。

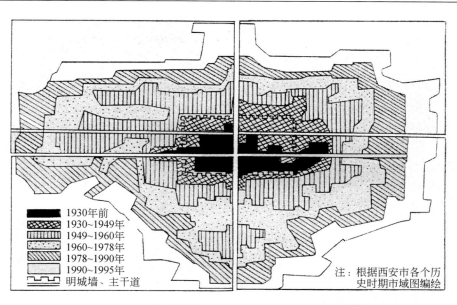

图 1　2000 年前城市空间扩展演变的"年轮效应"①

1.2　西安国际化大都市空间扩展

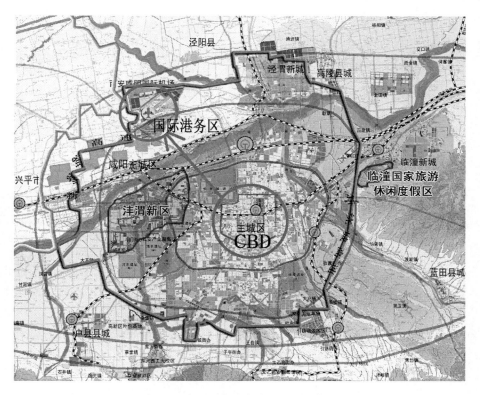

图 2　西安国际化大都市土地利用规划

---

① 王兴中，等.2000.中国城市社会空间结构研究.北京：科学出版社.32

西安国际化大都市是依据《关中—天水经济区发展规划》进行规划的，都市区范围包括西安市除周至县以外的行政辖区，咸阳市的秦都、渭城、泾阳、三原"两区两县"。总面积 9036 平方公里，现状总人口 965 万人，城镇人口 632 万人，2008 年城镇化水平65.5%。按照主城区的空间结构及功能布局，将主城区分为 11 个功能区。包括泾渭新区、泾渭工业区、咸阳旅游商贸区、经济技术开发区、国际港务区、浐灞生态区、沣渭新区、古城综合功能区、高新技术及教育功能区、曲江文化产业功能区、航天产业功能区，届时，西安国际大都市将形成以二环内复合性 CBD（含有老火车站、老城和高新区）为核心的城市土地利用空间格局，西安市北客站建设、地铁向国际港务区的延伸与扩容使得国际化大都市土地利用结构向机场方向扩展。

1.3　西咸一体化下的城市空间扩展

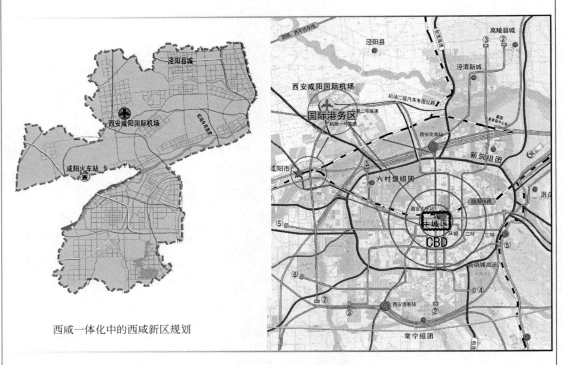

西咸一体化中的西咸新区规划

图 3　西咸一体化城市空间扩展

西咸一体化是西安、咸阳两大城市一体规划化的简称，通过优化整合两市一区发展空间，西咸一体化后将形成"一核五区十个卫星城"的整体空间土地利用结构，基础设施的一体化是先行，西咸新区规划的空间趋势，届时两个城市 CBD 分别与机场形成双中心椭圆圈层的复合圈层空间土地利用格局。

2　中国城市空间扩展的飞机场趋势

运城为晋陕豫黄河金三角地区的区域中心城市。依托老城区与陇海线这条经济大动脉发展具有区域合作优势的设备制造业和新兴产业。依托空港建设物流中心和重点产业基地及其居住、休闲为一体的新城区，见图 6。

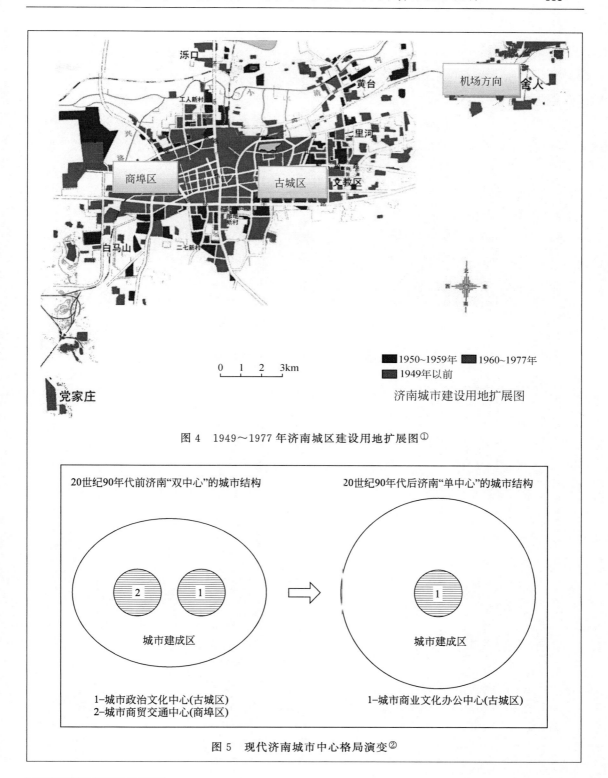

图 4 1949～1977 年济南城区建设用地扩展图①

图 5 现代济南城市中心格局演变②

① 资料来源:《中国城市地图集》下册 P4 和《1981 年济南市总体规划图集》,改绘汪坚强.2009.现代济南城市形态演变研究.现代城市研究,(10):54～61

② 汪坚强.2009.现代济南城市形态演变研究.现代城市研究,(10):54

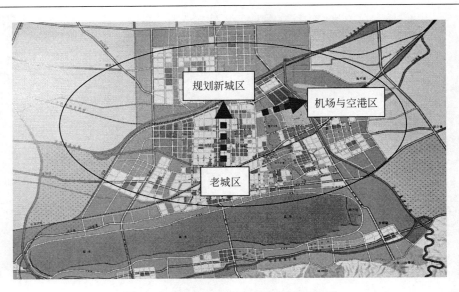

图6　山西省中等城市运城空间发展趋势

3　中国内陆小城市的空间膨胀扩展

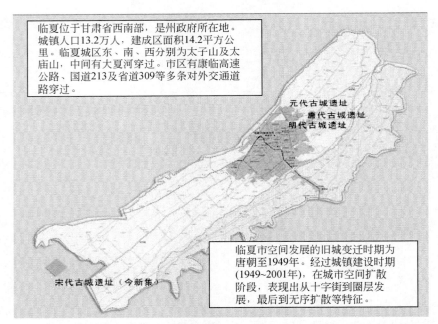

临夏位于甘肃省西南部，是州政府所在地。城镇人口13.2万人，建成区面积14.2平方公里。临夏城区东、南、西分别为太子山及太庙山，中间有大夏河穿过。市区有康临高速公路、国道213及省道309等多条对外交通道路穿过。

元代古城遗址
唐代古城遗址
明代古城遗址

宋代古城遗址（今新集）

临夏市空间发展的旧城变迁时期为唐朝至1949年。经过城镇建设时期（1949~2001年），在城市空间扩散阶段，表现出从十字街到圈层发展，最后到无序扩散等特征。

图7　中国内陆干旱区域小城市甘肃省临夏历代城区分布图与2000年来临夏城区扩散图
资料来源：段德罡，田涛，张晓荣.2011.西北地区川道城市空间发展时序研究——以临夏市为例.规划师，（3）：87~92

（黄佛君　王兴中　常芳　张侃侃主笔）

参 考 文 献

曹杰勇，王怡，付惠，周学雷.2009.地域主义理念下理想社区的现实性运作策略探讨.住宅科技，（08）：

11~16

陈丹，唐茂华.2008. 国外城市资源公平配置的举措及其启示. 上海城市管理职业技术学院学报，（03）：
　19~21

城市与社区的综合规划编译组.1998. 城市与社区的综合规划. 北京：中央广播电视大学出版社.49~63，
　69~72

戴慎志.1999. 城市工程系统规划. 北京：中国建筑出版社.2

方创琳，刘海燕. 2007. 快速城市化进程中的区域剥夺行为与调控路径. 地理学报，（08）：849~860

贺晓慧，卫海燕.2011. 城市化水平与城市资源压力的耦合关系研究——以咸阳市为例. 农业现代化研究，
　（04）：475~478

吉尔·格兰特.2010. 良好社区规划——新城市主义的理论与实践. 叶齐茂，倪晓晖译. 北京：中国建筑工
　业出版社.57~62，66

李博.2008. 贫困线测定问题研究综述. 当代经济，（2）：41

李志刚，吴缚龙，刘玉亭. 2004. 城市社会空间分异：倡导还是控制. 城市规划学刊，（06）：48~52，96

林顺利，孟亚男，刘海燕.2010. 论城市发展的空间正义——基于城市贫困空间剥夺的研究. 科技风，
　（09）：79，81

林顺利，张岭泉.2010. 社会政策的空间之维——以城市贫困的空间剥夺为例. 河北大学学报（哲学社会科
　学版），（04）：63~68

刘淑英.2002. 城市规划与城市资源共享——以中山市小榄镇通信网络建设为例. 小城镇建设，
　（06）：60，61

潘安敏，陈松岭，李文辉.2009. 城市资源系统的形成与演变. 经济地理，29（12）：1963~1966

潘安敏，李文辉.2011. 论城市资源系统. 兰州学刊，（09）：60~63

王家庭，赵亮. 2009. 中国城市的资源集约效率及其影响因素研究. 中国人口. 资源与环境，19
　（05）：45~52

王兴中，等.2000. 中国城市社会空间结构研究. 北京：科学出版社.107~160

王兴中，等.2004. 中国城市生活空间结构研究. 北京：科学出版社.227，228

王兴中，等.2008. 国外对空间剥夺及其城市社区资源剥夺水平研究的现状与趋势. 人文地理，（06）：
　7~12

王兴中，等.2009. 中国城市商娱场所微区位原理. 北京：科学出版社.236~238，255

王彦辉.2003. 走向新社区——城市居住社区整体营造理论与方法. 南京：东南大学出版社.127

徐进勇，李箭飞.2010. 基于人居环境分类理念的规划控制方法探索——"断面图"和"聪明规划"在清远
　市广清大道城市设计中的运用. 规划设计，26（5）：55~60

张超.2004. 城市资源空间组合的互补性理论. 中国发展，（03）：38~43

周霖.2004. 城市资源配置：产权与制度、政府与农民关系研究——以浙江省台州市"城中村"改造为分析
　对象. 福建师范大学学报（哲学社会科学版），（03）：17~22

Carstairs V，Morris R. 1991. Deprivation and Health in Scotland. Aberdeen：Aberdeen University Press：10~35

Chakravarty S R，2003. Moyes P. Individual welfare，social deprivation and income taxation. Economic
　Theory，21：843~869

Cochran S. 1994. Transportation，social equity，and city- suburban connections，American Planning
　Association//Planning and Community Equity，Chicago，Illinois，Washington，D. C. ：Plannners
　Press. 17~38

Crampton P，Salmond C，Sutton F. 1998. NZDep91：A New Zealand index of deprivation. Australian and
　New Zealand Journal of Public Health，22（7）：95~97

Eroglu S. 2007. Developing an index of deprivation which integrates objective and subjective dimensions：extending
　the work of Townsend，Mack and Lansley，and Hallerod. Social Indicators Research，80：493~510

Mack J，Lansley S. 1985. Poor Britain. London：George Allen&Unwin：26～78

Niggebrugge A，et al. 2005. The index of multiple deprivation 2000 access domain：a useful indicator for public health? . Social Science& Medicine，60：2743～2753

Shafer C，et al. 2000. A tale of three greenway trails：user perceptions related to quality of life. Landscape and Urban Planning，(49)：163～178

White S M，Hecimouich J. 1994. Affordable housing ：decent shelter is a fundamental right，American Planning Association，Planning and Community Equity，Chicago，Illinois，Washington，D. C：Plannners Press. 1～16

Yitzhaki S. 1993. Relative deprivation and the Gini coefficient. Quarterly Journal of Economics，(2)：321～324

第 7 章　区位景观尊严规划的文化空间保护控制

区位尊严的实质是人们生活行为空间不被剥夺。空间不被剥夺就是要保护传统文化区位或提供新的人们生活行为区位的空间机会及其质量，其空间机会与空间质量才能体现空间公正的价值，人们对文化生态景观情境认知原理才能揭示生活空间价值的尊严性状况。

区位景观尊严规划针对城市的地方价值保护的空间尊严性构建，其关乎人们能否获得原有或期盼的生活文化生态景观情境。现在研究主要涉及城市传统生活行为的（原有并期盼）文化生态景观，包括社区生态（基因）区与场所生态（基因）区。或者称为原有的历史文化生态区。主要关注"传统街区型的社区与场所生活行为生态区"，它们都是人们生活行为形成的空间文化的产物。它们揭示了城市的历史基因与空间遗传风貌。从城市社会生活空间类型划分的角度，两型地方文化生态区的组合构成了社区（型）生态（基因）区与场所（型）生态（基因）区。对城市人们期盼的现代生活行为文化生态区的空间尊严性构建，主要关注"生活行为空间的情境（文化生态景观价值）区位"规划控制。

在文化生态景观情境认知原理下对城市的地方文化生态景观空间研究与保护已由"物质景观"转向了"物质与文化景观并重"的研究，其本质在于从人本主义视角探究不同景观的遗产性区位价值和区位空间结构关系，尤其关注城市日常生活空间质量观下的传统人居生态环境景观单元与行为景观场所构成结构的文化空间保护控制，以满足当地社区人们的区位尊严需求。

对文化生态景观情境认知价值观下的区位文化尊严规划涉及（传统）文化生态空间的区位保护控制与（供给）文化生态（景观结构）价值下的区位文化建构规划，主要涉及四个方面的空间文化情景再现控制（图 2.11）。

7.1　区位（文化生态）景观价值规划的内涵与构成

7.1.1　区位景观理论的内涵与解构

1. 区位景观价值的空间文化生态特征

文化生态景观情境认知原理下的"区位"景观涉及与自然环境的联系，以及在其融合的社会经济与文化环境的联系。对区位的空间理解，包括位置的矢量，及其关联范围；在其矢量空间上是人类对某事物占据位置的设计、规划；区位与其所关联的所有自然、经济与社会的文化生态则构成了"区位景观"。区域中因区位结构的差异性特征则彰显了不同的文化生态空间价值，形成了"区位景观价值"体系。也可以称为区位景观（价值）理论。

中国古代传统的区位景观价值体系是以风水地理为主要特征的，彰显的是人对地理环境的一种认知空间规律选择意图。人文主义地理学的"大地恐惧"认知观认为①，爱与怕是人类情感的基本内容，而被文化转化为种种形式。"爱"会对熟悉的地方产生恋地，地点迷恋（topophilia）本质是对生活过的地方场所被赋予人的情感与价值后，人便与地"合一"。"合一"不是合在自然属性，而是合在人性，所谓"天人合一"也是同样，不是合在自然生态，而是合在人类道德。"怕"由对陌生的地方产生恐惧，形成地方恐惧（topophobia）感，表示对场所的恐惧，后又必然产生要克制、调节恐惧感的进一步的心理行为，在这些心理行为中又常常附有对空间的"发明创造"。越是陌生，越是不自信，越是有恐惧感，人为分隔与改造空间，就形成心理认知规律的风水说。

进入现代社会以来，人类对区位景观的认知和理解发生巨大的变化，现代主义视角下的区位景观价值强调区位的基本自然和经济属性，如区位所在的地理位置、方位、经济布局规律等。现代主义区位景观价值体系往往以经济的竞争和区位成本的选择作为判断区位价值优劣的标准，容易忽略人的个性价值，诱导空间不公。这一时期比较著名的代表理论就是早期的芝加哥住宅区位选择学派理论，认为城市居住区的等级划分和区位选择与城市居民的经济地位和收入、职业和文化教育程度等呈正相关，而后现代的区位景观特征则表现出多样性的行为文化内涵。

区位景观尊严理论研究是后现代视角下城市社会学、文化生态学、社会地理学、景观学等学科研究的焦点。人与城市生活行为场所的关系可以看做是不同区位价值的选择、过滤的结果，以显示其具有了社会文化价值的特征，能够彰显不同社会群体对空间环境的区位价值响应。在宏观管理的区域层面上，不同区位景观的相互作用机理、功能、结构和整体调控的途径及对策能够为有效地保护和开发人类生存环境，制定恰当的国土开发整治规划、区域规划、城市规划与城市社会经济发展战略服务，形成人类对大地尺度的遗产性区位景观价值认知体系；在生活"场所"概念的微观应用层面上，区位景观价值的作用机理能够彰显地方行为区位形成的景观文化生态区的生活意义及其行为尊严，并能够为城市文化生态空间规划与保护研究提供基本原理。

总结国外区位景观价值体系研究的阶段趋势，其特点主要表现在该领域探讨内容由区位物质景观体系向社会文化生态景观价值体系不断深化，根据其研究的内容和方法，可以划分为五个探讨阶段（王兴中，2004）：①20世纪20～50年代的城市与产业布局的宏观区位选择阶段；②20世纪50～60年代的城市商业、娱乐业的圈层宏观计量的微观区位价值选择阶段；③20世纪60～70年代的宏观区位景观向商业场所的行为主义微观区位价值体系建构阶段过渡；④20世纪70～80年代为行为综合探讨宏观——微观结构阶段；⑤20世纪90年代以来为社会文化生态行为认知的区位景观结构主义探讨时期，主要为后现代主义视野下的人本主义区位景观价值判断阶段；由区位景观理论的演化进程来看，文化空间的地方价值与空间尊严理论构成了后现代语境下人本主义区位景观理论选取的新趋向，尤其关注城市日常生活空间质量观下的区位公正、区位价值等，强调地方文化生态空间和行为价值空间的保护，并进一步诱发文化生态景观价值下的行为文化区位尊严规划的研究。

---

① 段义孚（Tuan）写了两部书，一个是《恋地情结》（*Topophilia: a study of environmental perception, attitudes and values*）是他的成名作，此书至今仍是美国各大学景观专业的必读书，二是《恐惧景观》（*Landscapes of Fear*）

2. 区位景观理论的文化内涵与解构

（1）区位景观文化价值的公正内涵

城市社会地理学认为，区位研究不能只停留在对其物质空间的形态要素（景观）的研究，而更应该关注区位的空间文化（行为）价值（景观）意义，因此，在后现代社会地理学的眼中，区位是一个有不同人群的行为意义的动态空间概念，区位结构是一种人本主义价值的公平体系取向（王兴中，2004），区别于实证主义空间研究；美国著名华裔人文地理学家段义孚（Tuan，1974）从人文主义的视角出发认为，以地点（地方）（place）为代表的微观区位景观研究已经成为当代人本主义空间研究的焦点，地点微观区位景观所表达的就是不同人与行为环境之间的一种价值与情感依附关系（王兴中，2004）；人文主义地理学者（Relph，1976）关于"地点感"（sense of place）的研究当中也阐述过区位景观的价值体系，认为区位的价值在于它是人们真实经验的空间，具有特殊的身份价值、功能活动和场所意义三重属性，区位物质空间（景观）特性与人的情感、态度和价值不断地进行空间的重组和活动，构成了"区位景观价值"。"区位景观尊严"彰显那些能够给予不同人群生活环境与提供行为空间，并能够给予个人或集体以空间的安全感、身份感的场所。提供这些场所并保护这些空间体现了社会对不同阶层人群的空间公正性，使各种人群获得生活的尊严。当代城市与区域规划的本质应在于如何满足人们的区位景观尊严，在于如何提供更多可共享的生活设施，形成空间共享景观。

（2）区位（文化生态）景观认知解构模式

在区位景观认知规律下，对区位景观的认知解构模式不外有三类，即"具象区位生态景观解构模式"、"文化区位生态景观解构模式"与"历史遗产基因图谱解构模式"。后现代视角下的区位景观结构模式应是一种充满着"真实与想象、行为与文化、价值与尊严"的文化区位景观。

1）具象区位生态景观解构模式（图 7.1）

具象区位生态景观解构模式研究大都是以现代主义的景观学派、建筑学派和城市规划学派为代表，强调形态景观要素的构成、布局与规划设计，核心是协调人与自然的关系。它通过对有关土地及一切人类户外空间的问题进行科学理性的分析，找到规划设计问题的解决方案和解决途径，监理规划设计的实施，并对大地景观进行维护和管理。在城市的具象空间里，区位价值具现了各类自然生态开放空间、商业空间、休闲空间、工作空间等各自的区位基本属性构成及相关组合关系；现代主义的区位景观价值大都以空间布局最优化、经济价值最大化、景观组合生态化为代表，在现代城市与区域景观设计当中占有主要地位。但是具象区位景观模式很容易从利益功能主义视角出发研究问题，容易忽视区位景观的文化（行为）价值。所以在现代城市建设当中容易出现一些缺乏特色、同质化比较严重的大公园、大绿地、大广场，现代城市景观成为千篇一律的代名词。

2）文化区位生态景观解构模式（图 7.2）

文化区位生态景观解构模式研究以地点（场所）的微观区位价值构成为基本理念，阐述的是区位物质景观属性和行为文化属性融合后的一种认知型的景观构成。因此，针对文化区位景观模式可以有以下两种理解：首先，文化区位生态景观模式把人的生活行为和物质景观联系在了一起。日常生活中的行为文化景观包括居民、设计师、开发商及其他使用者对物质景观空间的行为改造、设计或控制等。城市文化区位成为外来旅游者关于旅游景点的选择、居民日常生活游憩场所选择、艺术家行为艺术制作场所选择所考虑和识别的主要构成要素。经过

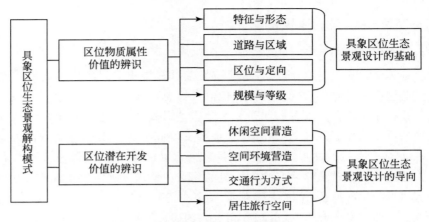

图 7.1　具象区位生态景观模式构成

这些使用者的行为文化改造成为一种被生活经验所支配的、具有消费符号和行为价值意义的景观系统。在这种景观系统当中，特色的建筑物和隐含的商品、文化意义成为决定区位价值的关键；其次，文化区位生态景观模式是建筑师、景观设计师、规划师对物质属性空间的认知和设计后的景观。这种景观所在的区位与生活的、经历的空间景观存在差异，景观设计师对区位地域特性的把握和大众群体存在差异。他们具备敏锐的区位价值感知能力，通过构想新的建筑与城市景观，带动整体区位价值的提升，如城市旧区的改造，遗址公园的建设等。

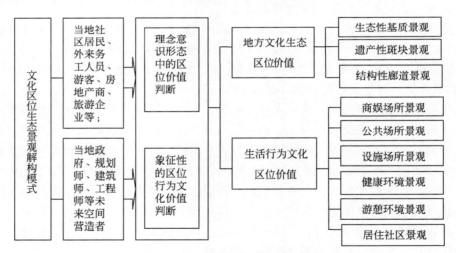

图 7.2　文化区位生态景观模式构成

3）历史遗产基因图谱解构模式

区域文化生态（区）结构的视角（即文化地理学的视角）认为，地表的文化生态（区）由制度文化、生产文化与民俗文化类型构成。这些区域生态文化潜藏着历史文化形制遗产基因，它们构成了文化生态（区）的遗产形制基因的空间图谱构成秩序。形成了文化生态（区）的"景观（基因）信息链"理论[①]及其构成的三要素，包括"景观信息元"、"景观信

---

① 源自衡阳师范学院刘沛林的国家自然科学基金项目成果：传统聚落景观基因图谱及其应用研究

息点"和"景观信息廊道",即与文化生态学的斑点、廊道与基质理念吻合。

7.1.2　后现代景观规划中的区位（文化生态）景观价值取向

1. 后现代景观规划的趋势

（1）区域文化生态景观价值趋势

后现代区域景观规划强调区域文化的生态价值取向，文化生态学者关注社会文化体系中的区域发展战略，试图在文化多元化的背景下，努力使多元的地方文化空间不趋同于一样的结构模型，达到社会空间公正、社会公平的目的（王兴中和刘永刚，2007）。后现代区域景观规划的本质在于探究多元的场所区位景观的文化价值与公正建构；文化生态学者把城市中的不同区位景观比喻为包罗万象的"生态"，区位具有了丰富的内涵和意义，人们根据区位的特征选择可以识别、确认自己和他人的身份差异。同时，区位具体的边界和位置也变得更加模糊，以前比较清晰的"我们"和"他们"之间的区位差异变得日益模糊。传统的城市区位不再是产业和服务设施布局的唯一选择，而是由人的行为价值和空间尊严能否得到保护而确定，因此，传统的城市区位被分解并产生多个文化景观价值中心。

（2）社会区域和谐文化景观塑造趋势

城市生活空间质量观规划学者认为，城市是人们日常生活行为景观塑造的主要场所，而日常生活行为景观的塑造取决于人们对不同空间区位价值的选择，其社会空间质量的本质在于探讨城市社会-生活空间结构的基础上，准确地对社区-场所区位景观价值体系进行理解，并最终通过规划制定出合理的社会-生活区域体系对策，以提高各阶层城市日常生活空间质量，构建和谐文化景观。在构建城市日常生活空间景观体系下，区位景观尊严是彰显地方（place）精神的基本表达与要素构成，即是城市景观解构与设计的基础性原理。城市区位景观的作用机制表现为城市居民在城市景观环境中的生活行为价值再现。特定的生活行为与环境相结合就会产生具有特定功能和价值的区位景观，并塑造了城市形象（王兴中，2009）。总之，城市景观规划与设计诸学科研究的趋向都聚焦于解构空间（区域、城市、社区）的区位景观价值的构成与创造。

2. 后现代景观规划的价值取向

（1）形象认知的区位景观价值取向

在后现代空间规划的研究趋势下，应用区位景观尊严价值解构原理，探究符合人本认知的城市形象设计，是后现代区域城市规划研究的前沿方向。城市社会学提出并探讨"地方性"概念在景观规划和设计研究中的应用，已经使"场所的区位价值构成研究"成为西方城市空间规划的最基本的设计理论和设计目标（张中华和张沛，2010）。为此形成了重视从空间认知构成上去塑造场所"区位景观形象"的学科观。场所区位景观形象学观认为，城市中各类建筑场所作为区域形象的媒介，其外观设计的风格与其所在的区位是城市文化内涵的象征，蕴涵着历史积淀下来的文明的印记，成为后现代人们判断区位价值的标准，那些具有标志性建筑物的区位，代表着时间与空间的遗留，彰显了城市性格，不仅对应着城市的文化，也指代了城市本身。

（2）空间营造的人本区位景观价值取向

在西方，后现代城市与区域规划遵循后现代主义的理念，强调空间的多样性特征，注重满足城市中人的多样性需求。因此，后现代城市景观具有复杂、矛盾和不确定性，这完全出自于人的多元化需求的结果，但本质和规律在于人们对空间区位景观价值的选择结果，人对区位景观尊严的价值判断是以人的宜居为导向的。而在现代工业化的城市当中，人的区位尊严和价值往往被工业经济利益的最大化所忽略，城市区位价值的判断以整体城市经济要素发展的指标为前提，而自我、个人价值在现代都市中被渺小到可以忽略不计，那些边缘的弱势群体（农民、妇女、残障人群、同性恋者等）的区位价值得不到充分的尊重。今天在中国的城镇化进程中也同样存在一系列的社会问题，其本质也大都在于对城乡中不同阶层和群体对区位尊严差异的关注上。后现代城市与区域规划要求人的精神和欲望要能够在城市区位价值尊严中得到彰显，区位尊严是各类人群精神价值的空间依附，成为空间生产和消费的象征。城市与区域规划应从城市区位景观尊严价值体系中寻找设计的理念，寻求用"复兴区位景观尊严"的方法来为空间规划提供素材。因此，"区位景观尊严规划"应成为重新思考城市与区域规划的理论来源。

（3）历史聚落景观遗产基因图谱再现的价值取向

历史遗产文化景观是特定时期内形成的构成某一地域特征的自然与人文因素的综合体，它随人类活动的作用而不断变化。文化景观在地面的直接表现是聚落形态、土地利用类型和建筑样式。作为人类活动叠加于自然景观之上的景观形式，聚落及其建筑最具持续性、标志性和代表性，所以，以聚落景观作为历史遗产文化景观研究的切入点，始终是文化地理学研究的重要路径。由于聚落堪舆方法是人文主义观的知识体系之一，构成中国几千年以来遗留下的大地文化生态结构。用（地域或聚落）历史遗产基因图谱方法，再现感知吉福风水环境，即中国古代对空间吉福功能的心理认同并追求的空间价值。

7.2　区位文化景观尊严规划

7.2.1　区位（文化生态）景观价值下的空间尊严构成

1. 空间尊严类型

区位（文化生态）文化景观价值下有两大类别空间。一类是文化物质景观区。像各种古代建筑景观区、各类历史文化遗迹景观区等；另一类是城市生活行为景观区。主要是以城市的传统社区–场所所构成的日常生活行为空间。它们中间最具有区位（文化生态）景观价值的是社区历史文化生态区位与社区生活行为情境区位。社区（型）生态（基因）区与场所（型）生态（基因）区构成了文化生态区位景观价值的基本单位。

2. 空间尊严构成（图 7.3）

从区位文化景观价值的构成上来看，包含有人的日常生活行为要素，其根本在于各类行为文化（亚文化）在景观具象空间中的显示或植入，是以人的行为价值标准作为判断景观抽象价值的根本。而在后现代景观学研究的进程当中，景观的价值标准又受到了行为多元性的影响，从而呈现出多元化的景观异质区。因此，区位文化景观价值具有行为亚文化的特性，对人而言具有不同的空间尊严价值结构。

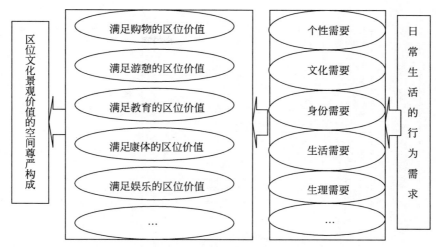

图 7.3　区位文化景观价值的空间尊严构成

7.2.2　社区历史文化生态空间的区位规划控制

1. 历史文化（遗产）景观保护中的区位景观尊严规划控制

（1）历史文化（遗产）景观保护中的区位景观尊严规划导向

在城市社区-场所构成体系中，加强对具有历史文化意义的景观资源的整理和保存具有延续历史记忆，揭示历史文化脉络的行为文化意义，有利于稀缺价值资源的保存。20 世纪 60 年代的美国，历史保护运动开始蓬勃兴起，该运动主要倡导对城市中具有重要意义的建筑物和场所的保护和管理，并进行价值普查登记，恢复城市社区与场所中的文化脉络和行为肌理。在英国，关于历史文化景观资源活化的理论和实践研究也比较流行，如《大伦敦发展战略规划》（2008～2020 年）中就特别提出要通过历史文化遗产的保护和旅游文化价值的开发来复兴伦敦中心城区，从而成为城市更新发展的一种重要途径。通过历史文化景观的活化不仅可以振兴城市经济，同时也是一个城市生活行为文化生态保护的重要措施。城市文化区位景观具有多样性和亚文化的特征，能够反映一个城市不同阶层人群的心理文化特征和行为价值需求，其所对应的城市社区和场所则构成了行为价值尊严认同的空间领域。因此，历史文化景观区位价值的保护和保存规划应重点考虑如何在市场经济规律下，保持景观的异质性，避免景观资源被剥夺导致空间失衡现象的产生。

（2）历史聚落景观遗产基因图谱再现的规划控制[①]

基因在生物学中指生物体遗传的基本单位，因此，可以认为基因实际上就是存储着一定遗传信息的基本信息单元。对聚落景观来说，景观基因是指文化"遗传"的基本单位，即某种代代传承的区别于其他文化景观的文化因子，它对某种文化景观的形成具有决定性的作用，反过来，它也是识别这种文化景观的决定因子。文化基因的研究对识别区域文化景观有着至关重要的作用（图 7.4）。

---

①　源自衡阳师范学院刘沛林的国家自然科学基金项目成果：传统聚落景观基因图谱及其应用研究

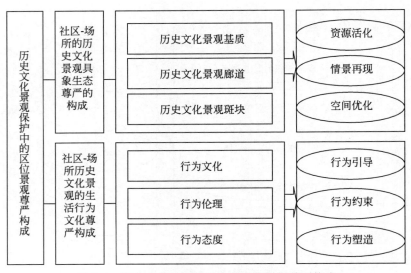

图 7.4　历史文化景观保护中的区位景观尊严构成

①聚落景观基因图谱控制。平面图谱系列为四合院民居的"合院"基因图谱系列。立面图谱系列为传统民居"马头墙"图谱系列（图 7.5）。

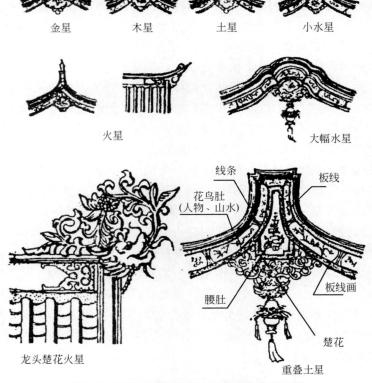

图 7.5　按照"五行"塑造的各式马头墙图谱

②聚落景观的景观信息基因链控制。它的构成的三要素，包括"景观信息元"即景观基因胞、"景观信息点"即景观基因形、"景观信息廊道"即景观基因链（图 7.6～图 7.8）。根据聚落景观的景观信息基因链构成，进行历史聚落景观遗产基因图谱再现的规划控制。包括街区与社区的景观保护设计、社区与建筑保护设计以及区域形象定位下的历史文化村镇保护、历史文化名城保护与遗产地旅游规划。

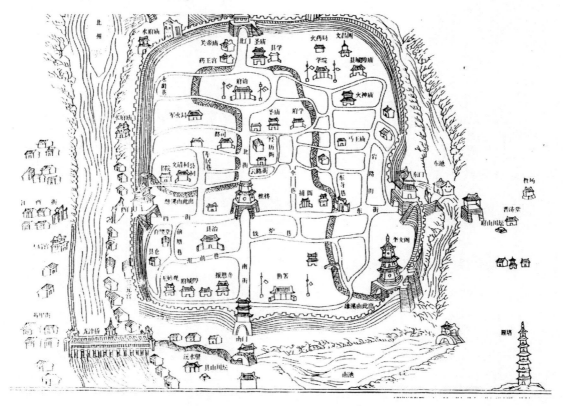

图 7.6　清代芷江县城城郭景观基因胞图（1）

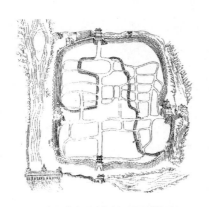

清代芷江县城城郭景观基因链　　　　　　　　　清代芷江县城城郭景观基因形

图 7.7　清代芷江县城城郭景观基因胞图（2）

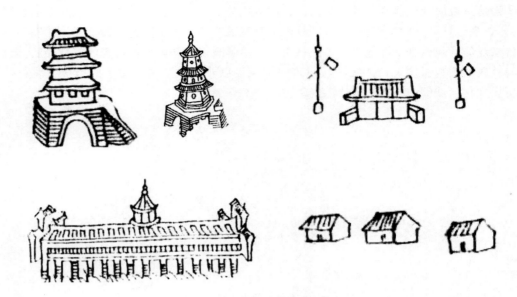

清代芷江县城城郭景观基因胞

图 7.8　清代芷江县城城郭景观基因胞图（3）

2. 社区生活行为空间的情景区位规划控制

主要涉及供给期盼性的现代社区生活行为文化生态区的空间尊严性构建。

（1）行为环境景观营造中的区位尊严规划控制（图 7.9）

1）行为环境景观营造中的区位尊严规划的导向

城市社会地理学认为，经验的地点（场所）是一系列行为价值构想的结果，或者是对多元文化景观的一种连续性的感受，而经验的地点（场所）又是文化区位景观构成的核心景观元素，是一种"行为空间艺术"（Relph，1976）。城市规划学者凯文·林奇（1976）也在城市形态景观设计研究当中提出，人们主要是通过"边界、地区、节点、地标、道路"五个关键景观元素来判断区位的空间坐标，强调区位所在景观要素的连贯性，以及涉及的文化性和行为性，呼吁创造具有"场所感"的景观空间，从而符合人对景观认知的身份认同、存在感觉、价值彰显等（Lynch，1976）。另外，在著名《美国大城市的死与生》一书中，也倡导过通过人性化地点的设计来达到减少对现代城镇景观的困惑与担忧，其主要思想在于现代城镇景观的设计要考虑到景观文化价值的植入（Ellin，2007）。另外，建筑设计师摩尔在《身体，记忆和建筑》一书中也认为，建筑师的基本任务在于不断地创造具有不同行为文化价值的"场所"，从而帮助人们找到自我身份的认同感、存在感。景观设计可以结合人的历史文化经验和其他类型的空间设计手法达到区位价值和尊严的彰显。

2）行为环境景观营造中的区位尊严规划控制

①社区（感知）功能类型的（空间和谐）资源控制

具体见"第 11 章城市社区（感知）功能区的（空间和谐）资源配置规划与控制"内容。

②社区消费文化类型的资源（区位响应）配置规划与控制

具体见"第 12 章城市社区消费文化类型的场所资源（区位响应）配置与控制"内容。

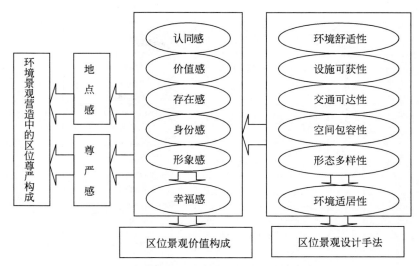

图 7.9　环境景观营造中的区位景观尊严构成

（2）社区人本主义生活空间营造中的区位尊严规划控制

1）社区人本主义生活空间营造中的区位尊严规划的导向

20 世纪 60 年代以来，西方发达国家的城市空间研究经历了从"物质形态景观"向"行为文化景观"的转变过程，现代城市功能主义的规划思想受到了社会学家的批判和质疑。现代功能主义视角下的居住社区隔离了人群和社群的情感交流和文化的沟通。人们希望通过社区人本主义空间的营造来复兴社区的价值，也出现了一些人本主义规划学者。如凯文·林奇（1976）就曾倡导在城市与社区规划当中，应当采用居民参与问卷调查的方式进行问题的搜集，从而作为规划方案制订的依据。规划师除考虑物质环境的设计要素外，还应该考虑人的普遍价值和特殊价值，搜集多方的价值观点，用以指导规划的编制。另外，一些社会学者也把矛头指向了功能主义的现代城市规划，认为功能主义的社区缺少生活邻里气息，缺乏社会公正、生活居住区的空间剥夺现象严重，从而造成社区感的消失，人与人之间也变得异常冷漠和孤立。现代主义视角下城市社区规划缺乏特色，社区景观同质化现象严重，类似"机器模式"的构造一样。因此，以人本主义为特色的文化区位景观设计理念可以为社区规划提供崭新的思维，代表着参与日常生活实践的行为景观概念。

2）社区人本主义生活空间营造中的区位尊严规划控制（图 7.10）

① 新城市主义的社区价值观的控制

新城市主义的社区价值观以构建社区的优美、传统、步行与公平的主导价值观，改变功能主义的以汽车为导向的郊区曼延与封闭的社区价值观。力图用现代城市建设的标准，改变方格式的空间布局、混合又完整的使用（社会与文化）功能、以混合（阶层）住宅导向增加密度的包容型社区。其空间控制的方法，有四种原则，即"传统街区设计"、"公交导向设计"、"城市村庄"与"精明增长"模式（吉尔·格兰特，2010）。虽然新城市主义社区规划的社会平等与空间公正的尊严思想从来不可能完整地在实践中表现出来，但是现在也不失为一种探索方法。

② "社区资源社会公正布局"控制

具体内容见"第 10 章城市社区资源体系的（社会公正）配置规划与控制"。

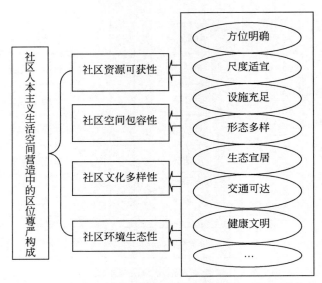

图 7.10　社区人本主义生活空间营造中的区位尊严构成

（3）阶层化生活行为文化情境区位景观尊严规划导向

1）阶层化下的生活行为文化情境区位景观的认知（图 7.11）

城市由不同的社区及亚文化场所构成，而社区阶层化差异的根本是社会经济地位的差异性，从而导致文化情境区位景观类型和水平的差异性。因此，不同阶层之间的社会文化距离就会导致不同社区之间的空间区位景观差异，这种社区空间区位景观的差异则是彰显阶层适居性区位景观尊严的关键要素。那些具有相同社会区位和距离的居民就会形成一种默认的社区景观认知，即"我认同我所在的社区景观、我认同我所在的社区行为"（Hartshorn，1992）。

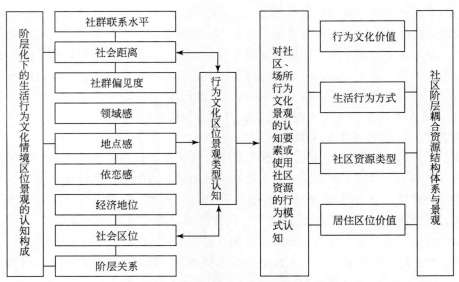

图 7.11　阶层化下的生活行为文化情境区位景观的认知构成

2）阶层化下的生活行为文化情境区位景观尊严规划（图 7.12）

阶层化生活行为文化情境区位景观尊严规划的关键在于对不同类型社区——场所的景观资源进行优化配置和设计，这些行为文化景观要素的配置不仅包括建筑文化景观、设施景观资源、场所景观、交通景观资源等的可获性程度、类型标准、新旧状况、保护状况、规划配置等级等进行空间考虑，而且还应包括对不同阶层文化情境下的行为心理接受程度的考虑。因此，阶层化下的生活行为文化情境区位景观尊严规划在于形成不同等级的配置体系或者社会亚文化类体系。

①社会区域体系结构公正配置规划的控制

具体见"第 5 章城市社会区域体系结构公正规划的居舍类型控制"内容。

②社区阶层化（耦合）资源结构（社会公正）配置规划与控制

具体见"第 9 章（日常生活）城市体系下社区阶层化资源结构的（体系耦合）配置规划与控制"内容。

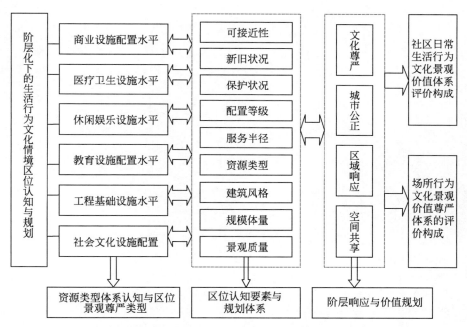

图 7.12　阶层化下的生活行为文化情境区位景观尊严规划的认知构成

7.3　讨　　论

区位景观尊严规划的实质是提供城市所有阶层人们生活行为的空间机会与空间质量，以彰显社会公平与空间公正，保障人们的生活行为方式的完成以体现个性尊严。随着城市化的空间扩展与更新，传统历史文化社区最易被空间过滤，形成社区与场所性空间失尊。探索原有社区生态（基因）区与场所生态（基因）区的区位价值与保护再现控制已是文化地理学与城市社会空间（社区-场所）规划的结合方向。

探索现代城市社区-场所体系下的区位文化景观价值与尊严规划研究是当代城市与区域规划、城市社会地理、城市景观学研究领域中的前沿性课题。景观公正规划与公平设计价值理念的根本，在于对不同行为文化价值的区位进行判断和空间重构。为此，从城市日常生活空间质量观下的社区公正规划的视角，探讨了区位景观价值理论内涵、构成以及区位文化景观尊严规划的核心原理组成。认为区位文化尊严规划的核心在于对不同情境文化景观的认知判断，并作出对偶性的区域响应控制，包括不同设施和资源的公正配置与文化空间的保护控制等，有关具体的规划控制涉及本书其他章节内容。

（王兴中　张中华主笔，何小东参加）

附框图文 7：城市形态行为环境景观营造中的传统区位尊严

1　城市形态行为环境景观营造中的回归传统区位尊严规划

图 1　规划街巷景观效果　　　　　　图 2　"苏州庭院"规划总平面

源自：万科建筑研究中心著.2007.万科的作品 2005-2006.北京.清华大学出版社；徐洁等编.2006.建筑中国——当代中国建筑师事务所 40 强.沈阳.辽宁科学技术出版社.259；曹杰勇，王怡，付惠，周学雷.2009.地域主义理念下理想社区的现实性运作策略探讨.住宅科技，(08)：11～16

图 3　重庆湖广会馆周边地区老街区保护修复

源自：刘敏撰写的《多元融合——构筑改善重庆市城市居住空间分异现象的规划策略探讨》一文

2 西安都城皇家文化生态区与祭祀基因胞规划意向

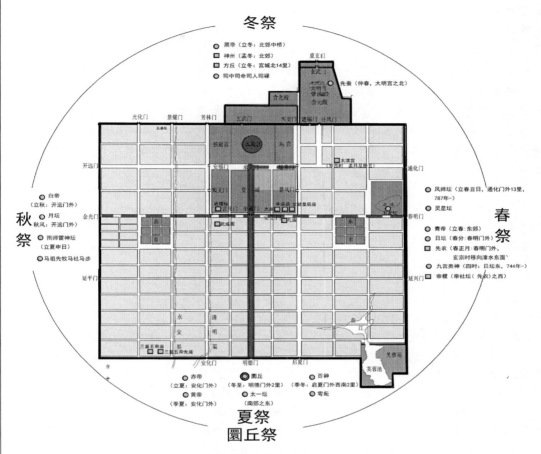

图 4 西安都城皇家文化生态区与祭祀基因胞

图 5 西安都城被遗忘的南郊圜丘祭祀遗址

　　　中国皇家崇尚儒教,儒教以"天-人-地"理论为基础,基本原理是通过都城(城墙)围合的空间(基因形),形成天与地的分割,皇帝居紫微殿,象征着天之子,神也。都城祭祀分为内祭和外祭。外祭以圜丘祭祀为主,以三年或五年为一轮回,属皇帝(天子)专祭,是儒教祭祀的最高等级,其他纷繁复杂的祭祀位于都城四周,以一年四季为轮回,实践着天的运转,即"天道",宫城的承天门就是与天沟通之窗口,由此到圜丘祭之地便是都城天子专用通道(主基因链),即城市中轴;内祭以皇城内的祖宗(左)、社稷(右)祭祀为最高层次,天子临朝据地和宗法之上,或与其形成犄角,这也是皇权的法理基础,后来在宫城外还有了礼与儒学创始人的祭祀,强化着皇家儒教祭祀,由此沿皇城东西方向(次基因链)是城市的次轴线,布局了繁华的西市与东市,内祭应有宫城内祭祀,依据皇帝的喜好形成了佛、道等的祭祀场所,实际上成为都城第三条基因链,城墙与三条基因链连接着都城祭祀的基因胞,这也是历代都城规划建设的思想理论,营造了中国皇家的尊严。

（黄佛君主笔）

参 考 文 献

吉尔·格兰特.2010.良好社区规划.叶齐茂等译.北京:中国建筑工业出版社.35,29

王兴中.2004.中国城市生活空间结构研究.北京:科学出版社

王兴中,刘永刚.2007.人文地理学研究方法论的进展与"文化转向"以来的流派.人文地理,(3):1~5

王兴中.2009.中国城市商娱场所微区位原理.北京:科学出版社

张中华,张沛,朱菁.2010.场所理论应用于城市空间设计研究探讨.现代城市研究,(4):29~39

Ellin N. 2007. 后现代城市主义. 张冠增译. 上海:同济大学出版社

Lynch K. 1976. Managing the Sense of the Region. Cambridge, Mass:The MIT Press

Hartshorn T A. 1992. Interpreting the city:an urban geography. New York:John Wiley and Sons' Inc

Relph E. 1976. Place andplacelessness. London:Pion,35~40

Tuan Y F. 1974. Space and Place:The Perspective of Experience. London:Minneapolis,89:150~162

第二部分

社区空间共享（控制）规划

第8章 城市（社区）生活空间质量观下的社区资源体系规划原理

8.1 社区资源体系配置模式

从城市社会生活空间质量观出发，城市内部的人类生态空间结构是生活空间质量的人本基础；居民的文化生态与对应的社（会）区（域）空间结构是生活空间的社会环境基础；居民的生活行为与对应的生活场所空间体系体现了城市生活质量的空间水平（王兴中，2009）。因此，对应的社区资源体系规划模式见图8.1。

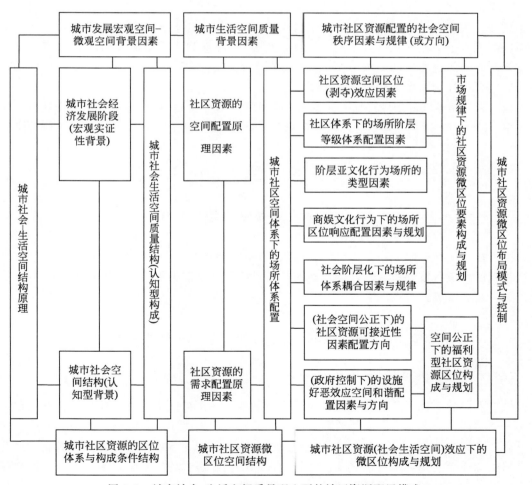

图 8.1 城市社会-生活空间质量理念下的社区资源配置模式

首先，城市所处的社会经济发展阶段，是城市发展的宏观背景。一方面，城市社区作为连接城市与世界经济的节点，是城市融入全球化的空间基础和前提；另一方面，"新自由主义"社会-文化作为改变全球社会结构与空间结构体系的主要动力也必然会形塑城市空间，推动城市社会空间结构重构进程。这是解读不同城市社区的基本立足点，更是进行城市社区资源配置规划的重要参考框架方向。社区资源体系配置规划必须从城市社会地理学角度出发解构城市社会-生活空间结构，用城市社会-生活空间质量观理念作为指导城市社区资源配置的核心理念。

其次，城市社区生活空间体系是反映城市生活空间质量及其人居环境水平的空间表现。城市的发展与变化是人们的生活行为与城市空间相互作用的过程，人们的生活行为主要由四类日常事务构成：家务、工作（上学）、购物与闲暇活动，与之对应的空间为家庭、单位（学校）、商务机构与闲暇娱乐场所。城市空间生活的实质就是对城市生活行为获取的机会及对相应空间资源获取的过程，其空间生活的质量水平与生活空间资源能否获取的程度有关。由不同类型的社会区域及其区域内的阶层场所构成的城市社会-生活空间体系发育程度就代表了他们的生活质量水平。以（感知）邻里区为单元的城市社区体系与场所体系结构就代表了城市的生活空间质量。

再次，城市社区资源体系是满足城市居民日常生活与行为的地方和空间。由购物与商业服务设施、医疗卫生设施、体育与娱乐设施、公共交通与通信设施、教育设施、社会与文化服务设施等六个类型的社区资源构成了城市社会-生活空间上的场所或地点，它们不但为家庭在工作之外的健康活动提供了非正式交往的地点（或场所），这些地点（或场所）还具有维持居民之间社会联系的功能（王兴中，2004）。

最后，从调整与规划城市社区资源体系的角度，见图 8.1，在把握社区资源的社会空间结构秩序（即效应）因素的基础上，依据其两个空间秩序规律及两个配置方向进行规划与控制。

8.2　社区资源可获性原理（社会公正配置规划）

8.2.1　社区资源体系结构原理

城市社区生活空间质量是由社区资源可获性决定的（张中华和王兴中，2009）。构成城市居住社区环境（或邻里区）基础设施的社区资源体系是居民能否获取健康与健全生活的决定因素，其关系模式见图 8.2。

8.2.2　社区资源体系（社会公正下）可获性水平原理

1. 社区资源体系可获性水平构成原理

城市不同阶层社区其社区生活空间质量差异本质在于社区资源可获性水平，表现在两个方面：一是社区资源体系的质量差异。其差异除基础设施客观的等级类型以外，更重要的是居民对社区资源认知的三大"关注面"质量上，即社区资源（场所）可否带来就业，是否具有空间安全性与空间健康特征；其二，表现在基础设施提供的（空间）区位机会结构的可接近水平上，它们共同决定社区资源可获性水平（图 8.3）。

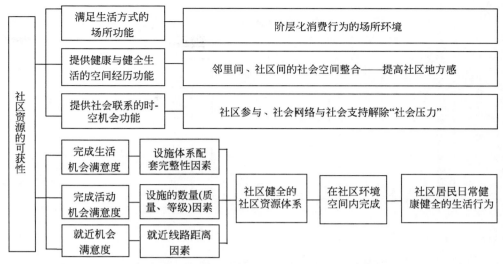

图 8.2　城市社区环境生活空间质量与社区基础设施的关系模式

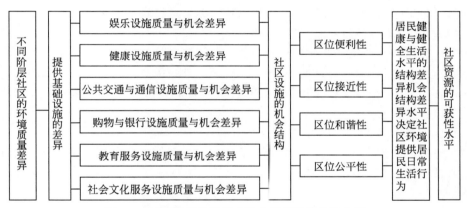

图 8.3　不同阶层化社区生活空间质量的差异本质

2. 社区资源可接近性的原理构成

（1）社区资源的客观空间可接近性

一定空间范围内社区资源的分布数量与质量是社区居民生活功能空间质量的客观表现。城市社区体系中不同等级社区其社区资源的空间可接近性有很大差异，这些差异就反映了对应社区生活空间质量的不平等模式。对此称为社区资源空间可接近性，其可接近性水平的高低用社区资源可获距离或可接近性距离衡量和表示，见图 8.4。

（2）社区资源可接近性的机会结构

社区资源中，其设施或场所的物资（资源）与社会经济力量的投入量有关，并对其功能质量产生直接影响。其次，社区（或邻里区）居民居住区位与社区资源（及其质量）关联作用的日常生活路线距离构成了（居民的）社区资源的区位机会结构（Macintyre，1993）。因此，居民在社区（或邻里区）生活，对其生活空间质量高低的感知，与对场所（或设施）的质量以及对其区位（可接近）的社会生活联系的满意度有关。它们构成了社区资源的空间机会模式化特征。

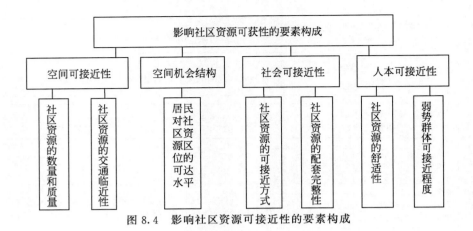

图 8.4　影响社区资源可接近性的要素构成

（3）社区资源的社会可接近性

社区资源的空间剥夺模式及空间机会模式为人们提供了社区健康与健全生活的可能性，这种可能性的大小能促进或减少居民生活的健康性与健全特征（Witten，2003）。这种社区资源可接近性可通过机会结构原理，对场所（或设施）进行客观的调查与测量，并对其（社区资源）的地理区位不均等性进行空间量化。

场所的社会可进入性概念主要是指居民的文化适应、结构的同质化作用和行为接收的同质化作用。这三个文化生态因素分别影响文化距离、社会经济距离和社会阶层间的距离，进而影响居民在日常生活中对不同类型场所的选择，形成对应的文化-行为场所，使社群的亚文化生活方式得到保持。

（4）社区资源的（人本化）可接近性

从城市管理的角度入手，通过社区资源的公共服务与设施的空间布局（至少通过补偿性布局）的方法可以改变机会结构（Belinda，2003），从而提高社区居民对社区资源的可接近性，以达到提升社区日常生活空间的"人本化"质量水平。

8.2.3　社区资源可获性的社会公正配置规划

社区资源（功能公正）配置主要从三个方面进行控制。

1. 社区质量认知的关注（面）层次的（功能公正）配置

（1）社区就业-收入空间资源（场所）的配置

社区资源各类型场所其本身也是居民就业的空间。社区资源体系配置的健全与否也体现居民对收入空间的可获性"关注面"。因此社区资源配置不但要满足为社区居民服务的各类机构与场所，还要便于居民获得就地就业或跨社区就业的机会。使社区成为集工作、居住、消费与休闲日常行为链的社会亚文化地域集聚体。

（2）社区安全空间资源（场所）的配置

社区资源的场所对居民身心的安全效应，是判识社区空间质量的"关注面"之一。因此，要把握居民对安全空间认知的存在主义规律，首先通过对社区交通道路类型、社区土地利用功能类型与社区陌生场所景观类型等安全环境设计，形成社区资源场所与环境的安全地域"适居"与"舒适"的领域构成体系，见图 8.5。在此基础上，对社区与场所的配置还应把握"距离与区位的安全关系"、"社会区域与犯罪区位关系"、与"营业场所灯光等设施的安全空间营造"等与人的身心压力环境的可辨识标志与空间规划。

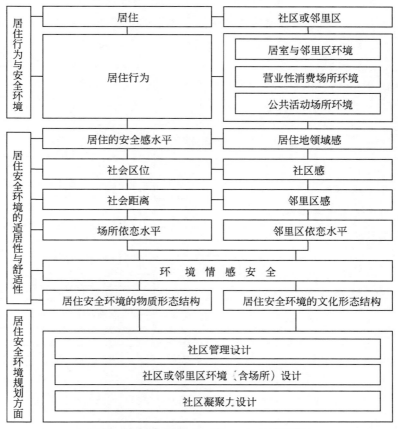

图 8.5　社区与场所安全环境规划的要素路径

（3）社区健康空间资源（场所）的配置

对社区的资源配置中要把握资源构成的场所或环境对人的健康效应，还要把握关联资源空间的建筑、道路与环境给居住者产生身体与心理压力的组织规律（王兴中，2009）。社区健康空间资源（场所）的配置要从自然环境、服务设施、社会环境与社区地位四个方面进行规划，见图 8.6。

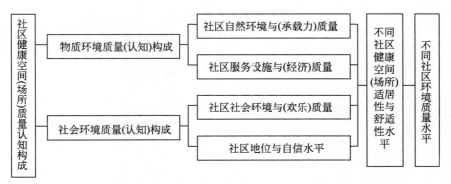

图 8.6　社区健康空间（场所）配置要素构成

2. 居民消费行为结构需求与"阶层化"场所（社会公正）的配置

在把握社会消费文化与社区资源耦合的动态关联需求的原则下，①适时配置康体与休闲需求的资源场所（环境）；②适地建构居民生活方式下的阶层质量资源场所体系。见图8.7、图8.8。

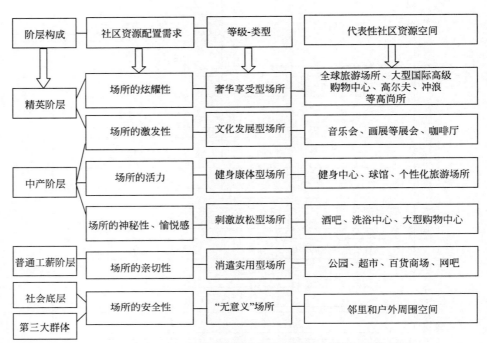

图 8.7　居民生活方式阶层化对应的社区资源（场所）结构配置

图 8.8　社会阶层化下的社区资源（场所）区位要素与布局模式

3. 居民日常生活行为交往融合空间（文化公正）的配置

在把握文化生活行为特征与社区资源（场所）的交往功能需求趋势原则下，①适时配置社区资源环境中的公共交往空间结构；②适地建构阶层交往行为的空间层次体系，见图 8.9。

图 8.9　具有交往功能的社区或场所的空间布局

8.3　设施好恶效应性原理（空间和谐配置规划）

8.3.1　社区设施好恶性原理

1. 城市"存在主义"区域（或场所）感知规律

人们在对城市场所感知规律指向下，大脑中客观地存在着不同类型的社会空间（感知区域或感知面），这些感知的社会空间（场所）成为"存在主义"区域或场所（王兴中，2000）。这些存在主义区域通过影响人的价值等行为环境不断确定城市日常生活中人们的行为空间与界线，见图 8.10。社区资源的好恶性原理是从行为环境的感应-认知角度揭示城市社区设施"存在主义"（场所）的社会-文化价值规律。该规律可以充分理解人-环境的相互作用过程，以便揭示居民对城市社区资源的类型、区位与空间结构的好恶或亲疏性。

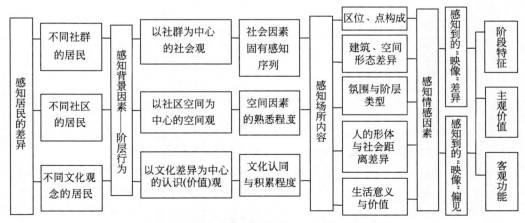

图 8.10　人们感知城市场所、空间的过程模式

城市社会空间（场所）存在主义图谱的空间构成系列分为 6 大类，见图 8.11，即①安

全区域，包括家和邻里区；②压力区域，由不安全区域构成；③刺激区域，包括城市商娱场所区；④无聊区域，一般指郊区；⑤重要地位区域，包括政府、上层社会居住区和公司聚集地；⑥耻辱低劣区域，主要指棚户区、暂住人口聚居区（王兴中，2000）。

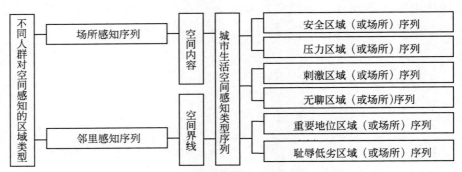

图 8.11　城市存在主义区域（或场所）模式

2. 社区设施（场所）好恶性感知模式

根据城市存在主义区域感知规律，居民对城市社区资源的感应中，认为城市土地利用形态类型（或设施）如花园、桥梁、污水处理厂等会使位于其附近的社区环境质量发生变化，导致地价的变化，进而影响居民生活质量。因此，居民相应地形成了对城市社区土地利用形态类型（或设施）好恶的排列顺序，成为"骄傲-耻辱序列"，见图 8.12：

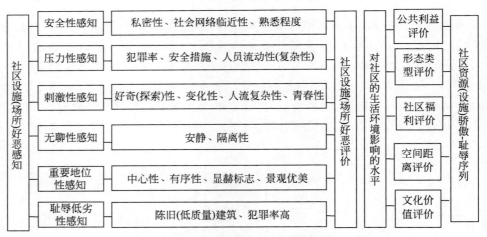

图 8.12　社区设施（场所）好恶性感知模式

① 城市居民对潜在变化的城市土地利用形态类型，从其职能上感应出对自己生活的关系，因而从"利己"的角度去认知城市利用形态类型的骄傲-耻辱序列。

② 骄傲-耻辱序列总排序是，越具有大区域公共利益的、对本社区环境有消极影响的形态类型越带有"耻辱"性，如垃圾站等；对社区越有福利的形态类型越具有"骄傲性"。

③ 骄傲-耻辱序列随着城市利用类型离社区远近发生排序变化。如耻辱性类型远离本社区就逐渐变化为骄傲性类型。

④ 不同发展阶段的国家（或城市）居民对交通、娱乐设施的好恶认知方面有差异。西

方国家居民认为公路是影响环境质量（噪声）的主要因素，而发展中国家居民认为是方便生活的基础条件，带有骄傲性。同样，欠发达城市的社区由于缺乏一定的休闲娱乐设施，居民希望能满足其生活需求，娱乐设施带有骄傲性。

8.3.2　社区设施的空间和谐配置规划

1. 社区设施好恶效应性构成体系进行配置控制

城市社区好恶性土地利用设施的体系规划，应按不同国家与不同发展水平城市居民感知骄傲或耻辱序列的规律进行空间配置，见表 8.1。

表 8.1　中国西安（2000 年）城市居民社区设施感知骄傲-耻辱序列

设施区位	医院	办公大楼	派出所	餐饮店	煤气站	超市	幼儿园	中小学校	图书馆	公园	影剧院	娱乐中心	公交车站	快餐店	加油站	垃圾站	污水处理厂	高速公路
社区内部	2	4E	3E	2	4C	4E	2	2	1	1	2E	2	1	1	4A	4A	4A	2C
附近街区	1	4E	2	1	3D	2	1	2	1	1	2E	2	1	1	4A	3C	4A	1E
邻里区其他部分	1	3D	2	1	2	2	1	1	1	1	2	1	1	1	4B	3	4B	4
邻近社区	1	3E	1	2	2	1	1	1	1	1	2	1	1	2	3C	3	3	2

注：城市居民对各种设施的期望程度从高到低依次按照非常期望、比较期望、期望、一般的次序，用 1、2、3、4 表示；城市居民对不期望或有害的设施的反应从强烈反对、比较反对、一般、不反对的顺序，用 A、B、C、D、E 表示。

2. 社区设施的空间和谐类型配置规划

在把握城市社区的设施体系协调配置原则下，要把握城市骄傲-耻辱序列总排序。首先，从设施的公共利益性公正地布局在城市社区居民均可远离的区位；其次，从设施的社区福利性公正地布局在城市社区居民均可接近的距离之内。

在把握社区空间距离关系的协调原则下，要把握骄傲-耻辱序列的城市土地类型离社区的远近会发生排序变化。要从设施好恶效应的距离构成规律出发，对城市社区体系的设施进行形态、类型控制，避免社区体系生活空间质量下降。

在把握社区亚文化的协调原则下，要把握社区资源类型土地利用场所的骄傲-耻辱序列，与不同阶层居民生活行为的文化感知差异性。首先，要从社区的阶层类型出发，布局适合其文化行为的场所类型；其次从社区（种族民族）文化差异出发，控制文化价值冲突的场所进入。

8.4　商娱文化行为性原理（区位响应配置规划）

8.4.1　商娱文化行为性原理

1. 商娱文化场所构成规律

随着社会的发展，社区的不同区位商娱行为场所及其社会空间动态构成程度越来越代表了对应阶层的生活空间质量水平，城市商娱场所体系动态结构越来越代表了城市的（商娱）生活空间质量。

商业性娱乐场所的构成越来越呈现为，在城市环境下，通过提供环境、服务或活动满足人们各种感官体验的需求，满足不同生活方式行为的知觉经历，以达到放松、消遣、愉悦、交往等目的，并能从事经营的特定的封闭空间或地点的空间特征。

商业性娱乐场所是城市场所体系的构成部分，它满足人们对城市环境适居性、场所舒适性的要求，是后现代城市消费（空间）景观的主要构成部分，引导城市社区体系与场所体系结构、等级的分化与重构（王兴中，2009）。

2. 商娱文化行为的场所体系规律

（1）消费行为的（场所）阶层化属性

城市居民的消费行为具有阶层化下的亚（阶层）文化性消费模式。一定亚文化的阶层要确定他们在社会中的地位，通常要表现出与其他亚文化的"距离和排外性"，因此，亚文化消费模式是亚文化阶层之间互相区分的一个核心。该亚文化价值观通过消费的心理需求，与对应的场所需求来营造一个消费行为的场所亚文化模式。目前，亚文化商娱消费场所已成为阶层之间相互区分的标识，如图 8.13 所示。

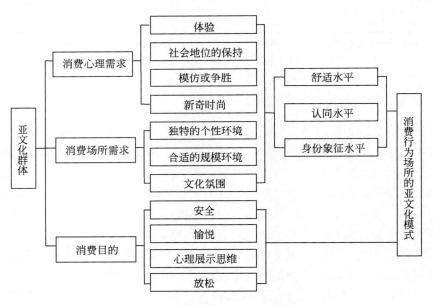

图 8.13　消费行为的亚文化规律模式

（2）中产阶层化消费行为的空间趋势性特征

在消费行为（场所）阶层化下，消费文化的空间模式衍生出的规律有：空间偏好规律、场所个性化规律、亚文化规律与随机性规律等。在众多规律的作用下，居民消费的空间行为具体并集中反映出消费空间与休闲、游憩、娱乐场所的空间关系。随着社会发展，中产阶层化是引导城市商娱文化场所布局的主要空间力量（图 8.14）。

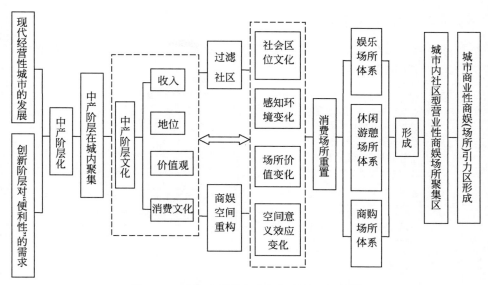

图 8.14　中产阶层化与商娱场所的空间结构

8.4.2　社区文化行为的区位响应配置规划

1. 城市商娱文化场所的空间聚集体系的配置规律

要把握现代城市商娱业的空间聚集在商娱空间重构与阶层化（空间可获性）体系下，呈现出中产阶层化空间聚集规划模式。

消费文化具有三个本质特征：娱乐性、公共性和经济性，其特征在空间上表现为消费行为引导下的商娱场所（感知）分布规律。

商娱文化场所具有营利性质，其消费行为的空间又有着向心引力的聚集，所以消费文化场所常会聚集成带，一般围绕在社区中心、区域中心与城市中心。

由于城市道路和交通系统是影响营业性场所宏观聚集空间构成的基本条件，交通"汇集地"的区域吸引力即"区域路"（regional road）（王兴中，2004）和营业性场所（等级）聚合力在空间上存在对偶关系，还由于营业性场所类型的空间聚合与城市社会区域"阶层-亚文化"属性耦合，使它们在各类城市中心构成了城市商娱消费的不同（完整、低级与基本）生活行为中心圈及"引力区"，同时又构成了生活行为圈内"引力区"的"阶层"与"亚文化"商娱行为（中心）场所景观聚集地类型，见图 8.15。社区商娱场所的特定目标是社区居民，因此社区的主要营业性场所往往布局于社区中心或者社区的出入口；其他的社区营业性场所往往沿社区内主要交通线布局，商娱场所是社区的兴趣引力中心，该中心由"区域路"类型构成，见图 8.16。

2. 商娱行为场所的社区体系耦合原则

要把握阶层商娱行为平等与社区的场所体系公正配置方向。其商娱行为场所的社区体系耦合规划的空间布局见图 8.9。

3. 商娱场所的空间保护原则

要把握商娱场所进入与道德区域（或社区）的空间惯性，以及对亚文化的保护方向。其商娱场所空间结构保护规划的人本模式见图 8.10。

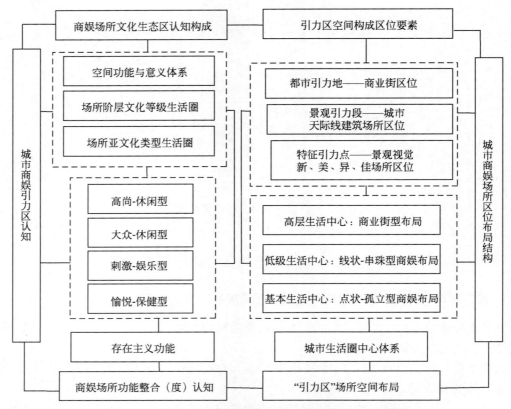

图 8.15　商娱文化行为原理与社区商娱场所区位响应结构

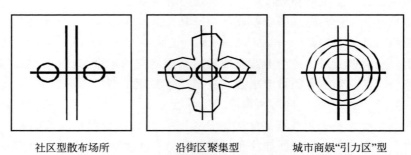

社区型散布场所　　　　沿街区聚集型　　　城市商娱"引力区"型

图 8.16　商娱场所在不同中产阶层化发展阶段的空间结构模式

8.5　社区阶层化原理（资源体系耦合配置规划）

8.5.1　社区（消费偏好）空间层次的共享性规律

社区阶层化是指通过改变社区的人口构成改变了社区的文化及特征，使社区产生新的消费寻求，导致新的消费空间的出现，进而改变社区的商业构成及建成环境，并使社区内部社会空间发生改变的过程（Ley，1996）。社区阶层化原理是指导不同社会经济发展背景下城市社区资源配置规划的主要依据，见图 8.17。

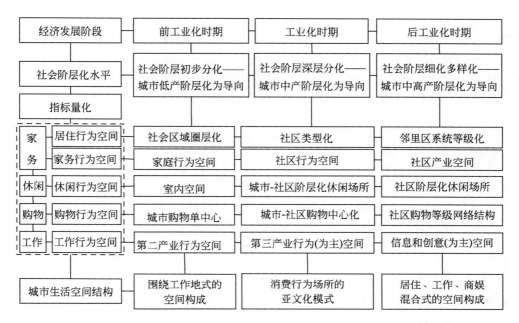

图 8.17　城市不同发展阶段与社会阶层分化及城市阶层化空间结构模式

社区阶层化原理在对应社区的社区资源体系空间共享规律主要表现在以下三个方面。

一是社区（等级或类型）阶层消费文化层次与社区资源体系的等级或类型耦合规律。

二是社区居民生命周期阶段，即生理-社会需求（偏好）决定着不同的社区资源类型场所，见图 8.18。

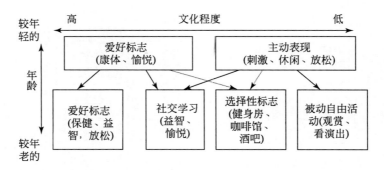

图 8.18　社区居民年龄阶段、文化水平与娱乐场所活动偏好的关系

三是社会行为偏好与社区资源类型耦合规律。

社会学的补偿论（comensotory theory）与熟悉论（familiarity theory）认为社区居民休闲行为为选择与日常活动、职业生活方式不同的活动场所进行（主动或被动）休闲偏好消费。

8.5.2 社区阶层化下社区资源场所配置可获性规律

1. 阶层化下城市社区体系的建构规律

在城市空间演变中，以经济为基础，以社会阶层、地位、文化、年龄所反映的生活方式不同为先导，使城市居住空间进一步分化、分离，形成了具有不同等级、不同功能的各种类型社区体系。这种社区体系构成了满足城市不同阶层居民日常生活所需的空间结构，人们的日常生活行为与城市环境更加和谐，城市的日常城市体系日趋完善，见图 8.19。

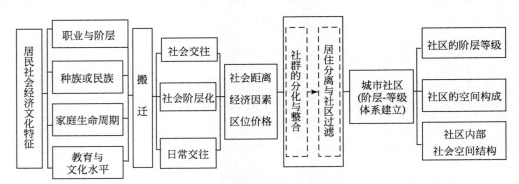

图 8.19   社区阶层化原理下城市社区体系的形成机制

2. 社区阶层化下的城市社区资源配置的场所区位要素结构

在城市社区资源规划中，应该通过各种休闲、娱乐等日常生活行为的主题活动实现社区居民的行为体验与价值实现。其主要区位因素包括行为需求效应、消费行为类型与满意度。上述三类因素对社区资源区位的影响是通过对场所的社会阶层化、社会可进入性、（阶层）可获性以及政府行为等影响场所的布局，从而导致社区资源场所的业态类别的空间分化及其相应的空间等级结构，见图 8.20。

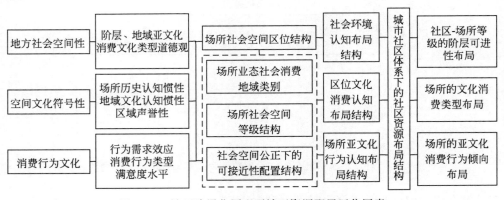

图 8.20   社区阶层化原理下社区资源配置区位因素

3. 社区阶层化下社区体系的社区资源配置场所体系的空间模式

社区资源体系空间布局的影响因素可归纳为：可进入性、场所的舒适度、居民的行为和场所的感知映像（Whyte，2000）。在此基础上影响社区资源利用率以及消费满意度的因素为：地域内场所的拥挤程度、场所内的舒适度等级、居民的行为类型以及设备设施、质量表征、安全性、自然环境的吸引程度或居民审美认知的持续性（Erkip，1997）。

（1）社区阶层化原理下的社区体系的社区资源空间布局模式

在多种生活交通道路形成的"区域路"格局下，发育着不同水平的阶层化社区与社区资源场所；不同发育水平的阶层化社区构成内切圆式结构；以"区域路"不同中心作为构架，在不同阶层化社区的交汇处，形成不同等级或不同聚集性的社区资源集聚区结构，见图 8.21。

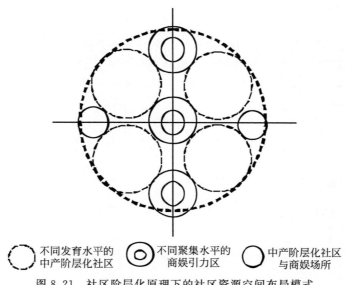

图 8.21　社区阶层化原理下的社区资源空间布局模式

（2）社区阶层化原理下的社区资源空间布局阶段模式

随着社区阶层化在城市中的不断发展，在其不同时期会出现相应的社区资源空间结构及其模式见图 8.22。

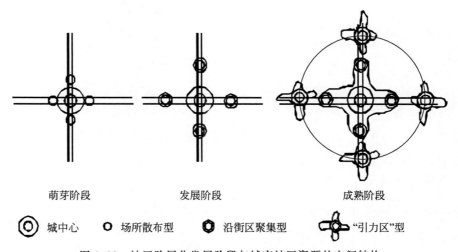

萌芽阶段　　　　　发展阶段　　　　　成熟阶段

图 8.22　社区阶层化发展阶段与城市社区资源的空间结构

1）萌芽阶段

社区阶层化的最初阶段，社区资源主要分布在经济活动频繁的城市过渡地带，紧靠中心商务区（CBD），多依托社区聚集。形成社区周边散布式的场所聚集模式。

2）发展阶段

随着社区阶层化在城市内的大力扩展，相应地社区资源分布也得到了一定程度的扩展与再聚集。交通线的延伸与交通工具的发展为其提供了扩张的可能，地价、地租、可进入性形成的引力区及其声望是其聚集的主要影响因素。此阶段的社区资源多沿街区分布，形成了街区聚集型场所布局模式。

3）成熟阶段

社区阶层化进入成熟时期后，相应的社区资源体系也出现了扩散，这种扩散主要沿交通要道。随着城市的扩展，社区资源集聚区一般布局于城市 CBD 外围、交通中心、城市干道支线两侧、城市开放型大众休闲地区附近以及工作购物必经道路两侧的地区，并有可能在城市外围地区形成次级中心（Antrop，1997）引力区。

8.5.3　社区阶层化的体系耦合配置规划

1. 社区资源的场所层次方面的可获性规划

一个城市或区域的社区资源分布，是按社区体系为单元进行社区资源体系可获性规律的层次耦合规划，见图 8.23。

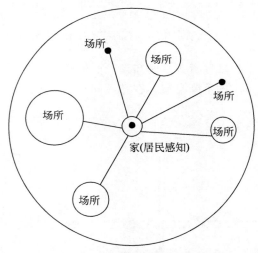

图 8.23　居民消费行为微观空间感知原理下人本主义布局模式

2. 在社区空间层次方面的公平与共享规划

把握社区（消费偏好）空间层次的共享性规律，进行社区资源耦合配置规划，见图 8.24。

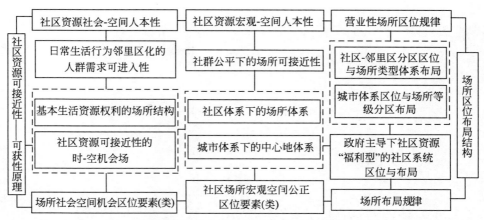

图 8.24　社区资源可获性原理下的社会空间公正要素（类）与（分区）布局模式

8.6　讨　　论

①从城市生活空间质量观出发，提出了社区空间生活质量四个方面的社区资源构建观点及其原理。

②国外对社区资源可获性原理方面的研究的深入已经很成熟，但是对其他三个方面的社区资源配置原理与规划涉及较少。

③本章首次系统提出四个方面的控制性规划内容，以供商讨。

（王兴中　刘晓霞主笔）

附框图文 8：城市社区体系的空间发育（住宅发育）

大城市社区体系（住宅）的空间发育——以西安为例

西安城市社区体系构成，以住宅形态类型作为空间单元来判识，形成了城中村邻里单元、单位制住区邻里单元、高层住区邻里单元、花园住区邻里单元、别墅住区邻里单元与旅游住区邻里单元等六大类型为基础构成的社区体系。

1　城中村邻里单元空间发育

（1）传统城中村邻里单元（内城顺城巷城中村）

由于历史文化名城的制度性对建筑高层控制，改造成了具有地域文化概念的特色街道，居民在居住的同时，经营特色服务，如酒吧、特色饮食、家庭旅馆等。

（2）新型城中村邻里单元（高新区整村集中型新建城中村）

西辛庄城中村位于高新区，因高新区快速扩展而规划，集中新建的城中村社区，其环境条件较好，基础配套设施较全，目前周围已被快速发展的高层社区所包围，是一种典型的新型城中村邻里单元型社区。

图 1　西安传统街坊式城中村（内城顺城巷街坊式城中村）

图 2　新型城中村邻里单元（高新区整村集中型新建城中村）

2　单位制住区邻里单元的空间发育

以单位制单元构成的社区，典型是空间隔离型社区。现代城市的空间隔离在降低高墙隔离的同时，制度性社会隔离则进一步强化。

（1）衰退型单位制邻里单元

早期单位建设的低层住宅区，因单位破产、搬迁等原因，原有住宅区发展动力有限，房屋老化，现代化的配套设施不足，虽然临街墙面被修饰，但新旧对比强烈。

图 3 衰退型的单位制邻里单元

（2）发展型单位制邻里单元（西安交大医学院第一附属医院住区）

图 4 发展型的单位制邻里单元

　　早期建设的低层住宅与后期建筑的高层住宅并存，社区的内部空间及景观构成分化十分明显。

3　高层住区邻里单元空间发育

高层住区的邻里单元，是房地产开发的楼盘，它以"新城市主义""混合居住"的理念，随着城市化向郊区扩展，侵入或置换原农村型聚落而形成。由城郊向远郊其住区"花园"式构成越明显。

(1) 朱雀大街—环路高层住区邻里单元

图 5　一环路高层住区邻里单元

属于内城向外扩展的第一圈层，目前已进行大规模的高层化侵入，城中村已基本解体，为住宅密集区。高层以商业与住宅并重。

(2) 桃园路高层住区（二环）邻里单元

图 6　二环路高层住区

该区域是城市向外扩展的第二圈层，沿二环路已形成了高层住区峡谷型景观。

（3）明德路高层住区（三环内）邻里单元

图 7　三环路高层住区

由三环交通口与长安路交会形成的交通型高层住区，全部以高层建筑为主，下层是生活配套服务。

4　花园住区邻里单元空间发育

花园住区的邻里单元是依据"将高楼建在花园里"的"新城市主义"理念开发出来的。它完全置换了原有的乡村聚落，形成中高阶层人群的住区邻里单元。

（1）历史遗址型（曲江新区花园住区）邻里单元

图 8　历史文化型花园住区

依托优越的历史文化基因资源和（皇家公园）区位，发展起来的以别墅、高层为主体的大型花园式住区，内部花园与外部花园遥相呼应，形成"高尚社区"。

（2）田园都市型（高新区新式花园住区）邻里单元

图 9　田园都市型花园住区

依托外围大尺度的绿化环境，内部规划建设了具有花园性质的高层社区，属典型的高档花园社区。

（3）公园式型（花园社区）

依托城市规划大型城市公园与绿地，全新建设了具有花园性质的高层住区、别墅住区，将原有乡村聚落完全外迁，围绕公园与绿地进行布局，而且别墅区与高层社区通过道路进行隔离。成为典型的职能与住区分离"空间错位"（歧视）的区域。

图 10　田园都市型花园住区

5　别墅住区邻里单元空间发育

别墅住区随着城市向外的圈层扩展，每一圈层都有别墅住区建设。其空间的隐蔽性与建筑、花园结构越来越具有文化属性。

（1）第一代二环内别墅住区邻里单元

图 11　第一代别墅

该别墅紧靠主城区，地处二环内南关大街旁，通过高墙与周围隔离，其内已无围绕的花园可言。

（2）第二代新发展的别墅住区邻里单元

图 12　第二代别墅

该别墅区位于城市二环交通线外，依托城市公园或历史遗址景观保护区，围绕在大唐芙蓉园周围，是西安市最密集的别墅分布区，其建筑文化与花园尺度已相互配置。

（3）第三代远郊别墅住区邻里单元

图 13　远郊别墅区

　　该别墅区位于秦岭北坡山麓景观带边缘上，周围以高墙形成封闭性住区，依托山地泉水，构建花园文化式的别墅。

6　旅游住区邻里单元空间发育

　　旅游住区随着城市乡村旅游与城郊农业观光带的开发，侵入式地镶嵌在旅游景观带上。在西安该类住区主要分布在秦岭北坡景观旅游带内，其外围是生态型城郊农业景观，其内是城市型花园特征。

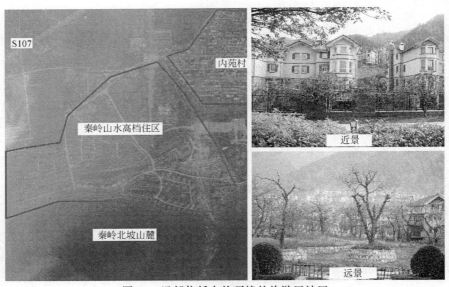

图 14　远郊依托自然环境的旅游区社区

　　该住区位于秦岭野生动物园旁，是秦岭北坡景观旅游带内侵入型住区。

（黄佛君主笔）

参 考 文 献

王兴中 . 2000. 中国城市社会空间结构研究 . 北京：科学出版社 . 80～88，155～158

王兴中 . 2004. 城市生活空间结构研究 . 北京：科学出版社 . 92～102，227～228

王兴中 . 2009. 中国城市商娱场所微区位原理研究 . 北京：科学出版社 . 177～202

张中华，王兴中 . 2009. 城市社区资源的可接近性与规划保障体系的构建 . 建筑学报，（5）：18～22

Antrop M. 1997. The concept of traditional landscapes as a base for landscape evaluation and planning：the example of Flanders region. Landscape and Urban Planning，38 (1/2)：105～118

Belk Russell W. 1995. Studies in the New Consumer Behavior. *In*：Daniel Miller. Acknowledging Consumption：A Review of New Studies. London：Routledge. 58～95

David Ley. 1996. The New Middle Classes and the Remaking of the Central City. Oxford：Oxford University Press. 1，234～236

Erkip F. 1997. The distribution of urban public services：the case of parks and recreationl services in Ankara. Cities，14 (6)：353～361

Macintyre S，Maciver S，Sooman A. 1993. Area，class and health：should we be focusing on places or people. Journal of Social Policy，22：213～234

Whyte H W. 2000. How to Turn a Place Around. Projects for Public Space Inc. 43

Witten K，Eneter D，Field A. 2003. The quality of urban environments：mapping variation in access to community resources. Urban Studies，(1)：161～177

Wu B M，Hine J. 2003. A PTAL approach to measuring changes in bus service accessibility. Transport Policy，(10)：308～310

第9章 （日常生活）城市体系下社区阶层化资源结构的（体系耦合）配置规划与控制

20 世纪 70 年代以后，西方发达国家大城市已开始进入了后工业化发展阶段，这一时期西方城市最为明显的特征是"日常城市体系下的空间社会文化转向"，以社区为单位的城市日常生活空间呈现出典型的阶层化特征，代表了后现代西方城市社会阶层的生活行为的空间规律，建构了（日常生活）城市体系下城市居民生活场所（或社区资源）的时空对应模式。城市发展阶段的不同必将对应不同的社会阶层化空间特征；目前社会（区）阶层分化已经成为一种全球化的空间现象（Bell，2002）。为此，城市社会空间结构与规划学派研究的核心逐渐转向社会阶层化与城市空间结构的对应关系。通过解构日常城市体系下的城市社会空间结构演变特征，研究社区阶层耦合资源结构（社会公正）配置规划和控制，从而为当代中国城市社区规划提供新的思维。

社区资源层次的配置及规划控制研究从人本主义角度出发，揭示社区资源可接近性的水平，从而达到全面衡量城市社会（区）生活空间质量的程度（王兴中等，2008）。通过衡量社区（体系）的社区资源可接近性水平，确定城市社区体系中社区阶层的耦合资源结构。从而在城市社区规划中应更多考虑资源配置的阶层化特征，达到改善社区的生活环境质量及城市社区体系的空间不公正现象。

9.1 日常城市体系下社区阶层耦合资源结构的空间本质

9.1.1 社区阶层化与生活空间的演化

1. 阶层生活方式的空间单元

不同社会阶层是个体社会属性、行为方式等在空间上的差异表征，阶层化是经济社会结构发生转变的空间表现（Castells，1975），是高低收入者不断替换，使城市中社区或者邻里不断重构的空间现象（Ley，1996），主要体现在社区阶层化。社会或社区阶层化主要研究在社会阶层的生活行为扩散和变化规律下，所构建的城市日常居住社区体系和日常生活行为场所体系的时空模式，以此探讨日常城市社会空间结构的变化。根据不同学科的背景总结社区阶层化的内涵主要体现在以下观点（王兴中和高丽，2008）。

①社区形象观。高收入阶层的居住社区往往代表着较高等级的设施配置水准，其居住环境质量一般较为高档，从而能够提高城市社区形象（Marcuse，1985）。②城市复兴观。指城市社区商业及住房在城市轮回复兴中的改善过程。持此观点者还认为社区阶层化的过程实际是低收入社区向高收入社区物质改善的程度与过程（Lambert，2007）。③经济行为观。认为是社区（新住户）对住宅的重修和翻新的水平（Smith，1979）。④（激进）政治（马克思主义）观。认为是城市或社区阶层和种族间的紧张和隔离水平与过程，这通常由于大量

新住户进入某一阶层社区形成的社区过滤而形成（Kennedy，2001）。

2. 阶层生活空间单元的动态过滤

总结不同学科的观点，社区阶层化具有以下几个方面特征：一是在日常城市体系下，社区不同阶层存在着空间置换的特征，主要表现为"社区外的高收入者进入并置换社区内的低收入者"；二是社区阶层化会导致社区物质环境建设的跟进，这有利于改善城市社区住房、自然景观、休闲社区及其他基础设施方面；三是社区的本质特性发生了转变，主要表现在人口构成及文化特征方面。因此可以说社区阶层化实际上揭示了城市（中心）的社区从居民阶层到相应物质条件与环境的高级化趋势，也是城市（中心）再复兴的过程。

9.1.2　社区资源与社区阶层生活空间单元的耦合

社区资源与社区居民健康与健全的生活有密切的关联。要提高城市社区（邻里区）社会生活空间质量，就要提高社区资源的空间与社会机会结构，即社区资源的可获性，满足不同社会阶层公平需要。要提高整个城市社区体系下的社区资源可获性，首先要构建或调整城市完整的社区体系，提高各阶层居民进入居住社区的可获性；其次要构建或调整城市社区资源的空间与社区机会性（即通过规划保障和设施指标的控制来实现）。因此，城市社区资源的空间本质为：从规划与管理的角度提出和建设、调整或改变日常城市体系下社区阶层构成与社区资源耦合空间结构布局（至少通过补偿性布局）及其机会机构，从而提高不同社区阶层的社区资源的可获性，提升日常城市生活空间的"人本化"质量水平。因此，社区资源配置及规划能够从宏观上调控各类阶层人群对社会-生活空间的可获性，满足城市居民的健康与健全生活空间的需求。

9.2　社区阶层耦合资源与城市日常生活空间单元重构认知规律

9.2.1　社区阶层化下的日常生活空间单元认知构成

1. 社区阶层化下对城市日常生活空间单元构成认知

城市是由不同类型阶层的邻里区构成的。社会经济地位决定了社区居民在城市中的区位以及所享受的资源类型。不同社区的社群空间联系程度决定其社会距离的大小，社会区位与社会距离就导致人们对不同社区的地点感（place sense）和社区感知水平。这样具有同等社会区位和社会距离的社区居民对其他社区的社会性就有不同的认知内容，从而形构社区阶层化下的城市日常生活空间结构的认知构成关系（Hartshorn，1992），见图 7.9。

2. 社区阶层化下对城市社区资源的宏观性认知

社区阶层化趋势下对城市生活空间的宏观状况认知，可以通过对社区资源的认知（评价）要素进行认知，重要的是对构成社区资源的建筑、设施、场所等及其连接它们的空间通道的宏观感知。其次是对反映上述社区资源的可接近性程度、类型多样性、新旧状况、保护状况、配置等级等的感知。对社区阶层化趋势下的日常城市体系下的社区资源要素的感知，可综合形成不同阶层对日常城市中心地体系、社会区域体系以及城市基础服务设施（资源）配置体系的评价标准、偏爱状况等（王兴中，2004），见图7.10。

3. 社会阶层的社区资源认同观

一般而言，不同社会阶层的生活方式具有不同的特征。以中产阶层为例，目前更多地倾向于从事那些体验性的消费活动，这些体验式的消费行为场所成为城市社区阶层化耦合资源结构的重要组成部分。首先，中产阶层娱乐消费的生命阶段与商娱性场所有对偶关系。其次，中产阶层更倾向于街区时尚（商娱）文化，其文化场所沿着一定的街道聚集，其娱乐场所常常包括具有夜生活特征的咖啡厅、饭店、酒吧、艺术画廊、书店、提供电影和现场表演的中小型剧院，还有许多综合性场所等社区资源。这些非餐饮场所也提供食物与饮料等（Florida，2001）。

9.2.2　社区阶层耦合资源结构的认知规律

日常城市体系下，城市社会生活空间的本质在于建立起不同效益的社会区位等级体系，即建立起社区式的阶层耦合的亚文化空间结构，它们代表了城市内部不同等级空间生活质量水平，并以休闲设施、娱乐设施等资源（场所）的空间体系形式表现出来[1]。社区资源（场所）的行为环境产生的行为氛围约束和邻里效应约束，分割或隔离城市社会-生活空间，表现为资源（场所）环境—态度区域—地方感（场所感）—社会阶层—生活方式—价值观（Castells，1975）。因此，社区资源要素构成直接影响人类社会关系的形成，而社会阶层的构成结构又直接影响社区资源的配置状况，形成具有空间识别效应的耦合空间组织特征。由于不同社会阶层生活方式的异同，在空间上耦合了不同类型、等级、规模的阶层化社区资源[2]。这些社区资源尤其以休闲游憩场所资源最为明显（图9.1）。

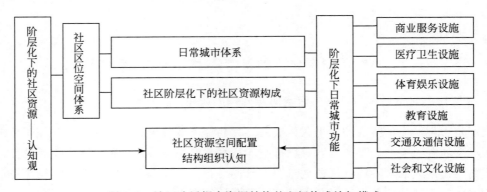

图 9.1　社区阶层耦合资源结构的空间构成认知模式

① 张波.2006.城市休闲、游憩、娱乐场所观（生态、社会、重构观）对城市营业性娱乐场所研究的概念、原理及其指标体系.西安外国语大学硕士学位论文.16～17，50

② 丁蕾.2007.国内外城市社会地理学研究的基本原理——城市社会空间结构及其微区位研究.西安外国语大学硕士学位论文.51，52

9.3 城市社区阶层耦合资源空间结构的体系可获性模式

9.3.1 社区阶层耦合资源空间的等级结构模式

社区阶层化下的社区资源空间组织体系是通过社区等级体系中的社区资源配置表现出来，从而产生阶层行为方式与社区资源类型的空间响应。社会阶层通过不同行为活动的场所等级来彰显对应的耦合关系，并制约着社区资源规划配置类型和分布格局。社区阶层耦合资源的等级性主要表现在资源所在区位的等级性以及不同阶层的差异性。社区资源配置类型和服务等级一方面表现为从城市 CBD 向城市郊区中心数量、质量的递减分布；另一方面表现为社区资源分布格局与城市社区居民消费层次和行为活动空间的对应（Day，2005），见图 9.2。

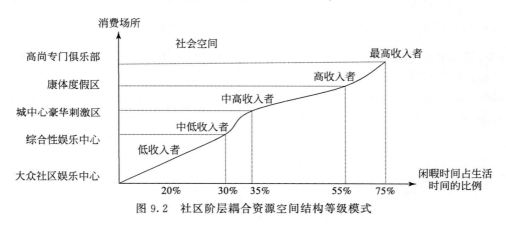

图 9.2 社区阶层耦合资源空间结构等级模式

9.3.2 社区阶层耦合资源空间的引力结构模式

社区资源伴随城市社会经济空间的发展会出现由分散到集聚再到分散的发展阶段。随着城市社会经济的发展到较高的水平阶段，一方面艺术家及文化职业者等大量创新阶层开始出现；另一方面，出现中上新富阶层，如医生、律师和商人等。他们在城市有声望的高档社区大量聚集，呈现出中产阶层化的成熟时期特征。这时内城渐渐被新中产阶层抛弃。因而，那些与之配套的相关服务产业资源出现了扩散，这种扩散主要沿交通要道，并且仍聚集于中产阶层工作地周围。随着城市的扩展，一般布局于城市 CBD 外围、交通中心、城市干道支线两侧、城市开放型大众休闲地区附近以及工作购物必经道路两侧的地区，并有可能在城市外围地区形成以商娱业为导向的社区资源引力区（图 10.22）。

9.4 城市社区阶层化资源结构的（体系耦合）配置规划与控制

9.4.1 社区阶层耦合资源结构公正规划的控制路径

1. 社区（消费偏好）空间层次的共享原理下控制社区生活空间质量

国外对城市生活空间质量的研究已经证明，居住空间社区基础服务设施及场所资源的适居性、舒适性和可接近性的完美结合是构成城市社区社会-生活空间质量的本质。国外对社区生活行为与社区设施之间的关联性进行替代研究，认为社区资源与社区生活空间质量存在正相关的关系（王兴中，2000）。具体表现为：①阶层化社区的基础设施提供的机会结构水平决定社区资源可接近性水平（图9.3）；②构成城市居住社区环境（或邻里区）的基础设施（体系）是居民能否获取健康与健全生活的决定因素。

2. 社区阶层化的社区资源场所配置原理下，控制社区资源可接近性

社区资源可接近性是指社区资源（社区六大类生活设施）对满足社区居民生活需求的区位的接近性，即是社区资源的空间机会结构或空间机会模式为人们提供社区健康与健全生活可能性；可能性可进行客观调查与测量，并对其（社区资源）的地理区位不均等性进行空间量化。

3. 社区阶层化的体系耦合配置原理下，控制社区空间公正性

提高城市生活空间质量，可从提高社区资源的可获性入手，提高可获性就要从城市管理入手。通过社区资源的公共服务与设施的空间布局（至少通过补偿性布局）的方法可以改变机会结构，从而提高社区居民对社区资源的可获性，以达到提升城市生活空间质量水平。通过改变城市空间的不平等模式，减小社会不平等性，才能体现社会公正性（Macintyre et al.，1993）。

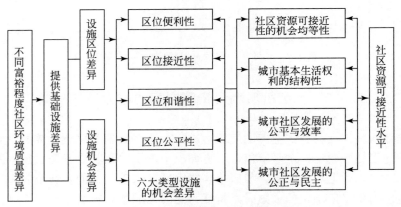

图9.3　社区阶层化耦合资源结构的差异本质

9.4.2　社区阶层耦合资源结构规划控制指标

根据国外社区资源相关设施的控制指标情况，结合目前我国城乡规划公共服务设施配套建设有三项标准：《村镇规划标准》、《城市居住区规划设计规范》和《城市居住地区和居住区公共服务设施设置标准》（DGJ 08-55-2006）。选取六大类社区资源后，通过资源可接近性、建筑面积、用地面积、规模尺度、景观化程度、建筑风格、服务半径、类型多样性等建立社区阶层耦合资源结构的规划控制指标体系（表9.1）。

表 9.1　社区阶层耦合资源结构规划控制指标体系

目标层	因子层	控制层			
		软性控制指标	控制规模（控制性指标 m²/千人）		
			建筑面积	用地面积	备注
购物及商业服务设施	1.1 小卖部	可接近性程度		60	
	1.2 水果肉菜市场		120	148	可综合设置
	1.3 百货店			60	
	1.4 小餐馆	区域位置		60	不得与住宅一起设置
	1.5 超市	距离		100	
	1.6 银行			80	
医疗卫生设施	2.1 药店（私人门诊）	环境条件	50	20	
	2.2 单位医院		16	32	
	2.3 社区医疗服务中心		10	6	10 万人设一处
体育和娱乐设施	3.1 公园	艺术水平		200	
	3.2 游泳池	舒适度	10	40	
	3.3 社区广场			100	
	3.4 社区活动中心		90	100	建规（2004）167 号
	3.5 图书馆（室）	满意度	90	100	建规（2004）167 号
	3.6 网吧			2	
教育设施	4.1 幼儿园	建筑风格		300	
	4.2 小学			870～1300	
	4.3 初中	建筑风格		787～919	生均建筑面积 11.9m²
	4.4 高中	规模尺度		1000～1400	生均建筑面积 11.9m²
	4.5 职业学校			1100～1500	
	4.6 成人大学（夜大学）	景观化程度		1100～1500	
公共交通与通信设施	5.1 邮局			5	
	5.2 公交汽车站	维护现状		0.5	
	5.3 公用电话亭			0.3	
社会和文化服务设施	6.1 理发店	服务半径		10	
	6.2 洗衣店			3～6	
	6.3 社区服务中心	类型多样性	10	6	10 万人设一处
	6.4 家政服务中心		10	6	10 万人设一处
	6.5 残疾人协会			5	
	6.6 物业管理公司			10	

注：控制规模参照了《城市居住地区和居住区公共服务设施设置标准》（DGJ 08-55-2006）。

9.4.3　社区阶层耦合资源结构空间布局区位选择

社区资源布局要充分考虑城市居民的资源可接近性，以人为本、处处为使用者考虑，影响社区资源布局的因素主要有：资源区位的可视性、易接近性和区域展示性。

1. 社区资源的可视性和易接近性区位

（1）最好的区位条件——远角区位

远角区位就是主要道路和次要道路交叉的拐角处，并且两条路上都有可以进入该店的入口，以及两条路的中间没有用隔离带分开，远角区位具有非常强的可视性和易接近性[①]。如图 9.4 表示了一个可接近性正趋于最大化的区位，其区位结构特点为：①有四条路上都没有任何障碍，零售业店的临街面和街道之间有可以容纳两辆车同时通过的两条车道；②超市正面的最小宽度应为 38.1 米，而且街道上限定的车速越快，临街面的面积就应越大；③在主要道路上应有两个大的入口，以便顾客在高峰期时亦可顺利进入；④次要道路上应有一个距离拐角比较远的出入口，防止十字路口拥挤时，离开该区位的车造成交通堵塞。

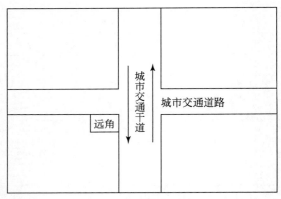

图 9.4　远角区位

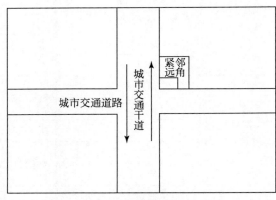

图 9.5　紧邻远角区位

（2）较好的区位——紧邻远角的地方

较好的区位是紧邻远角，面临主要道路，并位于街角区位的后面，有通道可以通向次要道路的地方。如图 9.5 所示，该区位的结构特点为：①即使主要道路上有中间隔离带，该区位的可视性和可进入性仍然很好。②次要道路上的出入口对该社区资源大有裨益。首先，顾客从这个口离开会比较安全、顺利；其次，增加了该网吧的可视性；最后，该区位拥有更多的停车空间。

（3）较差的可视性和易接近性区位

为了获得最大的可接近性，应避免采用曲线车道内的区位、便道上的区位、单项路上的

---

① 郭柳剑 . 2005. 基于社区资源可接近性原理的城市居住社区生活空间质量评价及其规划探讨 . 西安外国语大学硕士学位论文 . 30～40

区位、有死胡同的区位等。特别是在有死胡同的街道上布局社区资源最不可取，因为它几乎失去了可视性与可接近性（图 9.6，图 9.7）。

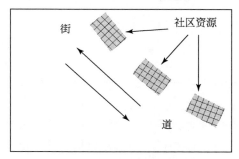 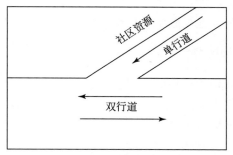

图 9.6　曲线车道内的区位　　　　　图 9.7　单行道的劣势区位

2. 社区资源规划布局的区位构成要素

（1）区位的便利性

资源布局应尽可能地让顾客出入方便。良好的方便性可以掩盖设施自身的不足，可以把一个并不理想的地点转换成一个切实可行的资源区位；社区设施的服务应尽可能趋于完善，有条件的商业服务网点可以提供上门服务。

（2）区位的安全性

安全性是一个良好区位的基本属性，特别对购物中心、市中心沿街商店与孤立的建筑尤为重要。反映设施场所的安全性，必须确保场所具有良好的照明。因为足够的灯光可以鼓励和吸引更多的人光顾该场所，还可以降低交通事故和犯罪率。

（3）区位的适停性

在西方，汽车成为人们出行或购物的主要交通工具。因此在考虑某个区位时，应把停车场排在第一位。停车场的适停性的核心是舒适、方便、安全和便利的出入口。停车场的布局要考虑顾客舒适的停车习惯、停车场的安全性与方便性、足够的面积以及出入口的设计等。

9.4.4　日常城市体系下社区阶层耦合资源结构公正规划保障策略

1. 社区服务设施规划布局

各类设施的布局应根据所服务的人口、内容以及设施的经济规模确定各自的服务等级及相应的服务范围，安排在相应层次的空间内。社区建设设施应安排在社区内较为重要与近便的位置，如社区中心或邻里中心等；而社区教育设施的布局应注重安全性与方便性，宜根据各自的服务范围设置在地域中心位置，并与社区内步行、绿地系统相联系；社区的商业服务设施则应根据方便居民及自身市场发展规律的原则灵活布局，规模与布点也要考虑一定地域内的功能组合、集聚效应和服务半径。

2. 社区公共空间规划布局

公共空间在社区资源配置中占有重要的地位。这些公共元素决定着我们共享世界的质量，表达着我们对社区的价值感。社区公共空间的建设要综合多层次要素，突显居住社区空间的组织结构，丰富公共空间层次，实现室内与室外、社区内与社区外、"公有"与"私有"空间的平衡与渗透。环境设计上，应突显其公共性，倡导公正与民主的精神特质，即公共空间为广大居民（包括老人、儿童与成年人，健康人与残障人及不同阶层的社区成员）服务，而不是为社会权威及少数精英服务。

3. 社区公共交通设施规划布局

社区内的道路交通体系对社区整体环境质量意义重大，采取何种方式，必须结合具体情况，或者人车分流，或者人车共存，或者两者有机结合。在社区内部，规划设计应以行人安全、促进街道生活气息为价值取向，形成多样化交通方式并存的道路结构体系，发展多种居民出行交通方式，包括公共交通系统、自行车、短距离步行、小汽车租赁、社区巴士等。社区可通过公共交通站点的布局、修建侧道和自行车道、修建舒适的人行道、要使街道易于穿行、增加残疾人过街横道以及建设绿色街道等提高社区资源的可接近性水平。

4. "小杂居、大聚居"混合型布局

"大聚居"对应的是保持相同阶层人群的空间集聚，保持了社区的同质化，能够促进居民的认同感以及加强居民之间的凝聚力；"小杂居"则对应的是社会区域不同类型阶层的不同亚文化人群混合居住，从社会整体和谐角度出发，可以促使不同行为类的居民相互理解，有利于消除社会隔阂。由于转变"文明"行为文化的人群具有较高的社区资源等级满足欲望，会通过社区过滤（寻找更加优越的设施条件的搬迁行为）不断置换出较高质量等级的服务设施环境留给较低文明行为文化的居民，整个城市邻里的生活环境质量也得以提升。

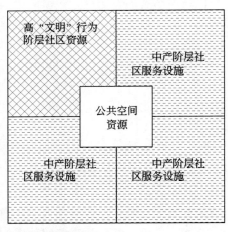

图 9.8　不同阶层社区资源配置模式图

在社区资源的规划配置方面，社区可以根据不同类型亚文化人群的生活需要，设置沿街式的街坊级公共配套设施资源，其余的公共服务设施资源则集中于社区（或邻里区）中央，配套标准的公共配套设施。对那些小杂居的混合居住的均质化社会区域，在配套规划上应注重适应亚文化行为的不同需求，高中低档配套社区资源，形成丰富多样性的社区资源体系，满足不同主体需要。从而在日常城市体系层面体现出社区资源规划配置"无差异性"的社会公正面；而对"大聚居"形式的阶层化社区的存在，社区资源规划配置必须提出"差异性"（图 9.8，图 9.9），可以体现以下几个方面：一是不同类型社区配置不同等级的社区资源；

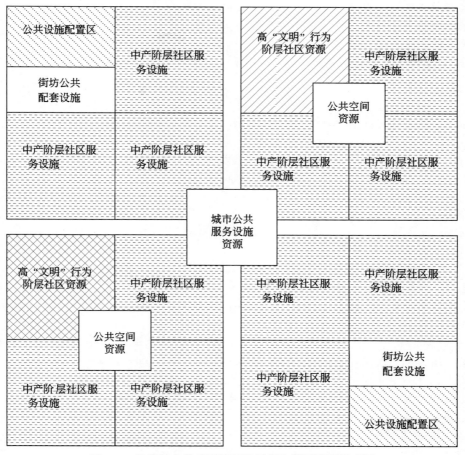

图 9.9 日常城市体系下社区阶层耦合资源配置模式图

二是不同类型的社区配置不同内容的公共资源，如在底层阶层社区需要配置修理铺很有必要，而在精英阶层和中产阶层社区则没有必要；三是不同类型的社区配置不同的公共设施规模，购买能力的差异导致对商品的挑剔程度不同，因此不同层次的消费者对公共配套的整体规模要求不一样。

9.5 讨 论

①根据国内外城市社会生活空间发展的背景，社区阶层化现象已成为当代城市与社区规划中面临的不可回避的挑战。本章主要就日常城市体系下社区阶层耦合资源结构的社会空间本质、内涵、特征、模式及其空间结构认知规律等进行探讨；并就日常城市体系层面提出一些社会公正规划理念、规划控制指标、规划布局引导，且寻求在更大尺度的城市居住空间结构、公共服务设施组织、公共空间、交通组织等方面，如何在规划中考虑社区阶层化的影响，这是当代社区规划从业者不可忽视的领域。

②社会经济发展水平与阶段伴随社会阶层分化和社会阶层化的空间演替，在该规律制约下，各种生活行为空间类型和所构成的生活方式上存在着时空序列阶层式差异，致使以日常生活消费行为场所为代表的社区资源在空间结构上也呈现社会阶层化差异；社区阶层因不同

的文化价值差异不仅能够导致社区资源的空间结构上显现出类型化与等级化分布模式，而且在日常城市体系中会通过"社区过滤"式的作用重构城市社会生活空间结构，并引导城市生活空间质量的不断改善。

　　　　（王兴中　张中华　李九全主笔，贺信　文静　扬引第　李瑾　郭慧　邓秀琴参加）

参 考 文 献

王兴中.2000.中国城市社会空间结构研究.北京：科学出版社.193～214

王兴中.2004.中国城市生活空间结构研究.北京：科学出版社.13

王兴中，高丽.2008.大城市中产阶层化与商娱场所的空间结构.人文地理，（2）：50

Bell D. 2002. The Coming of Post-Industrial Society. New York: BasicBooks. 57～58

Castells M. 1975. Immigrant workers and class struggles in advanced capitalism: The western European experience. Politics and Society, 5 (1): 33～66

Day R H. 2005. Behavioral Economics: Implications for Economic Theory and Policy. Journal of Socio-Economics, 33: 715～724

Florida R. 2001. The Rise of the Creative Class and How It's Transforming Work, Leisure, Community and Everyday Life. New York: Basic Books. 120～125

Hartshorn T A. 1992. Interpreting the city : an urban geography. 2nd edition. New York: John Wiley and SonsInc

Kennedy M, Leonard P. 2001. Dealing With Neighborhood Change: A Primer on Gentrification and Policy Choices. A Discussion Paper Prepared for The Brookings Institution Center on Urban and Metropolitan Policy

Lambert C, Boddy M. 2007. Transforming the City: Post-Recession Gentrification and Reurbanisation. http://www. neighbourhood centre. org. uk, 2007-01-20

Ley D. 1996. The New Middle Classes and the Remaking of the Central City. Oxford: Oxford University Press. 1, 234～236

Macintyre S, Maciver S, Sooman A. 1993. Area, class and health: should we be focusing on places or people? Journal of Social Policy, 22, 213～234

Marcuse P. 1985. Gentrification, Abandonment, and Displacement: Connections, Causes, and Policy Responses. Journal of Urban and Contemporary Law, (28): 193～240

Smith N. 1979. Towards a Theory of Gentrification: A Back to the City Movement by Capital, Not People. Journal of the American Planning Association, 46: 14, 15

第 10 章　城市社区资源体系的（社会公正）配置规划与控制

城市社会空间结构观点认为：城市（社区）生活（空间）质量的实质是对城市生活行为（对应空间）资源的获取过程（王兴中，2000），但在此过程中，存在着获取城市生活行为资源的机会制约和能力制约因素，决定了居民城市生活质量的不平等性特征与城市邻里区、社区生活质量之间的差异性特征。如何构建社区等级-类型体系与（日常生活行为）的场所等级-类型体系空间耦合结构，以满足各类阶层居民日常生活行为在空间（或场所）上可接近、可获与可经历的需要，体现社会公平与空间公正理念已成为社区研究和构建和谐社区的核心问题之一。

通过梳理国外发达国家城市社区生活空间结构及其规划的研究，表明从 20 世纪 90 年代至今，城市社区规划研究集中在社区资源可获性的理念以及场所布局的趋势，也可以认为社区资源的可获性研究已成为城市社会-生活空间研究的焦点之一。对社区资源可获性的评价主要通过社区资源剥夺水平来反映。本章借鉴城市社会生活空间质量观下社会空间公正规划理念以及社区体系建构原理，总结社区资源可获性评价的理念以及空间剥夺的 GIS 方法，并尝试性地构建社区资源社会公正配置规划的控制指标体系。

10.1　社区资源可获性评价的原理与方法

10.1.1　社区资源可获性评价的原理

1. 社区资源可获性研究的国内外综述

（1）社区资源可获性评价研究

英、美、新西兰等国众多案例的研究成果认为（Howden-Chapman and Tobias，2000；Witten and Eneter，2003）娱乐设施、健康服务、公共交通和通信、购物与商业（银行）设备（施）、教育服务、社会与文化服务等六个类型的环境要素是构成社区（邻里区）生活空间质量的基础设施主体，它们构成了健康（生活）空间的社区资源，社区资源可获性则是城市不同（社会）等级社区居民对其社区所具有的六大类社区生活空间质量基础设施在客观上获取的可能性和程度。

霍华德 1898 年提出的将"田园城市"作为城市与乡村居民共同生活的社区，城市资源和乡村资源可以为城市居民和乡村居民集体共享，可以理解为田园城市的规划思想是最早"广义"的社区资源可获性的体现。随后的邻里单元理论、《雅典宪章》和前苏联的"小区"理论等也都提出了包含"社区资源可获性"的规划理念；20 世纪 60 年代后，随着人文主义思想的复兴，理论研究重点更多地向人的生理、心理及行为需求的社区生活空间质量层面，满足人们最基本的生活行为对"社区资源"的可获性。

20 世纪 70 年代以后，西方发达国家陆续进入后工业化阶段，城市的空间问题集中到社会空间方面（王兴中，2004）；对社会公平、空间公正的关注与研究成为社会的发展方向。其中，社会学从社会公平角度开创了对社会资源的剥夺研究（Townsend，1987），而地理学则从空间公正角度研究空间剥夺现象（王兴中，2004）。在社会学中剥夺主要应用于社会贫困化研究、社会满意度研究、社会公平公正研究等（Hornberg and Pauli，2007；Chakravarty and Mukherjee，1999）。因为剥夺水平又导致区域健康与福利水平差异，为此，21 世纪初健康地理学将之应用于健康、福利、身体质量指数等的研究（Eibner and Sturm，2006；Namdeo and Stringer，2008）。地理学者发现，空间现象的差异性不公正与贫困剥夺的社会不公平现象有对应关系。为此，贫困剥夺这一理念被社会地理学引入，重点探讨区域社会资源与社区资源等方面的空间剥夺及其空间公正研究（Cubbin，2008）。不管是社会学的社会公平研究还是城市社会地理学的空间公正研究，其最终目的是一致的——提高城市生活质量。

对城市社会地理学而言，对城市生活空间质量的研究已从区域层次深入到城市系统，从而更进一步延伸到城市社区空间体系（刘晓霞和王兴中，2008）。西方发达国家对城市社区环境质量从日常生活空间的角度通过近十年的研究认为：要提高城市社区或邻里区的生活空间质量，就要从提高社区资源可获性入手（王兴中等，2004；Warin et al.，2000；Mitchell et al.，2000；Turok et al.，1999），社区资源可获性主要通过社区资源剥夺水平来反映，它可衡量社区生活环境空间是否公正。

社区资源层次的空间剥夺研究主要是从全面衡量城市社区体系的生活空间质量以及对应的社区资源可获性的水平。进而，通过社区规划的资源的配置，达到改善社区的生活环境质量及城市社区体系的空间不公正现象。2000 年 Pampalon 和 Raymond（2000）率先研究了魁北克的康体卫生与死亡率、社区资源剥夺水平之间的关系。Cubbin（2001）研究了健康、物质与邻里（社区）资源剥夺关系。引发了发达国家城市社会地理学对社区资源剥夺与社区公正配置的研究朝向。如 2005 年 Aphrodite Niggebrugge 等、2007 年 Jamie Pearce 和 Karen Witten 等创立了复合剥夺指数法对区域的社区与邻里资源剥夺问题研究（Niggebrugge，2005；Pearce et al.，2007）。目前针对社区资源剥夺水平的研究已经成为国外城市社会地理学关于城市生活空间质量以及健康生活空间的研究前沿之一（Pearce et al.，2007），而基于社区资源剥夺水平进行社区资源的可获性评价也随之成为城市社会-生活空间研究的重要研究内容之一。

国内在《中国城市生活空间结构研究》一书中对社区资源可获性做了开创性研究工作，提出并建立了适应中国城市社区资源环境质量的 CRAI-GIS 评价模式（王兴中，2004），建立了空间公正理念下城市社区体系的社区资源配置原理。

（2）社区资源社会公正配置规划的控制研究

20 世纪 90 年代作为一种新政治哲学主流思潮的"第三条道路"在国外发达国家兴起。其内涵之一是"坚持社会和谐的核心价值——社会公正"，即"必须建立个人与社会之间合作与包容的一种新型关系"。这种社会经济发展思潮促使城市相关学科的研究，共同朝向社会空间公正与社区资源配置的探讨方向。

英国学者米尔恩（1995）认为，公正表现为"给每一个人他所应得的"的基本形式，至于何为应得和给予的，则取决于共同体成员的资格条件、各种价值和制度，以及与这些相关的各种不同角色。公正的内容在不同的共同体各不相同，"但是，不论一个社会共同体特定的文化和价值如何，有一种东西是每个成员都应该得到和给予的，这就是公平待遇。"对于公共资源而言，公正就意味着公共资源在社会成员之间的公平分配。

至于如何解决社会各领域基本价值资源的公平分配问题，罗尔斯（1998）指出，应通过正义的社会制度来实现，这种正义体现为两个基本原则。第一个原则适用于社会政治领域，保证平等的自由。第二个原则适用于社会经济领域，保证平等的分配，并具体体现为差异原则与机会平等原则。因此，社区资源作为福利社区化的特点，可以归纳为提供人性化的服务，提供居民参与的机会服务。

该思想反映到城市社会生活建设方面即表现为"平民化"内容的"新城市化运动"思潮。就社会区域与生活场所而言，社会学强调社区与场所经济发展是社会公平与效率的协调，居民在享有自己社会权力的同时必须负担相应的社会责任，社区与其生活场所的发展与管理要建立在公平公正原则之上，并且体现着社区所有成员的社会要求。地理学的空间公正理念认为，城市工业文明满足不了公众对城市空间的要求，希望重构社区资源使城市与社区具有环境、文化与社会的空间文明。满足各阶层人群多样化的空间生活方式，以及生活方式的社区与场所。社区与生活场所应对所有居民具有社会公平性，场所区位应对所有居民具有空间公正性。其核心表现为居民的空间可接近性，反映在城市社会环境中则表现为日常生活场所区位的空间结构应满足各阶层居民基本生活权力的社会空间的可获要求（图 10.1）。

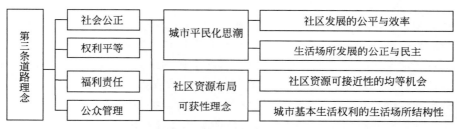

图 10.1　第三条道路思潮下的社区资源空间公正配置原理

从意大利经济学家帕累托（Vilfredo Pareto）提出的"帕累托最优化"（pareto optimality）规律解释，指经济中的资源配置已经达到了这样一种状态，即在这种最优化状态下，资源配置的改变不会在任何一个人效用水平至少不下降的情况下使其他人的效用水平有所提高。在社区资源公平配置中的应用主要表现为：①使资源朝大多数的居民群体倾斜，同时兼顾部分精英阶层的特殊需要；②使资源在普通居民中的配置达到福利型享受和必要支出之间的平衡；③使资源的配置在同一地区的不同社区之间实现相对公平，资源匮乏的社区同样应该享受资源调适后的益处；④使资源配置能够兼顾当前与长远、局部与整体等方面的关系；⑤使资源在配置机制的市场选择和其他选择中达到资源利用的优化等（Gimpel and Schuknecht，2003）。

但目前国外还没有系统的对社区资源社会公正配置规划下的控制研究。国内目前尚未有社区资源配置的系统研究，仅在社区服务设施、社区规划的研究中涉及一些相关内容。

2. 社区资源可获性评价的原理

（1）社区资源可获性评价的基础理念

城市生活空间质量观的社会公平与空间公正原理（图 1.2）揭示：构建居民日常生活行为所对应的物质空间、社会空间和文化空间，必须满足以下三条普世性规律才能引导城市社区生活空间评价与规划：

第一，社会公平要求社区资源与社区体系的布局必须空间公正；

第二，居民日常行为的高度自由选择要求城市社区和生活场所具有高度的可进入性；

第三，社会价值保护就意味着社区类型和文化与场所类型体现包容性和平等性。

（2）社区资源可获性评价的原理

社区资源（体系）可获性水平体现在"社区资源的空间可接近性"、"社区资源的空间机会结构"、"社区资源的社会可接近性"和"社区资源的人本可接近性"四个方面（图 8.4）。它们构成了影响评价与社区资源可获性的主要要素。

1）社区资源的（客观性）剥夺原理

A. 社区资源（客观性）空间剥夺水平

物质上和社会上的剥夺（deprivation）包括物质商品、设施和娱乐活动的缺乏，以及对日常社会生活中的活动、联系和习俗的较难接近。通过对城市不同（社会）等级的社区（或邻里区）资源剥夺的实证研究认为，六类社区资源的分布数量与质量的水平及其结构有很大差异。这些差异就导致对应社区生活空间的不平等健康模式，对此称为社区资源空间剥夺模式（spatial paterning of deprivation），其剥夺指数（deprivation index）可以表现其剥夺的数量与质量水平。（Howden-Chapman and Tobias，2000）

B. 社区资源空间剥夺的区位机会结构

社区资源中，其设施或场所的物资（资源）与社会经济力量的投入量密切相关，并对其功能质量产生直接影响。其次，社区（或邻里区）居民居住区位与社区资源（及其质量）关联作用的日常生活路线距离构成了（居民的）社区资源的区位机会结构（Townsend，1987；Macintyre et al.，1993）。社区资源的空间区位机会结构或空间机会模式为人们提供了社区健康与健全生活的可能性，因而居民生活的健康性与健全特征的完善或缺失则取决于这种可能性的大小。社区资源空间区位机会结构的剥夺水平表现在区位的"便利性"、"接近性"、"和谐性"与"公平性"四个方面（图 8.3）。

2）社区资源可获性评价的原理

A. 社区资源可获性评价的路径

遵循"社区资源可接近性的均等机会"和"社区类型生活场所人本性"与社区体系的对偶关系，衡量社区居民对社区资源的获取和利用程度。通过对社区资源的（客观性）剥夺水平与社区资源的区位机会结构剥夺水平，揭示社区资源可获性评价的总水平。

社区资源可获性评价是研究不同阶层化社区内是否配置对应等级的社区资源类型，及社区资源的获取和利用程度。该原理能深刻地测量社区居民（尤其是"有小孩的父母及其照料者"家庭人群）在日常生活环境（居住邻里区（或社区））中，对与其日常生活行为有关联的社区资源（社区六大类生活设施）的"物质空间可达性"和"社会空间可进入性"。

B. 社区资源可获性评价原则

人本主义原则。把服务社区居民作为评价的出发点和立足点，不断满足各阶层社区居民日常生活行为对社区资源的需求，努力为社区居民提供一个良好的适居生活环境。

公众参与原则。社区资源可获性评价是对涵盖社区大多数人群对社区资源的利用水平，只有社区居民才是社区资源的实际使用者和受益人，因此要鼓励社区居民积极参与评价过程，使评价结果更加客观、真实、有效。

综合评价原则。立足于社区的实际情况，采取主客观指标相结合，综合运用实证方法和行为方法，反映出不同阶层社区当前发展过程中的生活服务设施存在的关键性需求和主要问题，为社区资源的空间配置提供明确的规划方向。

C. 社区资源可获性评价要素

数量评价。为最基本的评价要素之一，考察社区生活服务设施体系是否完整、设施的数目能否与涵盖社区大多数人群日常生活行为对设施的需求量相匹配，是居民能否获取健康与健全的生活行为的关键。

质量评价。随着社会经济的发展，在社区阶层化下，趋向于形成社区空间体系与社区资源的对偶配置发展规律，即不同等级的社区总是与对应等级的（行为）场所耦合。该要素评价主要是考察社区内社区资源的质量与不同阶层社区的耦合关系。

时空评价。该要素主要是考察社区资源的区位在时空上是否对社区居民具有"物质空间可达性"和"社会空间的可接近性"。即居民与生活服务设施的可接近性距离以及居民与生活服务设施的可获性距离，前者主要是指实地距离，也可用可达时距来表示；而后者则指经济距离（收入差异），因社区而异，其可获性距离要从认知的角度进行具体确定。

居民满意度评价。该要素主要在以上三要素评价的基础上，采用行为方法，对社区生活服务设施绩效进行感知评价，社区居民使用社区生活服务设施的整体满意程度，包括社区居民对社区生活服务设施的预期与实际使用效果比较后而产生的感知，更加体现评价原理的人本性特征。

D. 社区资源可获性评价内容

基于社区资源可获性原理，衡量不同阶层化社区内居民（主要以"有小孩的父母及其照料者"家庭人群为主）对日常生活环境（居住邻里区或社区）中影响与构成居民健康与健全生活行为的 6 大类 32 小类社区资源的获取和利用程度。并将感知评价与定量评价相结合，选取数量、质量、时空、居民满意度四方面进行可获性评价，通过构建社区资源可获性评价指标体系，并对指标体系进行空间量化，运用 CRAI-GIS 方法和 SPSS 方法进行数据处理，最后得出社区资源可获性地图，评价结果可通过城市管理的政策和规划，采用社区资源的公共服务与设施的空间布局（至少通过补偿性布局）的方法改变机会结构，从而达到提升社区日常生活空间的"人本化"质量水平。

E. 社区资源可获性评价指标体系

可接近性（或可获性）距离下的设施数量：

为了解释不同类型服务和生活福利设施的空间变化模式，我们采用不同类型社区资源可接近性距离来测度，即按距离网区中心的距离划分，国外采用 500m、700m、1500m、2000m、3000m 和 5000m 等分类的距离来划分不同社区资源类型（表 10.1）。

表 10.1　社区居民对不同生活服务设施（距离认同）接近性测度体系表

类　型	距离（m）	30C	500	1000	2000	3000	5000
购物及商业服务设施	1.1 小卖部	1					
	1.2 水果肉菜市场		1				
	1.3 百货店		1				
	1.4 小餐馆	1					
	1.5 超市			1			
	1.6 银行		1				

类 型	距离（m）	300	500	1000	2000	3000	5000
教育设施	2.1 幼儿园	1					
	2.2 小学		1				
	2.3 初中			1			
	2.4 高中				1		
	2.5 职业学校						1
	2.6 成人大学（夜大学）			1			
	2.7 老年大学			1			
医疗卫生设施	3.1 药店（私人门诊）	1					
	3.2 单位医院		1				
	3.3 社区医疗服务中心			1			
	3.4 大中型医院					1	
公共交通与通信设施	4.1 邮局	1					
	4.2 公共汽车站		1				
	4.3 公用电话亭	1					
体育和娱乐设施	5.1 公园			1			
	5.2 游泳池				1		
	5.3 社区广场		1				
	5.4 社区活动中心		1				
	5.5 图书馆（室）			1			
	5.6 网吧	1					
	5.7 电影院			1			
	5.8 老年活动中心		1				
	5.9 健身体育活动场地			1			
社会和文化服务设施	6.1 理发店	1					
	6.2 洗衣店	1					
	6.3 社区服务中心		1				
	6.4 家政服务中心			1			
	6.5 残疾人协会	1					
	6.6 物业管理公司		1				
	6.7 其他			1			

注：根据《城市居住区设计规范（GB 50180—93）》（中华人民共和国建设部，2002 年版）1 表示规范设计要求的标准距离，小于该距离表示社区资源可获性越强，大于该距离表示可获性越差，赋值可用 2，1，0，-1，-2 表示

参考我国《城市居住区设计规范（GB 50180—93）》（中华人民共和国建设部，2002 年版），根据国内城市发展趋势，城市居住区设计遵循以多层和高层为主体的建设模式，人均居住用地为 17～26m²/人，居住区半径为 500m，（如据测算上海特大城市公交站距的最优为 680～797m），再参考公共设施的分类分级标准，可以确定为 300m、500m、1000m、

2000m、3000m 和 5000m（不同城市据实际情况还可进行修订）。

设施质量。社区资源的质量要反映出其用途，多用高中低表示，赋值为 2，1，0。

社区资源（选取）标准。计算每个网区中心在可进入距离范围内的社区资源数目，或者是用"1"或"0"来表示某个具体资源存在或是不存在。

指标间权重的确定。计算每个网区中心在可进入距离范围内的社区资源数目，或者是用"1"或"0"来表示某一个具体资源存在或是不存在。

指标评价体系。通过设施的可接近距离、质量、选取标准和社区类型（新建社区、成熟社区、衰退或复兴社区）构成的社会区域可建立社区居民生活服务设施可获性的指标体系（表 10.2）。

表 10.2　社区资源可获性评价指标体系

类型		新建社区				成熟社区				衰退或复兴社区			
		质量	距离（m）	选取标准	权重	质量	距离（m）	选取标准	权重	质量	距离（m）	选取标准	权重
购物及商业服务设施	1.1 小卖部												
	1.2 水果肉菜市场												
	1.3 百货店												
	1.4 小餐馆												
	1.5 超市												
	1.6 银行												
教育设施	2.1 幼儿园												
	2.2 小学												
	2.3 初中												
	2.4 高中												
	2.5 职业学校												
	2.6 成人大学（夜大学）												
	2.7 老年大学												
医疗卫生设施	3.1 药店（私人门诊）												
	3.2 单位医院												
	3.3 社区医疗服务中心												
	3.4 大中型医院												
公共交通与通信设施	4.1 邮局												
	4.2 公共汽车站												
	4.3 公用电话亭												
体育和娱乐设施	5.1 公园												
	5.2 游泳池												
	5.3 社区广场												
	5.4 社区活动中心												
	5.5 图书馆（室）												
	5.6 网吧												

类型		新建社区				成熟社区				衰退或复兴社区			
		质量	距离(m)	选取标准	权重	质量	距离(m)	选取标准	权重	质量	距离(m)	选取标准	权重
体育和娱乐设施	5.7 电影院												
	5.8 老年活动中心												
	5.9 健身体育活动场地												
社会和文化服务设施	6.1 理发店												
	6.2 洗衣店												
	6.3 社区服务中心												
	6.4 家政服务中心												
	6.5 残疾人协会												
	6.6 物业管理公司												
	6.7 其他												

10.1.2　社区资源空间剥夺的 GIS 评价方法

1. 社区资源可获性的数量方法

20 世纪 90 年代以来，西方学者对社区资源可获性方法的技术性探讨，已形成了完整的剥夺指数数量化原理。围绕该原理形成了有两类代表性的剥夺指数方法。

（1）构成资料（compositional data）数量法

该类方法有三种著名的指数法。有"新西兰剥夺指数"法（Crampton and Davis，1998）、"尤斯泰姆指数"法（Carstairs et al.，1991）和"唐赛得指数"法（Townsend，1987）。它们都是利用完整的区域范围内人口普查或社会调查中的人口资料，统计居民对社区基础设施利用情况，尤其是社区资源可获性状况。此类方法侧重对居民个性特征资料的统计来判识社区环境构成，忽视了社区群体与社区环境的（生活）生态关系。因此，就有生态假象（ecological fallacy）感知之嫌。

（2）背景指数（contextual data）法

该方法在"构成资料"分析方法的人口统计资料基础上，加入人口资料与社区宏观物资环境的特征资料，对它们进行综合的生态关系分析（Kearns et al.，2000）。其生态分析的方法模式见图 10.2。

2. 社区资源可获性指数（CRAI）的 GIS 方法

该方法从区域层面上对自然（与物质）环境的构成、社会（与服务）环境的可进入性进行度量，从中找出社区居民家庭与当地服务设施与福利质量的可获得性（Kearns et al.，2000）。这种可获性主要从影响日常生活的难易程度，提高社区居民的心理认同感与可进入的社会公共交往效果等方面进行判识，以弥补上述两种方法对社区环境"人本化"方面的缺失。因此，21 世纪初以来，CRAI 指数研究愈来愈向社区环境"人本化"方面进行深入挖掘。CRAI 的 GIS 方法基于能扩展对社区资源各要素进行更细微范围的调查，其网络与应用技术分析的可靠性，可使对社区资源可获性指数（CRAI）定性定量的刻画更加完善

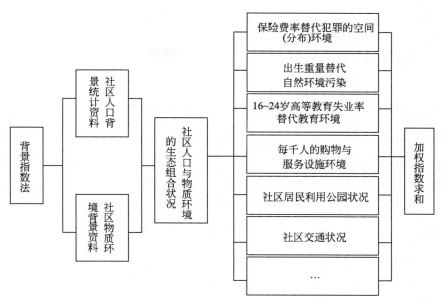

图 10.2　社区资源可获性背景指数方法模式

（Lovett et al. ，2000）。在此方面形成了三种常用的方法。

（1）可获性的同等机会测度法

该方法在居民有同等机会使用交通工具的条件下，认为社区所有资源对居民具有相等的距离和行进接近时间（Joseph et al. ，1984），用社区资源数量多少来探测可获性。这种方法仅能从表面揭示社区间环境质量的可比性效果。

（2）可获性的"时-空"测度法

该方法用居民使用社区设施在时间上与空间上的约束程度来度量"可获性"（Kwan，1999）。英国在此方面应用网络距离（network distance）和接近时间（travel time）对社区可获性指数做了 GIS 的初步探讨。此方法仅能判认社区资源可获性的空间变化。

（3）综合的 GIS 方法

该方法首先对"可获性"定义为距离每个网区（mesh block）中心最大范围内的生活、服务类设施种类与数量（与质量）的量化综合。其特点为：一是综合"可获性的同等机会测度法"与"可获性的时-空测度法"的长处；二是首先确定测度区域（社区）的空间界限最小区域——网区，使居民具有相同"接近时间"；三是再用"最大距离"测度（控制）每类社区资源的变化，因为该距离表明不同类型的社区资源（设施）对不同规模空间（如邻里区、社区与社会区）差异的重要性；四是用网区的网络分析与社区资源的构成（距离、数量、质量以及权重等指标）量化综合揭示（某一区域或社区的）网区间社区资源的可获性（Witten et al. ，2003）。

10.2　社区资源体系的（社会公正）配置规划与控制

10.2.1　社区资源社会公正配置的规划方向

社区资源可获性的（功能公正）配置必须把握在"社区质量认知关注（面）层次的（功

能公正）配置"的控制，"居民消费行为结构需求与'阶层化'场所（社会公正）配置"的控制，以及"居民日常生活行为交往融合空间（文化公正）配置"的控制。在以上三个方面的配置或控制理念原理下，再具体进行社区资源的可获性社会公正规划，要遵循两个规划方向。

1. 城市社区体系生活空间结构的社区资源体系规划

此规划方向要从三个方面进行社区资源的体系控制：
①社区资源与城市资源体系耦合，构成城市社区（空间-区位-社会）类型规划；
②空间公正与文化尊严、行为价值结合的社区空间体系规划；
③城市社区生活质量需求下的社区资源空间公正规划。

2. 城市社区生活（人本环境）可获性下的空间共享规划

（1）社区资源公正性配置的共享规划

社区空间质量普世性改善需"公正价值介入"，具体表现为"公平"与"共享"的社区资源可接近性配置。

（2）社区资源共享可获性规划模式

不论从城市内社会区域体系，还是社区内场所体系的角度，必须以社会公平、空间公正、文化尊严、行为价值保护的角度配置社区资源体系或社区资源，保障各阶层居民对社区生活空间与场所的客观可获取，构建社区体系内的行为场所公正体系（图2.8）。

10.2.2　城市社会-生活空间质量观下的社区资源配置的控制原则

从城市社会-生活空间质量构成要素来看，对生活空间质量有较强影响的社区物质环境是社区生活空间质量的核心，因此需要从提高这些社区物质环境质量入手来提高社区居民的生活质量。

1. 城市社会-生活空间的可接近性原则

城市生活空间质量的本质在于构建城市完整的社会-生活空间结构与场所体系，这样各类社群居民才有空间距离的可接近性与社会距离上的可进入性。

①城市社区资源配置要具有社会空间与生活空间结构的系统性与完整性。规划要体现对人的关怀，充分满足人的日常生活行为所涉及空间的各种需求，营造积极的社区生活空间内容，提高居民对社区的心理认同感。

②在社区资源配置中，社区资源的类型要符合社区居民认知需求的差异性、阶层需求性与生活方式的价值性，这样不同阶层人群与消费群体才能有机会进入社区。

③城市居住社区既是宏观区域组成单元，又是城市社会系统中的组成单元，其构成具有整体性与开放性特征。从社区资源配置上讲，既要有社区与场所组成的等级与类型构成，又不要形成阶层与文化消费隔离的空间地域。

④社区资源配置的系统性与整体性不能局限于对居住或场所空间物质环境因素及其经济、效率的关注，同时还要对社会结构、居民生活、交往行为、文化观念等进行多层次的关注与探求。即转向人本位的、从更全面、更深刻的层次对"人与人的社会空间关系"的社会

距离尺度与社会区位营造与引导。在营造的策略上，既应有对社会空间宏观发展方向的把握，还应有对社区价值与意义的关注。

2. 社区资源配置耦合原则

社区资源包括影响与构成健康与健全生活行为的社会与物质环境或场所，不同类型的社区应有对应类型的社区资源，它们的空间耦合关系构成了社区生活行为的场所结构，这样社区生活空间才具有适居性与舒适性。

①从静态构成而言，适居性要求居住社区资源具有"可居住性"品质，能满足社区居民的多层次需求。这不仅涉及社区规模、空间结构、服务设施、道路交通、绿化小品等形态空间环境要素，也关系到社区内主体间交往、社区服务、社区管理、文化生活等场所体系的体系建构。

②从动态发展而言，舒适性要求社区资源具有"适应性"与一定的"灵活性"特征。这主要是由于社区处于不断的发展变化之中，社区居民的家庭结构、社会经济地位、行为模式及需求爱好等也会发生变化。这就要求社区资源具有能够适应社会结构及日常生活交往方式与需求等变化的适应性与灵活性。

3. 社会公平与空间公正原则

在市场经济规律下，城市社区与场所质量建设会向有钱、有权阶层倾斜，形成空间"极化"现象。城市社区体系建设应避免低等级社区空间强迫性"上滤"，出现社会的不公正与空间的不公正。

在此原则下，社会公平与空间公正原则有两个层次。①在城市社会空间层次，表现为机会与空间原则，即城市需要提供使各阶层能够入住的对应安居社区，能获得就业的工作场所以及（生理-心理）安全、生活与健康休闲活动的社区及其场所，使各类居民拥有可进入的社区体系与场所体系并过上城市生活。②在城市生活空间层次，表现为公平与共享（justice and sharing）原则。公平原则不仅意味着社区主体对空间环境资源、场所服务设施与组织管理具有共同享有、占用、参与的权力与义务，而且意味着具有不同类型的社区居民有权力并有条件实现各自不同的正当的基本生活需求，尤其社区中的弱势群体或社区依赖群体，更应该能够通过政府、社会等的惠顾得到实质性的帮助与支持。"共享"则是实现"公平"的社区资源配置的途径，"共享"不仅是指对生活服务设施、环境景观、社区决策参与等权利的共享，还包括对社区提供服务、环境设施维护以至资金支持等义务的共享。

4. 社区环境与文化生态可持续原则

城市社区资源配置环境与文化生态可持续发展原则：①社区环境生态的可持续性，要求将居住社区看作大的城市生态系统乃至区域生态系统中的一个子系统，遵守自然规律，并与城市生态系统协调发展。在社区资源的设计中充分考虑自然地理、物理气候及人文地域等因素，在材料与技术的选择、环境的保护、资源的利用、微气候的改善、污染与废物的控制等方面进行科学的决策。②社区文化生态的可持续性。首先，应考虑社区在城市文化生态系统中的地位；其次，必须实现社区内各类亚文化行为的空间组成单元与场所，如保持社区内社会成员日常生活行为的地方化或功能的复合，生活交往的丰富性与社区组织的健康运作以及地域建筑空间文化的构建等。

5. 地方价值化原则

地方价值化是指通过社区资源外在物质形态方面的地方特色和风貌塑造，进而培育社区的文化特色和精神特质，并通过突出场所地方价值培育社区居民的地方感和社区感。城市社区资源配置与管理应充分考虑不同社区的差异性，包括自然地理气候条件、经济条件、社会文化特征以及生活方式等方面的差异性，从而制定符合地方实际的配置对策。同时，地方价值化还应该反映地方的建设传统和空间特征，包括地方化的建筑材料、建筑形式和空间结构特征。

10.2.3 城市社会-生活空间质量观下的社区资源公正配置的要素控制

随着社会经济的发展，在城市化过程中社区逐渐形成空间体系，这样不同的社会阶层进入对应的居住社区，其物质条件与环境相应"空间阶层化"，社区资源也趋向对偶配置发展的规律。社会阶层化下，社区资源配置重在对社区内的不同类型社区资源与布局模式的社会-生活空间构建。即在社会阶层生活行为变化、扩散与组合规律下，对应社区体系与日常生活行为场所社区资源有对偶配置时-空模式。

城市社会-生活空间质量不但包括客观的物质环境，还包括心理的认知环境构成。前者多为空间形态，后者多为对其的认知评价。两者的和谐组合与否，体现在居民对其的适居性、舒适性的满意度的认知水平上。这种综合性、人本性的心理期盼，应成为提高城市社会-生活空间质量的社区资源配置要素（图 10.3）。

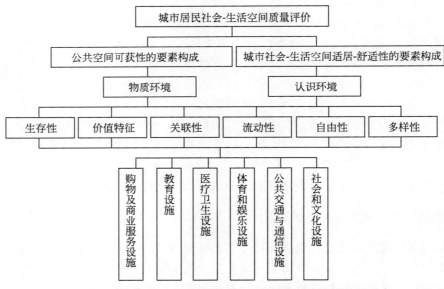

图 10.3 城市社会-生活空间质量观下的城市社区资源配置要素

10.2.4 城市社会-生活空间质量观下的社区资源配置控制的指标体系

基于社区资源可获性原理，结合国外社区资源可获性指数的 GIS 方法原理，城市社会-

生活空间质量理念下的 CRAI-GIS 方法社区资源配置控制指标体系见图 10.4。

综合来看，城市社会-生活空间质量下的社区资源的评价标准是适居性和舒适性，而构成二者的是物质环境和认知环境，也就是社区资源的构成和质量，因而结合其所具备的六大特性和架构的六大类型以及 36 个亚类型，是构成社区资源的核心指标。

根据新城市主义的观点，邻里、分区和走廊成为"新城市主义"社区的基本组织元素。它们所构筑的未来社区的理想模式是：紧凑的、功能混合的、适宜步行的邻里；位置和特征适宜的分区；能将自然环境与人造社区结合成一个可持续的整体的功能化和艺术化的走廊。这旨在再造城市社区活力的设计理论和社会思潮，由于城市发展阶段、城市规模、城市空间结构与形态、城市道路网区结构限定着社区资源布局，资源区位与距离，这些已成为社区资源可获性规划与控制指标体系的关键制约条件。

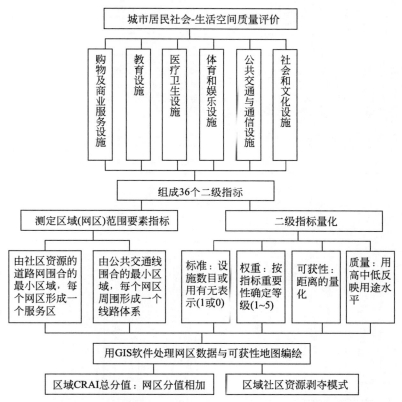

图 10.4　城市社会-生活空间质量理念的社区资源配置控制指标体系

10.2.5　城市社会-生活空间质量观下的社区资源公正配置规划流程

社区资源配置规划流程包含 5 个阶段（图 10.5）：第一阶段，以城市社会-生活空间质量评价开始；第二阶段，从评价结果中发现问题；第三阶段，分析城市社会-生活空间结构层面、社区资源空间结构层面、社区资源管理层面等三方面问题的成因；第四阶段，针对具体问题提出应对策略，规划社区资源配置中的近期行动战略、远期发展战略；第五阶段，规划实施后的实施监控调整，是社区资源配置弹性发展的过程，也是保持社区持续发展必不可少的。

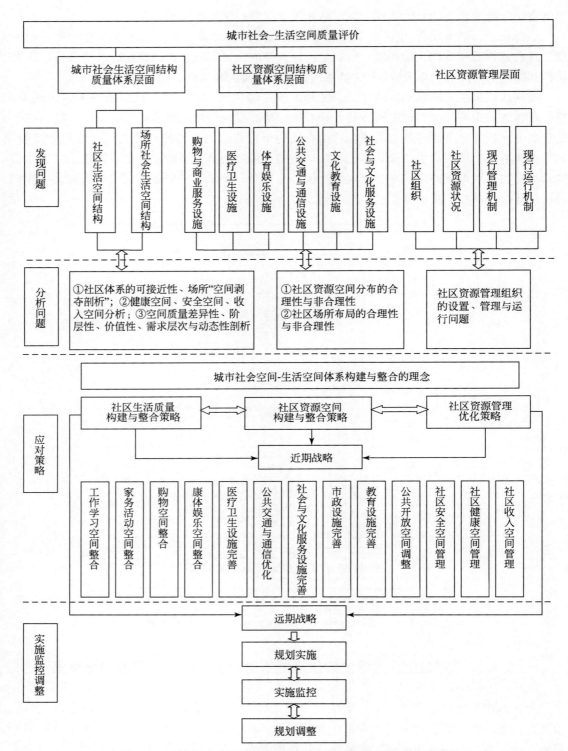

图 10.5　城市社区生活质量空间需求下的社区资源配置规划流程

10.3　讨　　论

　　要提高城市社区或邻里区的生活空间质量，就要从提高社区资源可获性入手。而社区资源可获性的强弱则通过社区资源剥夺的高低来反映。本章通过对社区资源空间剥夺原理的探讨追溯社区资源可获性评价的机理，总结社区资源的可获性原理与方法。尝试提出构建了社区资源社会公正配置规划的控制指标体系，从概念上阐明，可以通过社区资源的公共服务与设施的空间配置与控制（至少通过补偿性布局）的方法改变机会结构，从而提高社区居民对社区资源的可获性，以达到提升社区日常生活空间的"人本化"质量水平。以上仅供讨论。

（王兴中　翟洲燕　黄佛君　刘晓霞　常芳主笔，胡天婵参加）

参 考 文 献

刘晓霞，王兴中 . 2008. 城市社区的社区资源公正配置研究 . 人文地理（2），39～42

罗尔斯 J. 1988. 正义论 . 北京：中国社会科学出版社 . 292

米尔恩 M. 1995. 人的权利与人的多样性——人权哲学 . 北京：中国大百科全书出版社 . 58

王兴中 . 2000. 中国城市社会空间结构研究 . 北京：科学出版社 . 20～33

王兴中，等，2004. 中国城市生活空间结构研究 . 北京：科学出版社 . 3～103

Carstairs V，Morris R. 1991. Deprivation and health in Scotland. Aberdeen：Aberdeen University Press

Chakravarty S，Mukherjee D. 1999. Measures of deprivation and their meaning in terms of social satisfaction. Theory and Decision，47：89～100

Chakravarty S，Mukherjee D. 1999. Ranking income distributions by deprivation orderings. Social Indicators Research，46：125～135

Crampton P，Davis P. 1998. Measuring deprivation and socioeconomic status：Why and how? New Zealand：New Zealand Public Health Report，81～84

Cubbin C. 2001. Neighborhood context and cardiovascular disease risk factors：The contribution of material deprivation. Ethnicity & Disease，11：687～700

Cubbin C，et al. 2008. Is Neighborhood Deprivation Independently Associated with Maternal and Infant Health? Evidence from Florida and Washington. Matern Child Health，12：61～74

Eibner C，Sturm R. 2006. US-based indices of area-level deprivation：Results from HealthCare for Communities. Social Science& Medicine，62：348～359

Gimpel J G，Schuknecht J E. 2003. Political participation and the accessibility of the ballot box. Political Geography，22（5）：471～498

Hornberg C，Pauli A. 2007. Child poverty and environmental justice. Int. J. Hyg. Environ. Health，210：571～580

Howden-Chapman P，Tobias M. 2000. Social Inequalities in Health：New Zealand 1999. Wellington：Ministry of Health，76

Joseph A E，Philips D R. 1984. Accessibility and utilization：geographical perspective on healthcare delivery. New York：Harper and Row

Kearns A，Gibbibb K，Mackay D. 2000. Area deprivation in Scotland：a new assessment. Urban Studies，37：1535～1559

Kwan M P. 1999. Gender，individual access to urban opportunities：a study using space-time measures. Professional Geographer，51：210～227

Lovett A，Haynes R，Sunnenberg G，et al. 2000. Accessibility of primary health care services in East Angli-

a. University of East Anglia，Norwich：School of Health Policy and Practice

Macintyre S，Maciver S，Sooman A. 1993. Area，class and health：should we be focusing on places and people? Journal of Social Policy，22：213～234

Mitchell R，Gleave S，Bartlet M，et al. 2000. Do attitude and area influence health? A multilevel study of health inequalities，Health and Place，6，67～79

Namdeo A，Stringer C. 2008. Investigating the relationship between air pollution，health and social deprivation in Leeds，UK. Environment International，34：585～591

Niggebrugge A. 2005. The index of multiple deprivation 2000 access domain：a useful indicator for public health. Social Science & Medicine，60：2743～2753

Pampalon R，Raymond G. 2000. A deprivation index for health and welfare planning in Quebec. Chronic Dis Can，21 (3)：104～113

Pearce J，Blakely T，Witten K，et al. 2007. Neighborhood Deprivation and Access to Fast-Food Retailing A National Study. American Journal of Preventive Medicine，32 (5)：375～382

Townsend P. 1979. Poverty in United Kingdom：a Survey of Household Resources and Standards of Living. London：Penguin

Townsend P. 1987. Deprivation. Journal of Social Policy，16：125～146

Turok I，Kearns A，Goodlang R. 1999. Social exclusion：in what sense a planning problem? Town Planning Review，70，363～384

Warin M，Baum F，Kalucy E，et al. 2000. The power of place：space and time in women's and community health centres in South Australia. Social Science and Medicine，50，1863～1875

Witten K，Eneter D，Field A. 2003. The quality of urban environments：mapping variation in access to community resources. Urban Studies，40 (10)：161～177

第11章 城市社区（感知）功能区的 （空间和谐）资源配置规划与控制

社区环境质量是由社区的各类基础设施决定的，其本质差异在于社区资源（即社区各类型的基础设施）的可接近性水平，要提高城市社区或邻里区的生活空间质量，就要从提高社区资源的可接近性入手。从人本主义视角出发，人们对城市社区功能类型的判识，是从"邻里区感应"的规律去认识的。对感知功能型社区的社区资源配置有其空间和谐的认知规律。以行为与环境可以替代的人本行为方法为思路，在国内外社会学及城市社会地理学对社区生活质量综合研究的基础上，探讨感知功能型社区及其空间和谐资源配置指标与控制概念体系。

11.1 城市社区（感知）功能型结构

11.1.1 居民感知的城市空间层次

居民的日常城市生活行为由于"在空间-时间上各具有一定对应的重叠性-节奏性-内容的确定性的模式"（王兴中，1995），因而在不同城市范围形成不同的感知层次与类型（图11.1）。

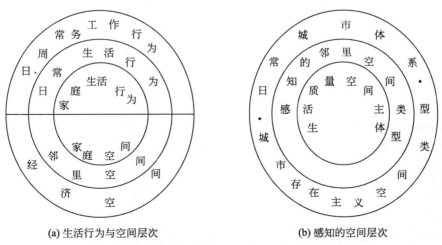

(a) 生活行为与空间层次　　　　(b) 感知的空间层次

图 11.1　居民城市生活行为对城市空间的感知类型

11.1.2 居民感知城市空间序列与社区功能构成

居民以家庭居住地为中心，随着生活行为的不同，与城市空间的三个层次有重复性与节奏性的作用关系，形成三个层次的感知空间。这些感知空间不一定在区域上连续，也有可能重叠。感知的空间层次见表11.1。

表 11.1 居民感知城市空间的层次序列

感知空间	感知空间名称	感知区域组成				
城市整体空间 （完全城市生活圈）	日常城市体系	城市存在主义区域系统（existential regions of city）（Ley，1983）				
城市局部区域 （低级城市生活圈）	存在主义区域	存在主义区域类型				
城市邻里区域 （基本城市生活圈）	感应邻里区	感应邻里区类型				
		均质型邻里	交往型邻里	职能型邻里	社区型邻里	自然型邻里

11.1.3 城市存在主义区域类型与对应社区资源（感知）好恶的构成

城市存在主义区域有三对六种区域类型（图8.11）。每类区域类型对应有不同的感知邻里区（图11.2）。

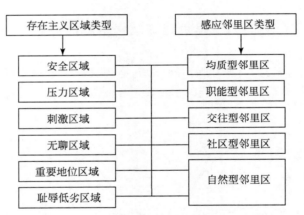

图 11.2 存在主义区域与感应邻里区的对应关系

城市居民对社区资源（场所）有感知上的"好"与"恶"之分。社区设施（场所）的"好"、"恶"性又与存在主义区域类型有一定的配置对应性（图8.12）。

11.2 城市社区（感知）功能类型（空间和谐）资源配置与规划控制

11.2.1 社区功能类型（空间和谐）资源控制配置的指标体系

1. 城市社区体系下的设施（资源）空间构成体系配置指标

（1）城市居民均可远离的公共利益设施（资源）配置体系

①日常城市范围内：化尸场、燃气场、污水（垃圾）处理场等；

②社会区域范围内：医院与垃圾站等；

③社区范围内：公厕、市场等。

（2）城市居民场所可接近的社区福利性设施（资源）配置体系

①日常城市范围内：公园类型（资源）体系；

②社会区域范围内：广场类型（资源）体系；

③社区范围内：公共空间与绿地设施类型（资源）体系。

2. 社会区域尺度下的设施（资源）的距离构成体系配置指标

（1）社区设施（资源）距离效应构成配置指标体系

①排外社区的设施（资源）配置：为均可远离的公共利益性设施（资源）配置体系；

②社区边界设施（资源）配置：为均可接近的福利性设施（资源）配置体系；

③社区中心设施（资源）配置：基本日常生活商品与服务设施（资源）配置体系。

（2）设施（资源）类型与社区体系距离效应构成配置指标体系

社区设施（资源）与社区可获距离与其类型有关，在社区的设施（资源）距离效应体系下，其分布就与社区体系构成耦合。另外，不同发展水平的城市，其居民感知的社区设施（资源）距离有差异，其配置的指标体系有别（表 11.2）。

表 11.2　中国城市（西安）居民对社区生活设施距离认同（王兴中，2004）

类　型	距离（m）	300	500	800	1500	2500	3500
1. 体育和娱乐设施	1.1 公园						40%
	1.2 运动和休闲设施			43%			
	1.3 图书馆						80%
	1.4 游泳池					60%	
	1.5 社区文化娱乐中心		52%				
	1.6 社区体育活动场地		66%				
2. 公共交通和通信	2.1 公共汽车站	70%					
	2.2 公用电话亭		65%				
	2.3 邮电局						52%
3. 购物设施	3.1 小卖部	70%					
	3.2 水果肉菜市场		50%				
	3.3 银行			45%			
	3.4 小餐馆	75%					
	3.5 超市					46%	
	3.6 大型购物商场						60%
4. 教育设施	4.1 幼儿园		55%				
	4.2 小学			60%			
	4.3 初级中学				43%		
	4.4 高级中学					46%	
	4.5 技能培训学校						48%
	4.6 夜大						51%

续表

距离（m）／类型		300	500	800	1500	2500	3500
5. 健康设施	5.1 社区医疗服务中心	40％					
	5.2 私人门诊			61％			
	5.3 单位医院				45％		
	5.4 助产诊所				42％		
	5.5 大中型医院						54％
6. 社会和文化设施	6.1 社区活动室		62％				
	6.2 乘坐出租车点	80％					
	6.3 文化站					44％	
	6.4 派出所						46％
	6.5 社区警卫室		70％				
	6.6 社区服务中心				50％		

注：表中所列为行为调查中居民选择某一设施的最大比例数

3. 社区亚文化类型下设施（资源）的区位构成体系配置指标

（1）社区阶层设施（资源）的文化场所类型配置指标体系

阶层社区其居住外的行为多呈现阶层性的亚文化特征，以体现其生活方式的文化差异性，该差异性形成对场所（资源）的好恶偏好价值取向，其场所（资源）类型配置指标有一定的体系规律（图 8.7，图 8.8）。

（2）社区亚文化差异设施（资源）的文化场所价值配置指标体系

社区的亚文化差异，主要表现在民族文化社区与阶层类型社区的文化场所。前者的设施（资源）文化场所与其民族文化的宗教与习俗有关，后者的文化场所与其商娱文化行为的场所类型有关，其布局原理见图 8.5。随着城市的发展，中产阶层文化场所类型发育很快，其文化场所（资源）配置指标体系见表 11.3。

表 11.3　国外中产阶层商娱消费行为与对应场所（王兴中，2009）

中产阶层不同群体		生活行为模式或商娱行为	商娱场所（观）
经济资本占优势的新富阶层	中上新富阶层	住：别墅；行：豪华汽车；衣：名牌服饰；身份象征：生活秘书或情人	环球旅行、高尔夫或各种俱乐部、高级美容院
	中等或中下新富阶层	住：连体别墅；行：中档汽车；衣：名牌服装	跟团旅游、健身房
文化资本占优势的专业阶层		住：拥有现代或后现代装修风格的建筑；衣：衣着有品位；身份象征：具有文化品位的群体	咖啡厅、酒吧、音乐会、画展、境内外个性化旅游
经济资本与文化资本兼有的白领阶层		住：都市白领楼宇；衣：以名牌折扣服装或仿制品为自己的选择；身份象征：去国外快餐店	精品屋、美容院、保龄球、高尔夫练习场、国外快餐店
新型文化人阶层		住：SOHO社区或同居；行：分期付款购车；身份象征：模仿时尚名流或个性化的装饰	酒会、流行音乐会、娱乐场所聚会

11.2.2　社区功能类型（空间和谐）资源配置的规划与控制

1. 均质型社区的资源配置规划与控制

感知的均质（功能）型社区，其聚集的区域往往形成"安全区域"的存在主义类型。因此，均质（功能）型社区的社区资源（场所）的空间和谐配置，主要从"安全区域"的消费场所（资源）类型进行规划与控制（表 12.5）。

2. 交往型社区的资源配置规划与控制

感知的交往（功能）型社区，其聚集的区域往往形成"刺激区域"的存在主义类型。因此，交往（功能）型社区的社区资源（场所）的空间和谐配置，主要从"刺激区域"的消费场所（资源）类型进行规划与控制（表 12.5）。

3. 职能型社区的资源配置规划与控制

感知的职能（功能）型社区，其聚集的区域往往形成"压力区域"的存在主义类型。因此，职能（功能）型社区的社区资源（场所）的空间和谐配置，主要从"压力区域"的消费场所（资源）类型进行规划与控制（表 12.5）。

4. 自然型社区的资源配置规划与控制

感知的自然（功能）型社区，其聚集的区域往往形成"重要区域"或者"耻辱低劣区域"的存在主义类型。因此，自然（功能）型社区的社区资源（场所）的空间和谐配置，主要从"重要区域"或者"耻辱低劣区域"的消费场所（资源）类型进行规划与控制（表 12.5）。

5. 社区型邻里区的资源配置规划与控制

感知的社区（功能）型邻里区，其聚集的区域往往形成"无聊区域"的存在主义类型。因此，社区（功能）型邻里区的社区资源（场所）的空间和谐配置，主要从"无聊区域"的消费场所（资源）类型进行规划与控制（表 12.5）。

11.2.3　设施"耻辱"社区的空间公正规划

美国称耻辱型设施土地利用分布地为"LULUS"（Schwab，1994），即耻辱型设施所在的地方是"不受这个地方欢迎"。换句话说，就可能被其他地方或其他人欢迎。普遍认为布局一个耻辱区的公正规划要达到一个空间双赢的结果。

1. 社会公平下的耻辱型设施区理念

耻辱型设施区包含两个层面的设施环境，一是社会设施型，指混杂居舍、公共住房工程与艾滋病人救助站等。二是功能设施型，指核电站、机场、危险废弃物填埋和储存、处理废弃的设施等。社会设施型因为关注公民权利（滪除民族和宗教歧视、构建残疾人通道以及贫因家庭的基本住房需求）而受到推动。功能设施型随工业社会的发展产生带来后果逐渐扩散，引发了有关这些设施空间公平配置的问题。国外有关的公民权利组织认为功能设施型耻辱区使人们受到不公平的危害，而对社会设施型耻辱区应将这两种问题完全分开对待。

2. 设施"耻辱"社区的空间公正规划

（1）规划理念

布局危险废弃物焚化等设施就像公共住房项目建造在富裕郊区一样会不受欢迎，同样它们布局到任何社区都会受到质疑。从社会平等与空间公正角度出发，可以将这些设施布局到社会阻力最小的地点。影响社会阻力大小的因素主要是区域内的种族与民族，在城市内主要是社群与社区。当然环境主义者的观点也要考虑。

（2）控制规划

1）环境保护与社会平等控制

环境保护与社会平等控制规划首先要得到邻近社区与群体的满意。规划核心在于两个方面，即减少减轻有毒有害环境对他们的危害，以及在政策上和在实际情况中提高布局那些配套设施的公平性，最终规划只有得到公众的广泛支持才算是成功的。

2）控制方面

①当地政府必须充分运用权力制定阻止污染的良好战略目标。②制定对当地进行保护的技术措施。③要制定并关注引起当地社会问题的安排。④控制工业污染与规划减排措施。⑤支持学院和非营利组织对减排问题的研究工作。

3）环保理论与社区发展结合规划——稳定与创造就业

规划要改变减排的投资力度，优先考虑帮助企业的继续运转并提供蓝领工作岗位，使它们对贫困社区提供就业机会。现在由于开创了大量的新型资源再循环工业，这个过程也催生了一些新的就业机会。规划要以环保理论与社区发展结合为方向，通过为经济落后社区修建再循环利用设施的目标，构建具有吸引力的劳动密集型岗位社区。另外，规划提倡让社区清楚认识到此类项目的全部附加值利益，必须将进一步开发其中的附加值作为当地经济发展的一个战略机遇。将那些危害健康并被我们视为眼中钉的耻辱型设施转化成能够为经济欠发达地区提供就业机会和制造业岗位，形成"环境公正"社区。

4）管理与行动控制

首先，各级政府也必须寻求能够保证为以上目的所选择的场所的公平与公正的管理。管理者必须运用最严格的标准以最大程度保护公众的健康和安全。其次，可以在四个领域采取行动以推动解决以上问题。①政府均不得对控制规划其进行任何限制。如不得在巨大的经济压力下寻求价格低廉的废弃物处理场地。②政府应以公平与公正待遇承担扭转现有不公平的环境风险责任。③制定相关的选址法案及"公平分担"的条例。④在所有这些当中必须有市民的参与。尝试让所有受影响的选民参与到开发可靠的解决方案的行动中来。

11.3　讨　　论

本章尝试用人本主义方法论的感应认知方法，揭示尝试城市日常体系下的感知区域层次构成，探讨人们感知的城市功能型社区类型与其构成的"存在主义区域"类型的关系，从感知的社区资源（场所）的（功能）"好"、"恶"出发，探讨城市感知（功能）社区类型与社区资源"好""恶"的空间和谐配置指标与规划控制。

（王兴中　方洪杰　张侃侃主笔）

参 考 文 献

王兴中.1995.中国内陆中心城市日常城市体系及其范围界定.人文地理,(1):2,3

王兴中.2004.中国城市生活空间结构研究.北京:科学出版社.98

王兴中.2009.中国城市商娱场所微区位原理.北京:科学出版社.164

Ley D.1983. A Social Geography of the City. New York:Harper and Row Publisher. 337

Schwab J.1994. American Planning Association, Planning and Community Equity, Chicago, Illinois, Washington D. C.:Plannners Press. 39~52

第 12 章　城市社区消费文化类型的场所资源（区位响应）配置与控制

消费属于文化范畴，消费引起的社会过程是文化现象。消费文化是社会文化一个重要的组成部分，是社会文明的重要内容。消费文化又是一个复杂的体系，依照大多数学者的看法，消费文化伴随着消费社会而出现，是后现代社会的产物。不同学科对消费文化的定义的出发点各有不同。

由于消费文化具有空间性（包括空间位置、范围、关系和结构），消费文化的空间不仅指消费文化的空间与场所环境，而且消费文化场所涵盖消费文化的对象和内容。城市社区消费文化是和城市居民日常行为有关的、在城市居住社区内的消费空间文化系统，因此对城市社区消费文化类型的场所资源配置及控制研究，成为当前社区规划研究的重要方面。

本章以城市社会空间结构原理为基础，从微观层面研究城市社区消费文化类型及其资源配置情况以及相应的区位响应，试图建立城市社区规划中消费文化类型在区位上（空间上）的对应模式，为现代城市社区规划的商娱空间的组织与布局提供科学依据。

12.1　城市社区消费文化类型的资源（区位响应）控制配置的指标（体系）

12.1.1　城市社区消费文化类型与场所资源的耦合关系

1. 城市社区消费文化与场所配置的研究

（1）国外研究

由于城市社区消费文化是和城市居民日常行为密切相关的、在城市居住社区内的消费空间文化系统。国外对城市社区消费文化的研究基本成熟，有关消费文化场所配置的研究近年来主要集中在以下几个方面：对一个 TND 社区内的商店布局、专门菜市场或药店、便利中心等的服务半径及数量进行了量化研究（Mazia，2005）。他们关注了中心区的规划，认为一个社区中心必须能够让大多数的零售店正对主要道路及进入邻里的街道，而且最好是大多数邻里住户在离家及回家时都能路过零售区，这样才能满足作为一个中心的全部功能（Robert，2007）。

20 世纪 70 年代，发达国家社会相继由工业生产的福特主义文化向消费的后福特主义文化转变，这些国家不再是传统的以"生产"为中心的社会，逐步演变为以"消费"（包括服务消费）为中心的社会。人们的消费也发生了从商品消费向服务消费的转变。这些服务消费既包括教育、健康、信息服务，也包括娱乐、休闲、文化服务，消费文化作为一种新的概念应运而生。消费文化是激发并约束居民消费行为及偏好的一种文化规范，作为一种文化态度、价值观念和生活方式而迅速盛行全球。值得注意的是，在消费文化浪潮下，对应居民的消费行为及其消费文化类型对城市空间（场所）的建构起着动力源性的推动作用，催生了城市社会空间结构研究的前沿方向。

（2）国内研究现状

国内从空间角度对消费文化的时间-空间规律进行了研究。城市规划、地理学等学科的学者在对城市人类聚居环境进行深层次的实证和理论探讨之余（王兴中，1997；宁越敏和查志强，1999；龚华等，2000），逐步将研究范围扩展到城市居民日常生活的购物、迁移、休闲行为以及这些行为所对应的场所等领域（顾朝林和宋国臣，2001；翁桂兰等，2003；周一星，2003；程丽辉等，2004；杨晓俊和王兴中，2005）。但基于微观的社会空间秩序角度开展的深入研究才刚开始起步，很多关于城市社区的空间研究尚处于宏观空间探讨阶段。

总之国内外对社区消费文化研究的较多，对场所配置与结构（即规划控制）研究的较少。国内学术界更多的是从宏观的角度研究消费文化转变对社会结构变迁的影响和城市居民的消费分层。

在全球化浪潮推动下，消费文化正以一种崭新的方式重构和影响着我们的日常生活（王宁，2005）行为与空间结构。城市社会空间结构原理下的城市社区规划研究以新人本主义理念为基础，以现代消费文化为方向，提出消费文化资源空间规划的三条普世性规律：第一，社会公平要求社区资源与社区体系的布局必须空间公正；第二，居民日常行为的高度自由选择要求城市社区和生活场所具有高度的可进入性（可接近性）；第三，社会价值保护就意味着社会与社区类型和文化与场所类型所体现的包容性和平等性（王兴中，2004）。这就要求城市空间建构要满足在消费文化趋势下，生活行为空间的社会公正需求配置-文化尊严需求配置-价值保护需求配置。本章从社会空间结构原理出发，从关注城市商购、娱乐两类居民日常生活的行为所对应的场所建构的方向，探讨商购、娱乐行为的消费文化类型对应构建物质空间、社会空间和文化空间的配置，及其在社会区域体系的区位控制。

2. 城市社区消费文化类型与场所资源的耦合关系

（1）社区资源与场所空间剥夺

物质和社会的剥夺（deprivation）包括物质商品、设施和娱乐活动的缺乏，以及对日常社会生活中的活动、联系和习俗的较难接近。通过对国外发达国家城市不同（社会）等级的社区（或邻里区）的社区资源的实证研究，发现六类社区资源的分布数量与质量的水平及其结构有很大的差异。这些差异就导致对应社区生活空间的不平等健康模式，对此称为社区资源空间剥夺模式（spatial paterning of deprivation），剥夺指数（deprivation index）可以表现其剥夺水平（Howden-Chapman et al.，2000）。

（2）社区消费文化类型与场所可获性配置

对社区资源的研究参考我国 GB50180-1993《城市居住区规划设计规范》，我国城市社区资源分为 6 大类、35 小类（王兴中等，2004）。本章所指的城市社区消费文化类型是基于时代发展变化而产生的一系列具有阶层性与亚文化（商购-娱乐）行为的生活空间质量的体现，代表一个城市现代时尚多元的生活空间水平。因此，本章将城市社区消费文化类型分为 2 大类（商购类及娱乐类），26 个小类型的消费文化资源。

随着城市社区体系的建立与完善，社区场所可获性配置成为社会公平、场所空间公正的空间区位规律之一。社区消费文化类型的配置及布局更应该体现全社会不同人群多元的需求。影响社区消费文化类型场所区位可获性的因素如图 12.1 所示。

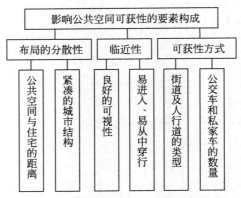

图 12.1　影响公共空间可获性的要素构成

注：参考王兴中的《中国城市商娱场所微区位原理》

12.1.2　城市社区消费文化的场所配置及控制指标

1. 社区消费文化中心配置

城市是由物质空间和社会空间组合而成的实体，物质空间是城市土地利用空间；社会空间是由社会分化而成的。社区空间是城市空间的基本单元，社区的产生由人群的聚集及空间场所的支持构成。人在社区空间中生活，同时也改善着生活中的社区空间，不断扩展空间的领域，追求空间的完美，使社区空间成为满足人们不断增长的物质文化的需求，适应和促进经济社会持续发展的家园和乐土而且为居民的日常生活和公共交流创造空间环境及生态环境。一个完整的社区空间组织包括边界、中心和连续性三要素。一个社区必须具有一个共同的中心。中心是居民主体对环境的动力意向根源，没有中心的环境是混沌的，社区的公共生活将没有内聚力，社区中心以社区公共设施为依托，从社区的组织管理和居民交往、居民消费等出发进行配置。发达国家研究认为，社区中心的占地范围为 $9 \sim 32 \mathrm{hm}^2$，至少 $14 \mathrm{hm}^2$，不仅提供邻里中心所有的服务项目，还有百货商店、超级市场等。社区中心的服务范围是 4 万～15 万人，在两条社区道路交叉口处的显著位置上（肯尼斯，2009）。

2. 社区消费文化空间类型配置

从消费文化的类型与对应空间的功能角度，消费文化的空间类型有四类，见图 12.2。

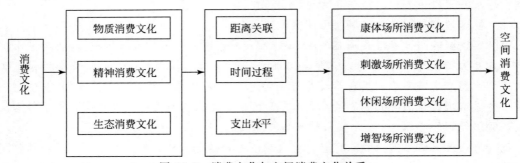

图 12.2　消费文化与空间消费文化关系

3. 空间消费文化类型的营业性场所（亚）类型配置

从居民对营业性文化场所的认知可以看出有八种类型（表 12.1）。

表 12.1　营业性娱乐场所的分类系列

主类	亚类	场所
日常服务	综合型	水果肉菜市场、便利店、餐馆、酒店、干洗店、大型超市、综合商店、百货商店
综合零售	综合型	专卖店、大型购物商场、高级购物中心
休闲增智	专区型	画展等展厅、剧院
康体保健	专区型	洗浴中心（SPA 生活馆等）、健身俱乐部
美容修饰	附属型	理发店、美容院
大众娱乐	专区型	茶馆、酒吧、咖啡馆、网吧、电影院
时尚刺激	俱乐部型	KTV、夜总会
高尚娱乐	俱乐部型	专项运动会所、高尚运动会所

4. 社区资源型的场所配置

社区资源分类的社区消费文化有三个基本场所（商购场所、娱乐场所及生活服务场所）。这三类场所的规模与等级分别体现社区消费文化下对阶层性及亚文化行为的生活空间质量。针对为城市社区居民提供的服务功能类型不同，分为 3 大类、27 个小类。因为有些亚类的服务功能重叠，据社区资源可接近性的原理把部分娱乐类及生活服务类融合成一类，划分为 2 大类（商购类及娱乐类），26 个小类型的消费文化资源场所（表 12.2）。

表 12.2　城市社区消费文化类型的资源设施

设施类型	设施名称	设施类型	设施名称
商购设施	水果肉菜市场	娱乐设施	酒吧
	便利店		网吧
	干洗店		茶馆
	餐馆		咖啡馆
	酒店		KTV
	专卖店		夜总会
	百货商店		画展等展厅
	综合商店		剧院
	大型超市		电影院
	大型购物商场		理发店
	高级购物中心		美容院
			洗浴中心（SPA 生活馆等）
			健身俱乐部
			专项运动会所（游泳、网球、射击等）
			高尚运动会所（高尔夫、桌球等）

5. 社区资源型消费文化场所的可接近性距离设定

在社会区域范围内对不同社会区域的中心进行商购、娱乐消费文化类型场所体系配置，要把握社区资源客观可获性的区位可获机会的公正距离设定，及其社区消费文化场所控制体系。对消费文化类型的资源场所的可获空间距离尺度及数量标准，参照国外对 36 种二级指标测定的可获性距离，结合我国《城市居住区规划设计规范》中公共设施的分类分级标准，将社区资源的可获性距离大体可确定为 300m、500m、800m、1500m、2500m、3500m 六种类型。城市社区消费文化类型的资源场所配置及空间公正可获性指标体系见表 12.3。

表 12.3　城市社区消费文化类型的资源场所配置及空间公正可获性指标体系

社区资源型场所类型			质量（不同阶层社区）	数量（据市场门槛）	距离/m（可获距离）	权重（消费文化的重要性）
一级（2类）	二级（8类）	三级（26类）				
商购型	①日常服务类	水果肉菜市场	高/中/低	有/无	300	4
		便利店	高/中/低	有/无	300	3
		餐馆	高/中/低	有/无	500	2
		酒店	高/中/低	有/无	800	2
		干洗店	高/中/低	有/无	800	3
		百货商店	高/中/低	有/无	800	2
		综合商店	高/中/低	有/无	1500	2
		大型超市	高/中/低	有/无	2500	1
	②综合零售类	专卖店	高/中/低	有/无	1500	2
		大型购物商场	高/中/低	有/无	3500	2
		高级购物中心	高/中/低	有/无	3500	1
休闲娱乐型	③休闲增智类	画展等展厅	高/中/低	有/无	2500	1
		剧院	高/低	有/无	2500	1
	④康体保健类	洗浴中心（SPA 生活馆等）	高/中/低	有/无	1500	2
		健身俱乐部	高/中/低	有/无	2500	2
	⑤美容修饰类	理发店	高/低	有/无	800	4
		美容院	高/低	有/无	1500	3
	⑥大众娱乐类	茶馆	高/低	有/无	800	3
		酒吧	高/低	有/无	800	3
		咖啡馆	高/低	有/无	800	3
		网吧	中/低	有/无	800	3
		电影院	高/中/低	有/无	1500	3
	⑦时尚刺激类	KTV	高/低	有/无	1500	3
		夜总会	高/低	有/无	2500	2
	⑧高尚娱乐类	专项运动会所	高	有/无	3500	1
		高尚运动会所	高	有/无	3500	1

12.2　城市社区消费文化与场所资源配置的区域控制

12.2.1　社（会）区（域）文化行为的区（域）位类型的响应配置规划

1. 城市消费文化的区域功能体系划分

在现代城市消费文化下，城市不同社（会）区（域）形成了不同的消费文化功能分布区。以居民消费文化设施的空间价值判识为基础，将社（会）区（域）消费文化类型与自身生活的相关性角度划分城市消费文化区域有三类：安全社会区域与非安全（压力）社会区域、刺激社会区域与非刺激（无聊）社会区域、重要社会区域与非重要（耻辱）社会区域（表 12.4）。当然，不同发展中的国家与城市其消费文化功能区构成有别。

表 12.4　西方国家城市存在主义区域类型序列与构成

类型 \ 构成		城市形态及区域范围	主观感知区域与范围	形成感知区域的原因
安全区域	家庭（住宅）	家庭生活行为空间超过几何空间	主观感知范围大于住宅范围	1）个人可以控制的私密领域 2）个人可以创造生活行为空间 3）躲避外界压力的"避难所"
	邻里区	1）以亚文化类型为基础的邻里区 2）以阶层、地位为基础的邻里区 3）都市内的村庄	1）生活方式相似区域 2）亚文化氛围相同区域	1）以强烈的社会网络联系为特征 2）地方公共设施使用程度高 3）亲戚的邻里关系与家庭成员邻近性 4）邻里区的情感因素
压力区域	压力地带	1）危险街区 2）危险十字路口 3）市中心	1）危险街区连带毗邻道路 2）危险路口连带附近区域	1）犯罪事件感知 2）住宅安全措施的程度 3）不同种族人口的侵入程度
刺激区域	旅游区	1）度假城 2）度假区	远离人口集中的孤立城镇	1）具有好奇、探索的场所 2）具有复杂性与变化性的区域 3）人口流动大的区域 4）青年人聚集的区域
	城市娱乐区	城市中心区 内聚性民族社区	内城	
无聊区域	郊区	1）独立私人住宅区 2）企业、公司所在地	城外住宅区	1）设有游泳池、网球场等刺激性活动场所的区域 2）地处安静社区 3）具有隔离带的住宅区、工作地
重要地位区域	中上等邻里区	1）传统住宅区位 2）中高档建筑办公楼 3）花园式各类俱乐部（高尔夫）等区域	1）城中心商务区 2）郊区办公区与白领住宅区 3）具有独特景观风格的与地位标志的区域	1）城中心的老建筑区域 2）重要地段的高档建筑 3）风景好的住宅区 4）上层阶层人娱乐-休闲地 5）有豪华信箱、殖民式灯柱等显赫地位的装饰标志
	上层社会居住区			
	公司聚集城			

续表

类型　　构成		城市形态及区域范围	主观感知区域与范围	形成感知区域的原因
耻辱低劣区域	少数民族居住区	1) 有色民族居住区 2) 港口、工业区 3) 高速公路旁	1) 内城萧条区域 2) 遗弃工业地区	1) 建筑陈旧、破损 2) 大量公共住宅、低质量住宅 3) 犯罪率高

注: 参见王兴中等《中国城市社会空间结构研究》。

2. 城市社区消费文化的 (消费) 文化区域类型响应控制

(1) 安全社会区域与非安全 (压力) 社会区域

安全社会区域通常是指家庭生活行为的居舍 (院落) 空间或者是以亚文化类型为基础的邻里区, 是以居民居住行为为主的空间。这些地方是个人可以控制的私密领域, 是居民不允许消费场所设施侵入的基本生活地域 (图 12.3)。压力区即不安全区域通常是基本生活地域外围, 处于街区、十字路口及其连带邻近道路或附近区域, 这里是购物、休闲与娱乐的设施集中分布区 (图 12.3)。配置 "日常服务类" 及 "大众娱乐类" 基本的生活和商购娱乐的消费文化类型的资源 (表 12.3 中的①⑥)。

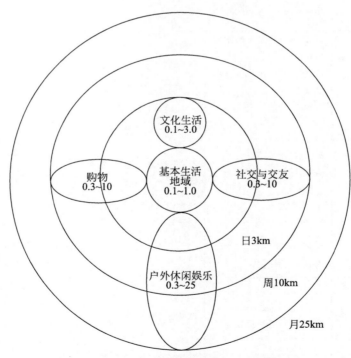

图 12.3　居民日常休闲娱乐消费行为的空间圈层结构

(2) 刺激社会区域与非刺激 (无聊) 社会区域

刺激社会区域是现代城市特征类型规划区 (美国加州大学伯克利分校, 1998), 包含旅游区或者城市娱乐区, 度假城或者度假区通常远离人口集中的地方, 具有好奇、探索的复杂性及变动性的区域, 人口流动大, 大多数是青年人集中的地方。为了满足此区域人口的需求，在此类区域聚集配置"时尚刺激型"娱乐类型的场所（表 12.1）。无聊区一般是地处郊区，有私人独立的住宅区或者是企业、公司所在区域。配置基本的"康体保健"和"大众娱乐"消费文化类型的资源（表 12.1）。

（3）重要地位社会区域与非重要地位（耻辱低劣）社会区域

重要地位社会区域包括中上等邻里区、上层社会居住区和公司聚集城，此处常被称为"草皮区"。配置资源时，要充分满足上层阶层的娱乐商购休闲习惯，以"休闲增智"与"高尚娱乐"类型设施为主（表 12.1）。

12.2.2　社（会）区（域）商娱文化场所行为性区位机会结构构建与配置

1. 消费文化区的商娱文化场所体系的阶层性区位机会结构构建

由于消费文化类型场所有消费的阶层等级性（图 9.2），其等级依附于城市不同等级的中心（图 12.4）。也就是说等级越高的"时尚"与"高尚"型消费文化类型场所（表 12.3）越是靠近城市中心区，而越远离居住社区。等级低的"大众"与"日常"消费文化型场所（表 12.3）靠近居住社区，远离城市中心区。这样，场所距离社区的空间距离决定了消费的阶层区位机会与其体系的机会结构。

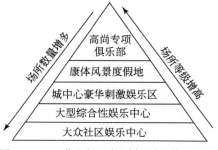

图 12.4　（营业性）娱乐场所的等级谱系

不同阶层性消费文化场所有其可获性区位（距离）机会。其场所体系构成了阶层性可获性区位（距离）机会结构。因此，社（会）区（域）商娱文化场所的阶层性构建必须控制阶层场所体系的区位机会与结构的构建（表 12.5）。

2. 消费文化区域阶层性控制的场所体系配置

社区居民阶层性生活行为是在对应的场所里完成的，人们对城市不同阶层场所客观可获性距离的认知是不尽相同的。对场所感知阶层类型决定了居民对不同阶层场所的可进入性以及消费文化区域和界线。通过对场所形态的宏观与微观因素的"理解"确定其社会区位与社区距离，判识对自己的生活"意义"（Ley，1983；王兴中，2008）。

根据国外城市存在主义消费文化区域类型序列与消费场所的配置特点，社（会）区（域）商娱消费文化阶层性场所类型的资源配置及控制（表 12.5）。

表 12.5　城市社（会）区（域）消费文化场所类型区位机会构建与场所配置

文化区域	场所资源类型构成	亚类型构成	场所	空间距离（m）（区位机会）	等级（高中低）	数量（个）	在区位机会结构中的权重
安全区域	商购类型	综合型	水果肉菜市场	500	低	5	2
			便利店	300	低	12	2
			干洗店	500	低	3	2
	娱乐类型	专区型	茶馆	800	低	9	1
			网吧	300	低	3	1
			理发店	300	低	5	2
			健身俱乐部	800	低	2	1

续表

文化区域	场所资源类型构成	亚类型构成	场所	空间距离（m）（区位机会）	等级（高中低）	数量（个）	在区位机会结构中的权重
压力区域	商购类型	综合型	大型超市	2500	中	2	2
			综合商店	1500	中	4	3
			百货商店	800	中	6	2
			餐馆	300	低	10	1
	娱乐类型	专区型	KTV	500	低	2	3
			网吧	300	低	2	2
			茶馆	500	低	1	1
			洗浴中心（SPA生活馆等）	1500	中	2	2
刺激区域	商购类型	综合型	高级购物中心	3500	高	1	1
			大型购物商场	3500	高	2	2
			大型超市	2500	高	3	2
			综合商店	1500	中	6	2
			百货商店	800	中	8	1
			专卖店	800	低	5	1
			餐馆	300	低	10	2
			酒店	2500	中	8	2
	娱乐类型	专区型	画展等展厅	2500	中	1	2
			剧院	2500	中	1	2
			夜总会	2500	中	4	3
			电影院	1500	中	2	2
			SPA馆	2500	高	1	1
			咖啡馆	800	低	6	2
			茶馆	800	低	6	2
			酒吧	500	低	9	3
			网吧	300	低	2	2
			健身俱乐部	800	低	2	1
无聊区域	商购类型	综合型	百货商店	800	中	2	1
			水果肉菜市场	500	低	6	1
			小卖部	300	低	5	1
			干洗店	500	低	1	1
			餐馆	300	低	6	1
	娱乐类型	俱乐部型	健身俱乐部	800	中	1	1
			洗浴中心（SPA生活馆等）	1500	中	1	1
			网吧	300	低	1	1

续表

文化区域	场所资源类型构成	亚类型构成	场所	空间距离（m）（区位机会）	等级（高中低）	数量（个）	在区位机会结构中的权重
重要地位区域	商购类型	综合型	大型购物商场	3500	高	3	1
			大型超市	2500	中	3	1
			综合商店	1500	中	5	2
			百货商店	800	中	6	1
			专卖店	800	高	9	1
			水果肉菜市场	500	低	4	1
			便利店	300	低	12	1
			干洗店	500	低	2	1
	娱乐类型	俱乐部型	酒店	2500	高	6	2
			剧院	2500	高	2	2
			茶馆	800	中	3	1
			画展等展厅	2500	高	1	1
			高尚运动会所	3500	高	1	2
			专项运动会所	1500	中	2	2
耻辱低劣区域	商购类型	综合型	专卖店	800	低	1	1
			水果肉菜市场	500	低	1	1
			便利店	300	低	1	1
			干洗店	500	低	1	1
	娱乐类型	专区型	网吧	300	低	1	1
			KTV	500	低	1	1
			理发店	500	低	1	1
			洗浴中心（SPA 生活馆等）	1500	低	0	1

12.3　讨　　论

　　随着社会经济的发展，城市社区居民从追求物质生活的富足转向对生活场所空间与社会的舒适性、行为场所的阶层匹配性及文化场所的个性价值方面上来。社区消费文化场所与区位对应关系是其重要表征之一。对它们的研究将是城市社会空间结构等相关学科的前沿方向及内容。本章较为系统地对城市社区消费文化类型、场所与空间关系进行了归纳，对城市社区消费文化类型的资源配置与空间（场所）控制首次进行了较为系统的探讨。主要从理念阐释推理的方法进行研究，对消费文化类型的配置及区位响应的区域实践方面尚显不足。仅供学术界商讨。

（常芳　潘秋玲　王兴中主笔）

参 考 文 献

程丽辉，等.2004.西安市社会收入空间的研究.地理科学，24（1）：115～121

龚华，柴彦威，刘志林.2000.深圳市居民工作日生活时空结构特征研究.人文地理，15（6）：60～66

顾朝林，宋国臣.2001.北京城市意象空间调查与分析.规划师，17（2）：25～28，83

肯尼斯 B，霍尔 J R，波特菲尔德 J A.2009.社区设计—关于郊区和小型社区的新城市主义.许熙巍，徐波
译.北京：中国建筑工业出版社.170

美国加州大学伯克利分校.1998.城市与社区的综合规划.北京：中央广播电视大学出版社.63

宁越敏，查志强.1999.大都市人居环境评价和优化研究——以上海市为例.城市规划，23（6）：15～20

王宁.2005.消费的欲望.广州：南方日报出版社.8，9

王兴中，等.1997.中国大城市土地利用变化与空间阻力关系机制.地理学与国土研究，13（1）：10～17

王兴中.2004.中国城市社会空间结构研究.北京：科学出版社.209

翁桂兰，等.2003.大都市区居民对新兴边缘城市的认知与迁居意向——以天津大都市区为例.人文地理，
18（4）：5～9

杨晓俊，王兴中.2005.居民消费行为与城市休闲、娱乐场所的空间关系.西北大学学报（哲学社会科学
版），35

周一星.2002.杭州市人口的空间变动与郊区化研究.城市人口，26（1）：58～65

Gibbs R J. 2007. URBANISM. John Wiley & Sons，Inc：Neighborhood Retail

Howden-Chapman P，Tobias. 2000. Social Inequalities in Health：New Zealand 1999. Wellington：Ministry of
Health：7

Ley D. 1983. A Social Geograph of the city. New York：Haper and Row Publisher. 1～17，39

Mazria E. 2005. Taken from http：//www. architecture2030. org. 30～36

第三部分

城市社区体系规划政策

第 13 章　基于城市生活空间质量体系构建原理下的社区体系规划管理

　　城市生活空间质量观下的社区规划的重点在于构建城市（社会）生活质量与对应（社会）生活质量空间耦合方面。从建构城市（社会）生活空间体系入手，规划城市社会区域体系以及社区资源（场所）体系（王兴中，2004）。

　　发达国家的社区规划理论重在社区单元的建构上，已从关注社区物质规划到社区发展规划再到可持续社区规划。在社区发展规划管理过程中强调公众参与、自下而上发展。政府在规划过程中作为"协调者"而不是"决策者"，真正的决策权在社区居民手中。而我国的社区规划起步较晚，往往偏重于物质环境的营造，缺少人文关怀，更不涉及社区体系的规划方面。在社区规划管理过程中，形成城市社会空间不公正等问题。随着社会的发展，空间不公正问题越来越严重，这些问题需要政府制定相关的社区规划政策来解决。因此，基于城市社会生活空间质量观下的社区规划管理与政策研究是一个值得探讨的课题。

13.1　城市社区规划管理与政策研究

13.1.1　国外城市社区规划管理与政策发展

　　发达国家着重把社区规划作为解决社会问题，进行社会改良以至社会开发的一种手段和途径。社区规划管理与政策着眼于解决城市居住条件、城市环境、交通与贫困等社会问题，以此来提高社区的生活空间质量。其次，规划管理中程序公正与政策越来越偏重于内容公正方面。

1. 发展历程

（1）19 世纪末至第二次世界大战前的社区规划管理与政策

　　政府出台了一些法令，来改善穷人的住房条件和卫生问题。以英国为例，英国政府于1875 年制定了《公共卫生法案》、《住房和城市规划法 1909》。纽约市于 1867 年通过了《房屋出租法》，要求提高住房标准和改善低收入住房条件等条例；1916 年纽约市颁布了区划条例，运用法律手段对土地的使用进行限制和控制。这个时期的社区规划政策是社区互助和社区福利，解决因工业化带来的社区贫困与健康卫生问题为主，英美等国出现了社区睦邻组织，希望在社区基础上改善贫困社区内穷人的生活状况，满足他们的基本生活需求。

（2）第二次世界大战结束至 1980 年的社区规划管理与政策

1）郊区化的社区规划政策

不同的国家根据自己不同的情况，制定了相应的发展政策。[①]

---

① 漆君.2008.上海近郊边缘社区的实证研究及规划政策分析——以宝山区为例.同济大学硕士论文.19～28

美国在自由经济政策引导下，政府通过各种政策控制城市郊区化的发展。1965 年成立住宅建设和城市发展部，制定各种地方法规并监督执行。在郊区进行住宅建设的主要力量是非政府组织，以社区发展公司为代表，主要针对中低收入住宅区的开发。

英国通过提供大量高质量的出租住房，将居住在过分拥挤、破败不堪的内城的工人阶级迁移到郊区边缘。

加拿大政府提出了政策的调控和引导，包括建立联邦按揭制度，政府对基础设施的建设进行补贴；加强公众对社区规划的公众参与；加强统一区域规划的编制等。

在郊区化的社区规划政策方面，为了减少政府的压力，一些西方国家尽量采用市场机制进行新城的开发建设。政府、企业采用如下的分工：政府负责整体的发展规划、功能分区的确定、投资必要的市政设施等，企业依据政府的规划兴建房屋，吸纳人口、投资开店办厂、建设商业区工业区等。

2）内城社区更新政策

欧美国家城市社区更新发展历程可分为四个阶段（表 13.1）（董玛力，2009）：清除贫民窟、福利色彩的邻里重建、市场导向的旧城再开发和注重人居环境的社区综合复兴。社区更新手法也从推倒重建转向小规模、分阶段和适时的谨慎渐进式改善，并注重社区历史遗产的保护。

表 13.1　西方社区更新发展历程

阶段	第一阶段	第二阶段	第三阶段	第四阶段
时期	20 世纪 60 年代以前	20 世纪 60~70 年代	20 世纪 80~90 年代	20 世纪 90 年代后期
发展背景	第二次世界大战后的繁荣时期	普遍的经济增长和社会富足	经济增长趋缓和、自由主义经济盛行	人本主义和可持续发展深入人心
主要政策和计划	英国格林伍德住宅法（1930）；美国住宅法（1937）	美国现代城市计划（1965）；美国《住房及社区发展法》；英国地方政府补助法案（1969）；加拿大、邻里促进计划（1973）；法国邻里社会发展计划（1981）	英国城市开发公司、企业开发区（1980）；美国税收奖励措施：授权区、税收增值筹资、商业改良区（1980）	英国城市挑战计划（1991）；英国综合更新预算（1995）；欧盟结构基金（1999）
更新特点	推土机式重建	国家福利主义色彩的社区	房地产开发导向的旧城再发展	物质环境、经济和社会多维度的社区复兴
战略目标	清理贫民窟，清除快速增长城市中的破败建筑，提升城市物质形象	向贫穷开战：提升已有房屋居住环境，通过提高社会服务解决人口社会问题	市场导向的旧城再开发：市中心修建标志建筑和豪华服务设施吸引中产阶级回归，复兴旧城经济活力	高度重视人居环境，提倡城市多样性和多用途性，注重社区历史价值保护和社会肌理保持
更新对象	贫民窟和物质衰退地区	被"选择的"旧城贫民社区	城市旧城区域	城市衰退地区和规划欠佳的非衰退地区
参与者	中央政府主导	中央政府与地方政府合作、社区和非政府组织参与度低	政府与非政府组织的双向伙伴关系，社区居民的意愿被剥离	政府、非政府组织和社区的三向合作，强调社区的参与和作用制衡
资金来源	公共部门投资和少量私人投资	主要来自中央财政、地方财政补充	大量私人企业和个人投资者，政府少量启动资金	公共部门补贴，大量私人企业和个人投资
管治特点	政府主导、自下而上	政府主导，自上而下	市场主导，自上而下	三方合作：自上而下与自下而上相结合

（3）1990 年至今的社区规划管理与政策

20 世纪 90 年代，新城市主义成为主导西方国家社区规划的重要理论。其主要是针对第二次世界大战后西方国家无序的郊区化蔓延模式带来的一系列弊端而提出的设计思想，它注重人的尺度和需求，提倡紧凑、步行、功能复合、住房价格多样化并重视生态环境，保护社区历史遗产。这期间的社区规划政策从仅重视社区物质环境转向社会、经济、物质并重的综合社区规划，强调政府、非政府组织和社区参与的三方合作，重视社区公众参与。

2. 程序控制

（1）地方"分权制"原则

以美国为代表的国家认为，每个城市都有制定城市发展规划的权力，没有规定联邦（中央）政府与州政府等各级政府应该做什么的主导地位，由当地城市与居民决定其发展规划。城市社区规划称为长远（总体）规划范畴，要求具有起码七个方面的内容与规划步骤（图13.1）（美国加州大学伯克利分校，1998）。

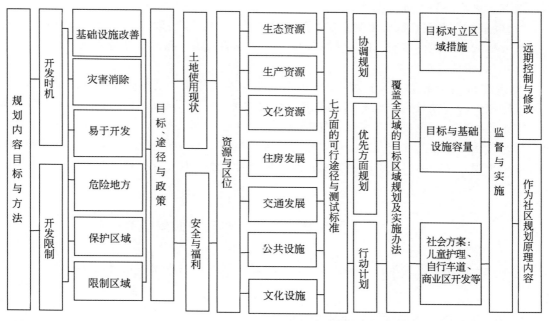

图 13.1　城市自主进行社区规划的程序与内容

（2）政府的管制

对城市社区的综合性规划，政府通过"采纳过程"进行管制（图 13.2）。

（3）质量的控制

发达国家认为，城市社区规划是建筑学、社会学与政治学的学科理论指导下的产物。其规划的最终目的是如何将市民利益转化为公共政策。对社区规划质量关注的焦点在于土地利用合理的框架下，重在"住房规划"、"交通安全"与"公共设施"方面。

"住房规划"涉及人口与就业，新增住房用地与住宅特征，包括现有住房空房率、居民购买力测算、住房数量及住宅类型规划。分为独户、多家合住住宅、流动人口住宅、残疾人、无家可归者、老年人与农场工人等类型的住宅需求与住房规划。

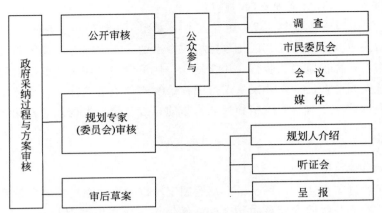

图 13.2　政府对规划的程序管理

　　"交通安全"涉及交通扩展的方式，车行道与人行道规划以及道路附设供水、排污、废水、煤气、电力与弱电等设施规划。

　　"公共设施"涉及社区资源的数量的学校数量与类型、泳池数量、公园、娱乐中心数量与面积、博物馆、图书馆等，以及上述设施对社区影响的噪声测试与影响区域等方面。

　　（4）"封闭社区"控制

　　20 世纪 60 年代以来，发达国家城市居住阶层化在新自由主义空间思潮驱使下，出现了以封闭隔离为特征的社区空间私有化趋势，称为"封闭社区"（gated community），成为城市空间极化的象征，也成为社区规划的管理障碍。美国学者马修斯（Marcuse，1997）提出可用后现代主义城市的（社会）分区规划对其进行控制，一些州也出台了自治法案来控制封闭社区的出现（Baron，1998）。英国更多地采取有针对性的独立评估体系来控制封闭社区的出现。

13.1.2　中国城市社区规划管理与政策研究

　　我国社区规划研究尚未构建完整的社区规划理论，对社区规划管理与政策的研究也正在探讨之中。

1. 经济体制转变下的城市与社区规划背景

（1）计划经济体制时期

　　改革开放前，我国实行的是高度集中的计划经济体制，这种体制下最根本的特点是社会各项资源都由国家按计划统一配置。主要体现在：

　　①土地政策处于无偿划拨阶段，城市土地一律收归国有，土地使用由政府统一行政划拨，土地无偿使用、无限期使用，但土地使用者不得转让土地；

　　②住房制度实行的是住房公有化、福利型制度，住房建设资金以国家为主体和地方政府、单位共同筹集，建成后以实物分配的方式无偿分给职工；

　　③计划经济体制下，我国的居住社区建设是从新中国成立初期模仿佩里的邻里小区以及前苏联的居住街坊模式规划发展到 20 世纪 60 年代倡导的居住小区规划理论。它的局限是仅仅注重营造居住区的物质空间；

④在计划经济时期，我国实行的是以单位组织为主，地方组织为辅的城市社区组织管理方式。

（2）经济体制转变时期

改革开放以来，我国的土地政策实行土地有偿使用政策，土地所有权和使用权两者分离，出现了两种土地开发模式（即行政划拨模式和有偿出让模式），学术界称之为"二元化土地制度"。政府把土地政策作为宏观调控中一个极为重要的调控手段，但是地方政府为了获得高的土地价格，在制定公共设施投资政策时，注重向优质的土地资源投入，提高土地的利用价值，创造了优质的居住空间。这些空间在市场机制的作用下向富有阶层流动，而低收入阶层被迫向交通不便、环境不好的居住空间流动。

以 1998 年国务院《关于进一步深化城镇住房制度，加快住房建设的通知》为标志，我国城镇住房已逐步实现了住房的货币化，我国的住房政策基本分为 3 个层次，实施不同的控制与引导措施：其一，以城市低收入住房困难户为目标的安居房；其二，以城市中低收入阶层为目标群的经济适用房；其三，以中高收入阶层为目标的商品住房[1]。这种垂直划分的住房控制体系，在提高社区居民的社区生活环境质量的同时，也带来了一些社会空间不公正方面的问题。

20 世纪 80 年代后我国的居住区规划主要采用"小区—组团—院落"的规划结构。住房和城乡建设部于 1993 年颁布了《城市居住区规划设计规范 GB50180-93》，对居住区的配套设施设立了标准，2002 年对该规范进行修订。

随着城市社会管理重心的下移，区、街两级权力加大。城市管理体系一般实行"两级政府、三级管理"模式，区通过街道办对社区直接管理，"街道"作为城市行政区划的最基层行政区。在"城区—街区—社区"三级管理体系中，目前我国的社区居委会成了政府行政体系的延伸，承担了大多的政府职能，难以发挥社区群众自治组织的作用。

2. 我国社区规划管理与政策存在的问题

目前，中国城市规划在社区发展问题的实践中尚处于摸索阶段。对照发达国家，我国的社区规划还存在许多问题，远不能适应城市社区可持续发展的迫切需求，其主要表现在以下 4 个方面。

我国社区规划尚未被纳入现行的城乡规划编制体系，需对社区规划以相应的法制制度保障。目前的《城乡规划法》是一部关于城乡规划建设和管理的基本法律，它包括城镇体系规划、城市规划、镇规划、乡规划和村庄规划。它明确提出城市规划是城市政府部门的公共政策之一，而社区规划又是城市规划的空间单元与区域载体，所以社区规划必须纳入公共政策的范畴。

我国社区规划往往注重物质空间的规划，忽略社会文化空间的构建。住建部《城市居住区规划设计规范》（GB50180-93），主要是从城市规划的角度对居住区服务设施进行空间规划，并未将社区及社区体系纳入规划。社区设施规划需要从社区体系及其结构发展出发，建立社区资源指标体系以取代原有的居住区公建配套指标体系。

社区规划主要依赖政府领导、房地产开发商、城市规划专家的操作和规划，缺乏公众参

---

① 刘晓霞．2009．基于城市生活空间质量观的社区资源配置研究-以西安社区为例．西北大学博士论文．38

与机制。主要表现为：社区规划缺乏公众的参与渠道；公众缺乏参与城市建设的积极性；政府部门未能为公众参与创造良好的条件；规划实施过程中缺乏严密、有效的监督机制。

20世纪末以来，围绕公众参与城市规划相继进行了有益的探索，但是"形式化"参与仍是滞缓了公正功能的主要问题，这说明我国在公众参与方面不但有研究的缺陷，还说明城市（社区）规划在理论上人本性的缺失，引不起民众的参与。

13.1.3　国外社区规划管理政策对我国社区规划管理的启示

通过分析欧美国家社区规划管理与政策，以下几个方面的规划政策措施可以给我们以启示。

欧美国家的社区规划的管制与管治法制体系完善，而我国《城乡规划法》并未将社区规划纳入规划体系中，因此我国政府应加强社区规划相关法律制定。

欧美国家都设立一个专门的社区规划管理机构，如美国的社区规划和发展办公室，而我国社区物质规划是纳入城市规划体系中，属规划局管理，社区建设归民政局管理，分块管理，交叉管理，不利于社区规划的有效进行。

欧美国家"以人为本"和"可持续发展"理念已渗入到社区规划中，规划目的已从物态环境的改善转向社会、文化、经济和物质环境改善相结合的综合规划。

我国在规划过程中，应形成"政府-私有部门-社区公众"三方合作关系，强调社区居民参与，培育社区能力。

在金融政策方面，我国政府有必要采取财政、税收的激励措施对社区规划进行补贴，吸引私人企业投资建设社区。国外社区规划资金筹措主要方式有政府拨款、税收、私人企业投资、慈善基金及社区居民自筹费用等多种途径。

欧美国家为了消除因阶层分化导致的社会空间不公正问题、改善低收入人群的住宅问题，提倡建设混合型住宅区，主要有两种措施：①开发商建立一定面积的中低收入家庭住房，政府提供容积率奖励。②政府法规规定开发商在住宅开发中必须建造一定比例的公共住宅。

13.2　基于城市生活空间质量体系构建原理下的社区体系规划管理与政策建议

城市生活空间质量体系构建是以城市空间公正为方向，规划城市的社会区域体系与社区（场所）资源体系的"可获性"、"文化尊严性"与"价值保护性"。阶层社区的可获水平与社区资源的可获水平充分体现了社区居民的社会尊严与文化价值，因此政府可以通过规划政策以及规划管理进行调控。

13.2.1　社区体系构建的管制

1. 制定城市社区体系规划的细则

完整的社区体系需满足不同阶层人群的居舍可获性。在住房商品化的市场环境下，由于中高阶层支付能力较强，低收入阶层支付能力较低。社区体系规划将有助于增加低收入阶层的住房的客观可获性。

2. 制定住房市场政策

在城市社区体系规划下,政府应制定有利于住房流通的市场政策来加速住房过滤,从而促进社区体系的构建。为了抑制房屋投机者,要对目前的房地产税制进行改革,有利于理顺住房过滤机制,促进社区体系的完善(陈筱,2009)。

13.2.2　城市资源规划的管制

1. 制定城市资源规划的细则

基于人本主义理论下,要提高整个城市社区体系下的社区资源可获性,首先要构建或调整城市完善的社区体系,提高各阶层居民进入居住社区的可获性;其次要构建或调整社区的社区资源的空间与社会可接近性。这些只能通过影响构建社区体系与场所体系的城市资源手段去实现。

2. 制定调控城市资源的政策

政府可从以下两方面进行调控:一方面,政府部门通过调控交通条件,基础生活资源(供水、供电、供燃气系统)以及社区资源公共空间等公益性设施,使不同社会阶层-类型的社会区域形成协调共生状态,通过经济适用房政策、土地供给方式和土地类型分布政策来调控社会阶层的空间分布。另一方面,在政府部门主导下,利用市场化手段在各社区中增加或兴建有利于居民进行娱乐、互助交往的文化娱乐设施(场所),为同一社区体系中不同阶层-类型的居民提供公共活动空间,促进在同一区域中不同居民之间结成生活共同体(王兴中,2009)。

13.2.3　社区资源配置的管制

1. 制定社区资源体系规划的细则

社区资源公正配置决定并体现各阶层居民生活场所的空间可接近性与社会可获性水平,反映了社会公平的空间公正性。

2. 制定社区公共(空间)福利政策

(1)社区公共服务设施政策

在城市社区开发中,首先要制定社区和环境影响报告制度。在项目开发前,对社区环境进行影响评价,合理调控社区人口规模,合理配置社区公共设施。再进行公共设施的配套开发,实行土地开发许可制度。公共设施必须先行建设或在开发期间配套建设,如果公共设施的服务标准未达到规划开发的条件,不允许开发,即开发许可必须建立在公共设施承载能力以上。其次,制定政府投资的公共服务设施开发与管理制度①。

---

① 于文波.2005.城市社区规划理论与方法研究——探寻符合社会原则的社区空间.浙江大学博士论文.100～106

（2）社区公共空间政策

公共空间能够为人们提供大量的可接近机会，是提高城市生活空间质量的一个重要方式（Goodman，1968）。由于社区公共空间的性质是开放性的、针对大众的、投资回报是隐性的，因此政府部门应制定相应的激励政策，鼓励私人企业投资开发社区公共空间。

13.2.4　城市社区体系规划保障体系的管治

1. 加强社区规划的法制化建设

社区不仅是城市的基本空间单元，也是居民生活的基层组织。社区规划是城市规划的有机组成部分，应通过立法手段，确定其在城市规划体系中的法定地位，完善其编制和审批执行程序，并与《居住区规划设计规范》相融合，形成统一的社区规划规范和技术指标体系，将规划视野由物质层面更多地转向社会层面，促使城市社区规划从"自上而下"的传统型向"上下结合"的模式转变。

2. 构建"自上而下"的主导保障机制及"自下而上"的管治保障体制

（1）"自上而下"的保障机制

"自上而下"的保障机制是由政府通过制定政策、法规来促进社区体系规划的完善，可以通过以下途径实现：

①构建社区居民参与社区规划、建设和管理的保障机制。通过拓展科学、合理的公众参与方式与途径，健全公众参与的法制制度保障体系和建立一套有利于公众参与的激励与评价机制。

②政府制定各项相关政策法规体现社会公正，构建政府、专家主导的规划过程中的公正性机制。

③构建保障弱势群体利益的法律体系，尤其重视低收入群体的住房保障体系。

④建立一个兼顾宏观与微观的社区规划的社会控制体系（图13.3）。

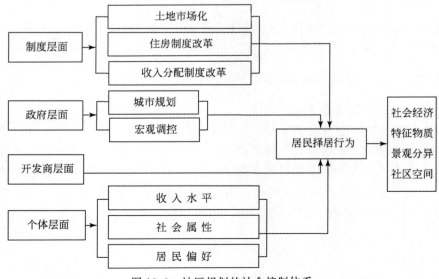

图 13.3　社区规划的社会控制体系

在国家制度层面上，社区建设要有明确的指导思想和长远目标。

在地方政府层面上，首先，社区建设与发展规划要和城市总体规划保持协调。在具体建设项目用地和建设的规划管理上，制定相应的控制性详细规划来规范开发商的行为。其次，社区规划要对下属各个社区的建设与发展进行宏观指导与协调，保持各社区规划之间、社区规划所涉及的各部门之间协调一致，保证城市社会发展的整体性与协调性。

在社区层面上，社区规划应该立足于当前的实际，要能够反映出当地社区发展所面临的主要问题，提出明确的发展目标和切实可行的解决方案，建立起社区规划实施的保障与监督体系。

（2）"由下而上"的管治保障体制

"由下而上"的管治保障机制：

①提高社区居民的参与意识，建立社会参与网络。

②培育非政府组织机构，以构建社区居民参与规划、管理过程的保障体系。非政府社区组织在政府与社区之间起着中介桥梁作用，作为公众参与的桥梁，它能在政府与公民之间产生良好的互动。将居民被动式的参与转化为主动的、自发的参与，从总体上提高参与的有效性及监督的公正性。

③社区规划的"体系参与"。针对公众的阶层差别性，采用差别化的公众参与形式，组织不同的公众参与到适合的社区规划环节中，这种环节按照规划发展战略和建设控制引导两个层面，构建公众参与垂直体系，从而达到居民参与的效率与效果的提高（王登嵘，2006）。

3. 倡导社区规划师制度

"社区规划师制度"是指每一个城市社区均应有一个或一个以上相对固定的规划师或者其群体组织，参与从社区项目策划、规划设计、开发建造到以后的社区发展与维护以至更新改造等居住社区营造、发展的全过程（王彦辉，2003）。1999 年台北市政府就创设了"社区规划师制度"。

2001 年开始，深圳龙岗区考虑到村一级规划技术力量相对薄弱，规划实施阶段公众参与程度偏低，政府规划管理部门与村一级基层部门之间缺乏衔接层次的实际情况，借鉴台湾社区规划师制度的成功经验，建立了"顾问规划师制度"。

目前我国的社区工作人员大多不具备社区规划的专业知识，为保证社区规划的科学编制和实施，提高社区管理水平，应积极培育社区规划师制度，通过职业技术精英的介入，建立公众自治组织与政府、规划工作人员之间的沟通联系。

（王兴中　张兆琴　杨建伟主笔）

参 考 文 献

陈筱.2009.住房过滤模型的发展与政策启示.经济体系改革，(5)：137～142

董玛力，陈田.2009.西方城市更新发展历程和政策演变.人文地理，(5)：42～46

美国加州大学伯克利分校.1998.城市与社区的综合规划.北京：中央广播电视大学出版社，2～129

王登嵘.2006.城市规划公众科学参与论.中国城市规划学会编.规划 50 年.中国城市规划年会论文集（中册）.北京：中国建筑工业出版社

王兴中.2004.中国城市生活空间结构研究.北京：科学出版社：7～16

王兴中.2009.中国城市商娱场所微区位原理.北京：科学出版社：235～240

王彦辉.2003."社区建筑师"制度：居住社区营造的新机制.城市规划，(5)：76～77

中华人民共和国建设部.1994.城市居住区规划设计规范（GB50180-93）

Baron L. 1998. The Great Gate Dabate. London：Information Access Company

Goodman W. 1968. Principles and Practice of Urban Planning. International City Manager's Association, Washington：146～152

Marcuse P. 1997. Walls of fear and Walls of support//Ellin N，Architecture of fear，New York：Princeton Architectural Press：101～110